Didaktisch handeln und denken 2

Fokus eigenständiges Lernen

Hans Berner und Barbara Zumsteg (Hrsg.)

verlag
pestalozzianum

In der **Reihe «Berufspraktische Ausbildung»** für Studierende an Pädagogischen Hochschulen sind folgende Bände erschienen:

Hans Berner, Urban Fraefel, Barbara Zumsteg (Hrsg.)
    Didaktisch handeln und denken 1

Barbara Zumsteg u.a.
    Unterricht kompetent planen

Albert Meier u.a.
    Schülerinnen und Schüler kompetent führen

© 2011 Verlag Pestalozzianum an der Pädagogischen Hochschule Zürich
www.verlagpestalozzianum.ch

Herausgeberschaft
Hans Berner und Barbara Zumsteg

Autorinnen und Autoren
Hans Berner, Thomas Birri, Petra Hild,
Rudolf Isler, Christoph Schmid, Barbara Zumsteg

Fotos
René Rötheli, Baden

Korrektorat
Heike Burkard, Rorbas

Herstellung
Vreni Stoob, St. Gallen

Druck
Fotorotar, Egg ZH

ISBN: 978-3-03755-119-6 (Verlag Pestalozzianum)
ISBN: 978-3-8340-0948-7 (Schneider Verlag)

Inhalt

Vorwort

Einen eindrücklichen Einblick in die Welt der «schlechten» Schülerinnen und Schüler – der sogenannten Schulversager – und in die Welt guter Lehrerinnen und Lehrer gibt der französische Schriftsteller Daniel Pennac in seinem 2007 erschienenen Buch *Chagrin d'école.* Der ehemalige Lehrer, der während 25 Jahren unterrichtete, weiss wovon er schreibt. Dieses 2009 unter dem deutschen Titel *Schulkummer* erschienene Buch ist eine biografische Auseinandersetzung mit einer ganz persönlichen Frage: «Woher rührte mein Schulversagen?» Wie aber wurde aus dem einstigen Schulversager ein erfolgreicher Lehrer? Und wie wurde aus dem Lese- und Rechtschreibeschwachen ein bekannter Schriftsteller? Das war der Verdienst von Lehrerinnen und Lehrern – in den Worten Pennacs pädagogischen Genies –, denen es gelang, ihn vor sich selbst zu retten: «Ein Mathematiklehrer, der die verkörperte Mathematik war, eine erstaunliche Geschichtslehrerin, die sich wie niemand sonst darauf verstand, Geschichte mit Fleisch und Blut zu füllen». Rettung kam nicht nur von Lehrerseite, sondern auch durch die Liebe. Lieben und geliebt werden führte dazu, dass er aufhörte, den Trottel zu spielen und versuchte, stattdessen mit seinen von einem pädagogischen Genie geförderten Schreibkünsten Eindruck zu machen: «Meiner eigenen Feder freien Lauf lassen, mit meinen eigenen Flügeln fliegen, in meinen eigenen Himmel!» Aufgrund seiner Schüler-Kummer- und seiner Lehrer-Erfahrungen leitet Pennac Forderungen an die Unterrichtsgestaltung ab: «Aber genau dies bedeutet unterrichten: wieder von vorn anfangen, bis wir als Lehrer überflüssig werden. Wenn es uns nicht gelingt, unsere Schüler im Indikativ Präsens unseres Unterrichts zu verwurzeln, wenn unser Wissen und die Lust, es anzuwenden, bei den Jungen und Mädchen nicht zu keimen beginnt – ich meine dies durchaus im botanischen Sinne des Wortes –, dann wird ihr Leben auf den Wasserlöchern eines unbestimmten Mangels dahinschlingern.»

In diesem zweiten Band von *Didaktisch handeln und denken* liegt der Fokus auf eigenständigem Lernen, bei dem es – in den Worten von Daniel Pennac – darauf ankommt, dass das Wissen und die Lust, es anzuwenden, bei den Kindern und Jugendlichen zu keimen beginnt. Wie im ersten Band geht es darum, Studienanfängerinnen und Studienanfänger in grundlegende Kompetenzen und Aspekte des didaktischen Handelns und Denkens sowie in Fragen des Berufs einzuführen. Im vorliegenden Band geht es um die Grundfrage «Was ist guter Unterricht?»

Der Aufbau der Kapitel ist gleich wie im ersten Band: Ein Grundlagenteil, in dem der aktuelle Stand des Wissens kompakt zusammengefasst ist (Basics); ein Teil mit ausgewählten Texten und weiterführenden kommentierten Literaturhinweisen sowie ein Teil mit Materialien.

Basics

Eine kompakte Übersicht führt in das Thema ein und resümiert die zentralen Begriffe, Konzepte und Zusammenhänge.

Texte

Dieser Teil umfasst ausgewählte Quellentexte verschiedener Autoren und Autorinnen zu diesem Thema. Zudem enthält er kommentierte Literaturhinweise.

Materialien

Dieser Bereich ergänzt das Thema des Kapitels mit Beispielen, weiteren Texten und Konkretisierungen, teilweise spezifisch für einzelne Stufen und Fächer. Eine ausgewogene, vollständige Dokumentation zum Thema des Kapitels ist weder gewollt noch möglich. Die Konzepte und Materialien zeigen vielmehr die Aspekte des Themas und stellen es aus verschiedenen Blickwinkeln dar – zum Teil bewusst widersprüchlich. Diese Breite soll helfen, sich vielfältig mit dem Thema zu befassen, es auszuprobieren, zu lesen, zu diskutieren.

Wir bedanken uns bei allen Verantwortlichen und Beteiligten der berufspraktischen Ausbildung an der Pädagogischen Hochschule Zürich, die mit ihren kritisch-konstruktiven Rückmeldungen und Optimierungsvorschlägen einen Beitrag geleistet haben, diese Grundlagen für die berufspraktische Ausbildung in einer Balance zwischen Theoretisch-Anspruchsvollem und Praktisch-Anwendbarem zu halten. Ein besonderer Dank geht an die Autorinnen und Autoren der einzelnen Kapitel, die aus der Fülle ihres Spezialgebietes die geforderte knappe Einführung in ein komplexes Fachgebiet geleistet haben. Ein weiterer Dank gehört dem Fotografen René Rötheli: Er hat es gekonnt verstanden, unsere Bildkonzeptvorstellungen in die Tat umzusetzen.

Mit diesem zweibändigen Werk *Didaktisch handeln und denken* verbinden wir die Hoffnung, dass es Lehrerinnen und Lehrern durch reflektiertes didaktisches Handeln immer wieder gelingt, dass bei den Kindern und Jugendlichen Wissen und die Lust, es anzuwenden, zu keimen beginnen – und dass Schullust und Schulfreude Schulkummer dominieren.

Im August 2011
Hans Berner und Barbara Zumsteg

Kapitel 1   Was ist guter Unterricht?

Die Frage «Was ist guter Unterricht?» wird ebenso häufig gestellt wie die Frage «Was ist eine gute Lehrperson?» – und zwar gleichermassen von pädagogischen Professionals wie von Laien. Offensichtlich ist, dass zwischen Unterrichtsqualität und Lehrerprofessionalität grundlegende Zusammenhänge bestehen. Ebenso offensichtlich ist, dass Laien in bildungspolitischen Diskussionen oder an Elternabenden aufgrund ihrer langjährigen pädagogischen Erfahrung völlig unbelastet von differenzierenden Zusammenhängen ihre Sicht der Dinge bezüglich Unterrichts- und Lehrerqualität behaupten.

Die von allen am Unterrichtsgeschehen Beteiligten so sehr gewünschten klärenden, eindeutigen Antworten zur Frage der Unterrichtsqualität werden durch verschiedene Hindernisse erschwert. Begriffliche Unklarheiten sind offensichtlich. Nachfragen wie «Für welche Schülergruppen oder für welche Ziele ist der Unterricht gut?» weisen auf diese Schwierigkeiten hin. Erschwerend ist auch, dass die Unterrichtsqualitätsfrage durch verschiedene tief verankerte Missverständnisse geprägt ist: Nicht nur Laien sind dezidiert der Meinung, dass innovative Lehr-Lern-Formen per se besser sind. Sie übersehen damit die offensichtliche Tatsache, dass jede Unterrichtsform ebenso meisterhaft wie dilettantisch angewendet werden kann und dass guter Unterricht in einer intelligenten und didaktisch gut begründeten Verknüpfung lehrer- und schülerorientierter Phasen besteht.

Angesichts der Komplexität der Unterrichtsqualitäts- und Lehrerprofessionalitätsfrage ist klar, dass es «den guten Unterricht» nicht gibt, ebenso wenig wie die richtige Unterrichtsmethode. Guter Unterricht folgt niemals starren exklusiven methodischen Prinzipien, sondern basiert auf einem antinomischen Sowohl-als-auch-Verhältnis. Unbestritten ist aber auch, dass es sehr wohl Unterrichtsqualitätsprinzipien gibt, die unbedingt gültig sind – ebenso wie wohlbegründete Standards des Lehrerverhaltens und Merkmale der Expertise von Lehrpersonen.

Basics Seite 13	Texte Seite 21	Materialien Seite 33

HANS BERNER

Eine alte und aktuelle Frage

Der wahre Unterricht erfrischt und erfreut das Herz

In seinem 1850 veröffentlichten Buch postulierte Karl Ferdinand Schnell ganz klare zeitgemässe Vorstellungen von gutem Unterricht: «Je besser der Unterricht beschaffen ist, je geregelter und gründlicher, klarer und folgerechter er ertheilt wird; je mehr Geist und Leben er erzeugt; je mehr Form und Ordnung denselben durchdringt; je mehr Einheit, Mass und Zusammenhang in dem Einzelnen und Ganzen waltet, je mehr und untertheilter endlich die Folge dessen sich die Kinder demselben hingeben: desto wirksamer und heilsamer ist die Lehre und Uebung und alles Lernen, nicht bloss für den Verstand, für den Kopf, für die Intelligenz, für Wissen und Können, sondern auch für Gemüth und Willen, für Gesinnung und Charakter der Schüler, ja selbst für das leibliche Gedeihen, weil Denken, Wissen und Können mit Gemüth und Willen in der engsten Wechselwirkung stehen, weil der wahre Unterricht das Herz erfrischt und erfreut, den Willen stählt und stärkt, und der harmonisch thätige Geist den Leib bildet, erregt, veredelt und verklärt, die Sinne schärft und den ganzen Menschen rührig und rüstig, stark und tüchtig und frei macht.» (Schnell 1850, S. 92ff.; zitiert nach Helmke 2009, S. 79) Über gewisse Postulate in diesem Buch mit dem Titel «Die Schuldisciplin – eine Schrift zur Einführung in die Schulerziehung» können wir heute schmunzeln, andere sind – in eine zeitgemässe Sprache übersetzt – überraschend aktuell.

Eine einfache Frage, die nicht ganz so einfach zu beantworten ist

In den vergangenen Jahrzehnten ist die Frage «Was ist guter Unterricht?» immer wieder gestellt und ganz unterschiedlich beantwortet worden. Offensichtlich ist, dass dabei viele Antworten der naheliegenden Gefahr der Banalisierung und Trivialisierung des Wissens über den guten Unterricht erlegen sind. Denn es gibt verschiedene Gründe, dass diese einfache Frage nicht so einfach beantwortet werden kann. Es ist unklar, was mit «gutem Unterricht» gemeint ist: Geht es um die Kompetenz der Lehrperson, die Unterrichtsprozesse, die Unterrichtseffekte oder eine Mischung von all diesen Faktoren? Zudem wird bei der Frage nach der Unterrichtsqualität oft Innovation mit Qualität gleichgesetzt. Häufig werden naiv sogenannte innovative Unterrichtsformen oder -methoden als gut, weil innovativ, missverstanden. Aussagen wie «Projektunterricht oder computerunterstützter Unterricht ist gut – Frontalunterricht schlecht» oder «Innovative Lehre gleich gute Lehre» werden zwar immer wieder geäussert – aber sie sind und bleiben falsch. (vgl. Helmke 2006, S. 42)

Ein umfassendes Verständnis von gutem Unterricht

Ein weiteres Missverständnis: Die Frage nach gutem Unterricht kann nicht einfach mit einer Aufzählung von Gütekriterien beantwortet werden, weil diese Aufzählungen immer eingeschränkt bleiben und durch ihren Auswahlcharakter grössere Zusammenhänge ausblenden müssen.

Angebots-Nutzungsmodell von Unterricht

Im folgenden umfassenden Angebots-Nutzungsmodell von Unterricht hat Andreas Helmke Faktoren der Unterrichtsqualität in ein Modell der Wirkungsweise und der Zielkriterien des Unterrichts integriert. Dieses Modell umfasst einerseits Merkmale der Lehrperson und des Unterrichts und berücksichtigt andererseits umfassende Faktoren wie Lernpotenzial der Schülerinnen und Schüler, familiäre Merkmale und Kontextfaktoren vom Klassen- und Schulklima bis zu kulturellen Rahmenbedingungen. Angebots-Nutzungsmodell heisst es deshalb, weil Unterricht als ein Angebot verstanden wird, das von den Schülerinnen und Schülern durch aktive Lernzeit im Unterricht und ausserschulische Lernaktivitäten genutzt werden kann.

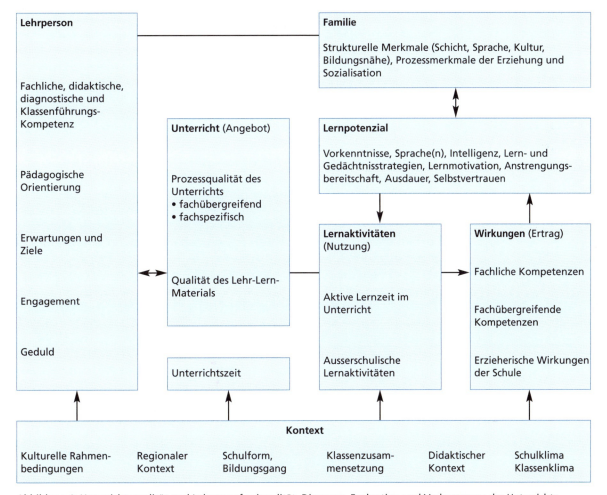

Abbildung 1: Unterrichtsqualität und Lehrerprofessionalität. Diagnose, Evaluation und Verbesserung des Unterrichts.

Unterrichtsgütekriterien-Merkmal-Listen

Handlungsvorschrifts-Listen sind hilfreich, ...

Es gibt mittlerweile verschiedene Versuche, die Frage nach gutem Unterricht mit einer Liste in Form einer überschaubaren Zahl von fachübergreifenden Schlüsselvariablen von gutem Unterricht zu klären. Im deutschsprachigen Raum sind vor allem die Zusammenstellungen von Hilbert Meyer (in seinem 2004 erschienenen Buch «Was ist guter Unterricht?») und diejenigen von Andreas Helmke verbreitet. Die Liste von Meyer ist aus einer pädagogisch-didaktischen Perspektive verfasst; diejenige von Helmke aus einem psychologischen und empirischen Blickwinkel. Beide Autoren haben sich auf zehn Merkmale guten Unterrichts beschränkt. Im Unterschied zu Meyer räumt Helmke einem ganz bestimmten Merkmal – der Passung – die Sonderstellung eines Metaprinzips ein: «Passung ist aus meiner Sicht das Schlüsselmerkmal. Es stellt die Grundlage für Konzepte der Differenzierung und Individualisierung dar. Man kann Passung auch als Metaprinzip bezeichnen, denn es handelt sich um ein Gütekriterium, das im erweiterten Sinne für alle Lehr-Lern-Prozesse gültig ist. Aus bildungspolitischer Sicht stellt das Gebot der Passung – nichts anderes meint der ‹Umgang mit Heterogenität› – die zentrale Herausforderung dieses Jahrzehntes dar.» (Helmke 2006, S. 45)

..., aber nicht ganz unproblematisch

Dass solche Listen nicht ganz unproblematisch sind, hat Helmke selbstkritisch formuliert: «Solche ‹Listen› bergen allerdings die Gefahr, dass sie sich verselbstständigen und – abgehoben von den Bedingungen ihrer Entstehung und von ihrem Geltungsbereich – als ‹Handlungsvorschrift› missverstanden («Genau so muss man unterrichten!») und banalisiert werden.» (Helmke 2006, S. 44)

Was wissen wir über guten Unterricht?

Unterrichtsqualität aus allgemein-didaktischer Sicht

Empirische Studien zeigen, dass es Unterrichtsqualitätsmerkmale gibt, die als Fundament für einen guten Unterricht in verschiedenen Fächern und auf unterschiedlichen Schulstufen gewertet werden können. Diese Merkmale sind: effektive Klassenführung, intensive Nutzung der Unterrichtszeit, inhaltlich relevante Rückmeldungen auf der Basis fachdidaktischer Expertise, kooperatives Lernen, Übungen und Wiederholungen, gutes Klassenklima.

Fachdidaktisches Wissen und Können von Lehrpersonen

Zusätzlich zu diesen Merkmalen eines effektiven Unterrichts, die sich auf unterschiedliche Fächer und Schulstufen beziehen, gibt es Befunde, die dem fachdidaktischen Wissen und Können von Lehrpersonen und damit stärker inhaltsbezogenen Dimensionen des Unterrichts ein grösseres Gewicht für den Lernerfolg von Schülerinnen und Schülern beimessen. Zwei entscheidende Merkmale sind kognitive Aktivierung und Strukturaufbau der Unterrichtseinheiten (vgl. Lipowsky 2007, S. 26, 27; im Text 1 werden die hier genannten Unterrichtsqualitätsmerkmale erklärt).

Den guten Unterricht gibt es nicht!

Bei der umstrittenen Frage «Was ist guter Unterricht?» ist unbestritten, dass es Qualitätsprinzipien des Unterrichts gibt, die unbedingt und fraglos gültig sind. Es existieren wohlbegründete Standards des Lehrerverhaltens und wichtige Merkmale der Expertise von Lehrkräften, über die man sich weitgehend einig ist. Aber: Es gibt nicht den guten Unterricht – und es gibt auch nicht die richtige Unterrichtsmethode. Wenn man einige kritische Fragen stellt, wird die scheinbare Sicherheit der Antworten offensichtlich – ebenso wie die Notwendigkeit differenzierter und differenzierender Antworten.

Relativierende Fragen sind notwendig

- Wofür ist dieser Unterricht gut?
- Für wen ist dieser Unterricht gut?
- Gemessen an welchen Startbedingungen ist dieser Unterricht gut?
- Aus wessen Perspektive ist dieser Unterricht gut?
- Für wann ist dieser Unterricht gut? (vgl. Helmke 2004, S. 47)

Ein bestimmter Unterricht kann beispielsweise gut respektive schlecht sein für die schnellen oder langsamen Schülerinnen und Schüler, er kann gut sein für die im kognitiven, affektiven oder motorischen Bereich besonders starken Schülerinnen und Schüler. Er kann gut sein für die Schülerinnen und Schüler, die nach der 6. Klasse oder nach der 2. Sekundarschule ins Gymnasium gehen möchten oder im Hinblick auf die Zeit nach der Schule.

Guter Unterricht ist niemals starr und dogmatisch

Ein wichtiges Anliegen von Franz Emanuel Weinert war es, bei der Frage nach gutem Unterricht die Wichtigkeit einer Ausgewogenheit oder einer Balanceleistung zu betonen. Guter Unterricht ist aus seiner Sicht niemals dogmatisch und er folgt niemals starren exklusiven methodischen Prinzipien, sondern er ist in einem antinomischen Sinne als ein Sowohl-als-auch-Verhältnis zu verstehen.

Unterricht ist als Sowohl-als-auch-Verhältnis zu verstehen

- Lernen im Unterricht erfolgt weder ausschliesslich rezeptiv noch ausschliesslich aktiv-konstruktiv, sondern Lernen kann in vielerlei Gestalt erfolgen: sowohl passiv als auch aktiv, linear-systematisch und multidimensional-unsystematisch, intentional und beiläufig.
- Fehler sollen weder tabuisiert noch kultiviert werden, sondern je nach Fach, Unterrichtskontext, Typ und Schwere des Fehlers toleriert und thematisiert (in Lernphasen) oder korrigiert (in Konsolidierungs- und Übungsphasen) werden.
- Erstrebenswert ist weder eine Maximierung offenen Unterrichts noch direkte lehrergesteuerte Instruktion, sondern eine situationsangemessene, je nach Lernzielen unterschiedliche Dosierung beider Unterrichtsformen, die auch den unterschiedlichen Talenten und Präferenzen der Lehrpersonen, ihren Stärken und Schwächen Rechnung trägt.
- Was die Bildungsziele des Unterrichts anbelangt, so ist eine Verabsolutierung der kognitiven Wirkungen ebenso unangemessen wie eine Konzentration auf den sozial-emotional-motivationalen Bereich.

- Die Mischung aus systematischer Wissensbasis und der Verfügbarkeit von Lernstrategien muss passend sein.
- Lehrende sind sowohl Instrukteure und Vermittlerinnen als auch Berater, Mitgestalterinnen, Koproduzenten von Lernprozessen – dies hängt von der Phase des Lernprozesses ab.
- Erwünscht ist weder Unnahbarkeit noch Anbiederung und falsche Kumpelei, sondern Freundlichkeit und Bewusstheit eines klaren Rollenunterschiedes und einer selbstverständlichen Führungsrolle der Lehrperson.
- Der Führungsstil soll weder autoritär noch egalitär, sondern autoritativ sein. (vgl. auch Meier et al.: Schülerinnen und Schüler kompetent führen. 2010)
- Aus Sicht der Lehrergesundheitsforschung ist ein Hyper-Engagement ebenso riskant, wie es Formen des Rückzugs sind; das Optimum liegt in der Mitte. (vgl. Helmke 2009, S. 384, 385)

Dieses Verständnis von Franz Emanuel Weinert entspricht der in den verschiedenen Kapiteln von *Didaktisch handeln und denken 1* und *2* vertretenen Position: Phasen eines guten lehrerorientierten Unterrichts sind ebenso wichtig wie schülerorientierte oder schülerzentrierte Phasen. Ein bestimmtes Lehr-Lern-Arrangement ist a priori weder gut noch schlecht. Unreflektiert dilettantische Vorgehensweisen sind in jeder Unterrichtsform zu finden – ebenso wie herausragend professionelle. Ein weit verbreiteter Denk- und Argumentationsfehler in der Didaktik besteht darin, dass oft in Dichotomien gedacht, diskutiert und polemisiert wird: lehrerzentrierter versus schülerzentrierter Unterricht, direkte Instruktion versus indirekte Instruktion …

Es ist nicht weiter erstaunlich, dass ein solches pauschalisierendes Verständnis dankbarer Gegenstand von Karikaturen wird.

Für die Darstellung eines antinomischen didaktischen Sowohl-als-auch-Verständnisses ist die Form von Wertequadraten sehr geeignet (vgl. die Wertequadrate im Kapitel 2 «Inhalte auswählen» und zur Rolle der Lehrperson im Kapitel 4.5 Projekt-Unterricht). Die berühmten Kippfiguren zeigen eindrücklich, dass zwei sehr unterschiedliche Bilder zu erkennen sind. Wer sich nur auf ein Bild fixieren kann und das andere nicht zu sehen vermag, bleibt auf einem Auge blind.

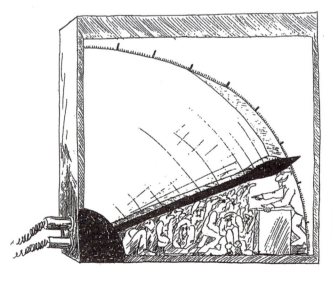

Abbildung 2:
Keine Aufregung, meine Damen und Herren: der Grenzwert ist noch lange nicht erreicht.

Abbildung 3: Ein Selbstporträt von Sara Nader

Am linken Rand sehen Sie ein Selbstporträt der amerikanischen Künstlerin Sara Nader. Oder sehen Sie etwas ganz anderes? Tatsächlich: Die einen sehen kein Gesicht einer Frau, sondern einen Saxofon spielenden Mann! Je nachdem wird auch ein bestimmtes – sehr unterschiedliches – Detail des Bildes sichtbar: das rechte Auge der Frau oder ein auf den Mund des Mannes zufliegender Vogel. Ähnliche Bilder sind allen bekannt – bspw. das Bild, das je nach individueller Ansicht die Gesichtszüge einer alten Frau oder eines jungen Mädchens zeigt.

Was geschieht beim Betrachten solcher Bilder? Man fixiert sich auf eine ganz bestimmte Ansicht, eine persönliche Sichtweise. Diese Ansicht prägt sich einem ein, sie wird einem vertraut. Es ist angenehm, etwas Bekanntes und Vertrautes zu sehen. Die andere – fremde – Sichtweise macht Mühe. Man ist gezwungen, vertraute «Denkbahnen» zu verlassen und eine andere «Denkfigur» ins Auge zu fassen. Besonders mühsam wird der Perspektivenwechsel, wenn man nach langem Suchen und eventuellem Abirren endlich sein Bild gefunden hat und sich nicht schon wieder auf etwas Neues – eventuell Verunsicherndes – einlassen möchte. (vgl. Berner 1999, S. 250, 251)

Kippfiguren im didaktischen Bereich

Ganz ähnliche Kippfiguren lassen sich auch bei Erziehungs- und Unterrichtsbildern feststellen. Die eigene pädagogische und didaktische Sichtweise, die sich in mehr oder weniger radikaler Abgrenzung von anderen Vorstellungen gebildet hat, erscheint auf einmal als einzig mögliche Sichtweise und wird sich selbst und anderen gegenüber als die Lösung vertreten. Gemeinsam ist: Wie bei den Kippfigur-Bildern prägt sich die eigene, «richtige» Lösung ein, sie wird zur einzig möglichen Ansicht, oft auch zur absoluten, fundamentalen – oder gar fundamentalistischen – «Wahrheit». Dies ist offensichtlich problematisch und – je nach Absolutheitsgrad – gefährlich, weil bei pädagogischen und didaktischen Sachverhalten häufig nicht eine Beschränkung auf eine Ansicht dem Phänomen angemessen ist, sondern eine Sichtweise, die beide Figuren zu sehen vermag. Und eine Denkweise, die Übertreibungen im Auge zu behalten und als solche zu erkennen vermag.

Solche didaktischen Kippfiguren sorgen nicht nur in Lehrerzimmern immer wieder für mehr oder weniger fruchtbare Diskussionen; manchmal in Ruhe und Gelassenheit, häufiger mit erregten Worten und geröteten Köpfen. Die naheliegende Einschätzung «Wie kann man nur so beschränkt sein!» bezieht sich dabei meistens auf die fremde Sichtweise. (vgl. Berner 1999, S. 250–252)

Verbreitete didaktische Kippfiguren

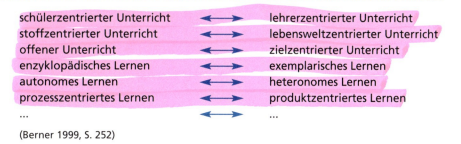

schülerzentrierter Unterricht	⟷	lehrerzentrierter Unterricht
stoffzentrierter Unterricht	⟷	lebensweltzentrierter Unterricht
offener Unterricht	⟷	zielzentrierter Unterricht
enzyklopädisches Lernen	⟷	exemplarisches Lernen
autonomes Lernen	⟷	heteronomes Lernen
prozesszentriertes Lernen	⟷	produktzentriertes Lernen
...	⟷	...

(Berner 1999, S. 252)

Wer in schulischen Situationen nicht in der Lage ist, sowohl das eine als auch das andere wahrzunehmen, verkennt die Ambivalenz pädagogischer Situationen. Diese Einäugigkeit führt zu einer unzulässigen Reduktion auf ganz einfache Teilaspekte – und ignoriert aus Unvermögen, Unwissenheit oder Unfähigkeit die erforderliche Komplexität des Ganzen.

Intelligente didaktisch begründete Verknüpfungen statt Monokultur

In seinem Text «Was wissen wir über guten Unterricht?» bilanziert Frank Lipowsky treffend: «Guter Unterricht zeichnet sich also durch eine intelligente und didaktisch begründete Verknüpfung lehrer- und schülerorientierter Phasen aus.» (Lipowsky 2007, S. 30) Und Andreas Helmke betont, dass die unterschiedlichen schulischen Bildungsziele ganz unterschiedliche Lehr-Lern-Arrangements erfordern, und folgert einleuchtend: «Jegliche Monokultur, jede Verabsolutierung eines bestimmten Unterrichtsstils ist deshalb unangemessen.» (Helmke 2006, S. 44)

Literatur

Berner, H. (1999): Didaktische Kompetenz. Bern, Stuttgart, Wien: Haupt.

Helmke, A. (2004): Unterrichtsqualität: Erfassen – Bewerten – Verbessern. (3. Auflage). Seelze: Kallmeyer.

Helmke, A. (2006): Was wissen wir über guten Unterricht? Über die Notwendigkeit einer Rückbesinnung auf den Unterricht als dem «Kerngeschäft» der Schule. In: Pädagogik Nr. 2. S. 42–45.

Helmke, A. (2009): Unterrichtsqualität und Lehrerprofessionalität. Seelze: Kallmeyer.

Lipowsky, F. (2007): Was wissen wir über guten Unterricht? Im Fokus: die fachliche Entwicklung. In: Friedrich Jahresheft. S. 26–30.

Meier, A. et al. (2010): Schülerinnen und Schüler kompetent führen. Aufbau von grundlegenden Führungskompetenzen für Lehrpersonen. Zürich: Pestalozzianum.

Meyer, H. (2003): Zehn Merkmale guten Unterrichts. Empirische Befunde und didaktische Ratschläge. In: Pädagogik Nr. 10.

Meyer, H. (2011): Was ist guter Unterricht? Berlin: Cornelsen Scriptor.

Schnell, K. F. (1850): Die Schuldisciplin – als wissenschaftlich geordnete Kunde. Berlin: Karl Wiegandt. Zitiert nach: Helmke, A. (2009): Unterrichtsqualität und Lehrerprofessionalität. S. 79.

1   Was wissen wir über guten Unterricht?

In seinem Text über guten Unterricht mit dem Fokus auf die fachliche Lernentwicklung fasst Frank Lipowsky neuere empirische Forschungsresultate zum Unterricht und zum Lehrerhandeln zusammen. Er zeigt, dass diese Erkenntnisse über
die Bedingungen erfolgreichen Unterrichtens vertraute Denkgewohnheiten von
Lehrpersonen bestätigen – und revidieren.

❰ Unterrichtsqualität aus allgemein-didaktischer Sicht

Die Zusammenfassung bisheriger Studien lässt einerseits erkennen, dass es einen
übergreifenden Konsens an Merkmalen zu geben scheint, die mehr oder weniger
als basale Voraussetzungen, quasi als Fundamentum, für einen guten Unterricht
in verschiedenen Fächern und auf unterschiedlichen Schulstufen gewertet werden können, und dass es darüber hinaus ein fachspezifisches und möglicherweise
auch schulstufen- und schulartenspezifisches Additum an Charakteristika gibt,
die sich ebenfalls auf den Schulerfolg von Schülerinnen und Schülern auswirken
können.

Effektive Klassenführung

Vergleichsweise robuste Befunde liegen zur Bedeutung einer effektiven Klassenführung vor (vgl. z.B. Helmke/Hosenfeld/Schrader 2002). Eine effektive Klassenführung zeichnet sich durch eine intensive Nutzung der Lernzeit, durch ein ge-
ringes Ausmass an Unterbrechungen und Störungen, durch die Etablierung von
Regeln und die vermeintliche Allgegenwärtigkeit der Lehrperson aus. Entsprechend erfolgreiche Lehrpersonen halten den Unterricht im Fluss und zeichnen
sich durch ein Mindestmass an Multitasking aus. Voraussetzungen für eine effektive Klassenführung sind u.a. eine sorgfältige Unterrichtsplanung, die Einführung
und Einhaltung eines transparenten Regelsystems und die klare Strukturierung
des Unterrichts. Viele der durchgeführten Studien können direkte oder indirekte
Zusammenhänge zwischen dem Ausmass an effektiver Klassenführung und den
fachlichen Leistungen von Schülerinnen und Schülern nachweisen.

Intensive Nutzung der Unterrichtszeit

Eng mit einer effektiven Klassenführung hängen eine intensive Nutzung der Unterrichtszeit sowie die klare Strukturierung des Unterrichts zusammen. Eine klare
Strukturierung des Unterrichts zeichnet sich durch eine deutliche Sequenzierung
des Unterrichts in einzelne Phasen und Schritte, durch klare Aufgabenstellungen
und Anforderungen und durch eine verständliche Lehrersprache aus.

Rückmeldungen

In mehreren Studien liess sich nachweisen, dass erfolgreiche Lehrpersonen häufi-
gere und inhaltlich relevantere Rückmeldungen geben als weniger erfolgreiche
Lehrpersonen. Wie andere Merkmale erfolgreicher Lehrpersonen ist diese Eigen-
schaft vermutlich keine isolierte Fähigkeit, sondern dürfte in enger Verbindung
mit der fachdidaktischen Expertise der Lehrpersonen stehen (vgl. Hattie 2003).

Kooperatives Lernen

Die Überlegenheit kooperativen Lernens gegenüber individualisierten Lernformen wurde in zahlreichen Studien empirisch bestätigt (vgl. Slavin 1996). Offenbar

ist kooperatives Lernen in Partner- und Gruppenarbeit insbesondere dann erfolgreich, wenn die individuelle Verantwortlichkeit jedes Gruppenmitglieds gegeben ist, wenn die Lernenden über ausreichende Argumentations- und Kommunikationsfähigkeiten verfügen und wenn sie angeleitet werden, wie sie ihre Arbeitsprozesse inhaltlich strukturieren, steuern und auswerten können (vgl. Johnson/ Johnson 2002).

Übungen und Wiederholungen

Übungen und Wiederholungen sind vor allem für den langfristigen kumulativen Lernerfolg von Bedeutung. Welche Merkmale Übungen erfolgreich machen und welche nicht, ist noch vergleichsweise wenig erforscht. Inwieweit es also auf die Häufigkeit, auf die Regelmässigkeit, auf die Stellung der Übung in der Unterrichtseinheit, auf die Qualität bzw. die Art der Übung und auf die Beziehung zwischen konzeptuellem Verständnis und prozeduralen Fertigkeiten ankommt, ist nicht für alle Fächer ausreichend untersucht. Ergebnisse für das Fach Mathematik deuten darauf hin, dass sowohl prozedurale als auch anspruchsvollere Übungsformen, die vertiefte Einsichten in Strukturzusammenhänge ermöglichen, bedeutsam sind (vgl. Helmke 2003).

Positive Wirkung: Hausaufgaben

Das Thema Hausaufgaben wird seit Langem und nicht nur in Deutschland kontrovers diskutiert. Fasst man die Ergebnisse der Forschung zusammen, so ergeben sich vor allem für den Sekundarbereich positive Wirkungen von Hausaufgaben, wobei jedoch weniger die aufgewendete häusliche Zeit als vielmehr der unterrichtliche Umgang und die Qualität von Hausaufgaben entscheidend zu sein scheinen (vgl. Lipowsky u.a. 2004; Schnyder u.a. 2006).

Gutes Klassenklima

Häufig wird auch dem Klassenklima ein direkter Einfluss auf den Lernerfolg von Schülern unterstellt. Die meisten Studien können einen solchen direkten Zusammenhang jedoch nicht belegen, wenn man gleichzeitig andere Merkmale von Unterricht untersucht (vgl. z.B. Gruehn 2000). Allerdings lässt sich annehmen, dass ein Minimum an Wertschätzung und Respekt und eine positive Lernatmosphäre basale Voraussetzungen dafür sind, dass es überhaupt zu einer inhaltlich vertieften Auseinandersetzung mit dem Unterrichtsgegenstand kommen kann. Insofern sind von klimatischen Aspekten des Unterrichts eher indirekte Wirkungen zu erwarten. Zudem liegen empirische Ergebnisse vor, die darauf schliessen lassen, dass klimatische Aspekte für affektive und motivationale Merkmale des Schulerfolgs von erheblicher Bedeutung sind. Kritisch anzumerken ist allerdings, dass der Klimabegriff in der Forschungsliteratur teilweise sehr uneinheitlich verwendet wird.

Merkmale guten Unterrichts aus inhaltlicher Sicht

Die oben dargestellten Merkmale eines effektiven Unterrichts beziehen sich mehr oder weniger auf unterschiedliche Fächer und auf den Unterricht in unterschiedlichen Schulstufen. Sie sind weitgehend unabhängig vom jeweils unterrichteten Inhalt und können daher auch von Personen beurteilt werden, die nicht über eine Lehrbefugnis für das jeweilige Fach verfügen. In den letzten Jahren mehren sich jedoch die Befunde, die dem fachdidaktischen Wissen und Können von Lehrpersonen und damit stärker inhaltsbezogenen Dimensionen des Unterrichts ein grösseres Gewicht für den Lernerfolg von Schülerinnen und Schülern einräumen (vgl. Hill/Rowan/Ball 2005; Hattie 2003). Diese Merkmale effektiven Unterrichts lassen sich jedoch in der Regel nur von fachdidaktisch geschulten Experten beurteilen.

Kognitive Aktivierung

Als eine Basisdimension von Unterrichtsqualität wird die kognitive Aktivierung der Lernenden betrachtet. Kognitive Aktivierung meint in Abgrenzung zu anderen Basisdimensionen von Unterrichtsqualität, wie Schülerorientierung und Klassenführung, die Anregung der Lernenden zu einem vertieften fachlichen Nachdenken über den Unterrichtsinhalt (vgl. zusammenfassend: Lipowsky 2006). Die kognitive Aktivierung der Lernenden lässt sich nicht direkt, sondern nur indirekt erfassen. So kann angenommen werden, dass z.B. Mathematikunterricht dann kognitiv aktivierend ist, wenn die Schülerinnen und Schüler auf einem anspruchsvollen Niveau fachlich miteinander interagieren, wenn sie herausfordernde Aufgaben bearbeiten, wenn sie Meinungen und Konzepte austauschen und miteinander vergleichen, wenn sie Lösungswege und Ergebnisse begründen und sich aktiv mit inhaltlichen Fragen am Unterricht beteiligen. Die Lehrperson übernimmt in einem solchen Unterricht keine passive Rolle, im Gegenteil: Sie konfrontiert die Lernenden mit herausfordernden Aufgabenstellungen, provoziert kognitive Konflikte, hebt Unterschiede in Ideen und Positionen hervor, regt die Lernenden an, sich aufeinander zu beziehen, und initiiert Gelegenheiten, um über den eigenen Lernprozess nachzudenken. Ein solches Lehrerverhalten setzt fachdidaktisches Wissen und Können und eine hohe Flexibilität im Denken voraus. Auch dieses Merkmal erfolgreicher Lehrer lässt sich nicht ohne ein Minimum an fachdidaktischer Expertise beurteilen, denn kognitive Aktivierung in Mathematik dürfte anders aussehen als kognitive Aktivierung im Geschichts- oder Sprachunterricht. Die bislang vorliegenden Forschungsbefunde können die positiven Wirkungen eines kognitiv aktivierenden und fachlich anspruchsvollen Unterrichts vor allem für das Fach Mathematik bestätigen: Die Lernfortschritte in einem kognitiv aktivierenden Unterricht sind grösser, und die Schülerarbeiten offenbaren ein höheres Abstraktionsniveau (vgl. Klieme/Schümer/Knoll 2001; Hattie 2003; Shayer/Adhami 2006).

Strukturaufbau der Unterrichtseinheiten

Der Unterricht erfolgreicher Lehrpersonen zeichnet sich ferner durch die Fokussierung auf die inhaltlich relevanten Aspekte und durch eine hohe inhaltliche Kohärenz aus. Erfolgreiche Lehrpersonen sind in der Lage, wichtige und unwichtige Informationen zu trennen und die relevanten Elemente des Unterrichtsgegenstands zu einem kohärenten Ganzen zusammenzufügen. Damit ist also der Strukturaufbau ganzer Unterrichtseinheiten gemeint. ❯

Auszug aus: Lipowsky, F. (2007): Was wissen wir über guten Unterricht? Im Fokus: die fachliche Entwicklung. In: Friedrich Jahresheft 2007. S. 26–28.
Online-Text www.ganztaegig-lernen.org

[handwritten margin note: Sind die jetzt Herausgefordert? bringt es etwas das jetzt alle ruhig sitzen müssen?]

2 Merkmale guten Unterrichts nach Andreas Helmke

Die folgenden zehn fachübergreifenden Merkmale bilden für Andreas Helmke den Kern «guten» Unterrichts. Es ist ein Versuch, die Wirksamkeit des Unterrichts auf eine überschaubare Zahl von Schlüsselvariablen in Form einer Liste zurückzuführen.

10 Unterrichts-Gütekriterien

1. *Effiziente Klassenführung und Zeitnutzung*
   Notwendige Voraussetzung für erfolgreiches und anspruchsvolles Unterrichten; Etablierung und Einhaltung verhaltenswirksamer Regeln; Prävention von Störungen durch Strategien der Aufmerksamkeitslenkung; im Falle von Störungen diskret undramatische, Zeit sparende Behebung.

2. *Lernförderliches Unterrichtsklima*
   So viele nicht mit Leistungsbewertung verbundene Lernsituationen wie möglich, so viele Leistungssituationen wie nötig; freundlicher Umgangston und wechselseitiger Respekt; Herzlichkeit und Wärme; entspannte Atmosphäre, Lachen; Humor; Toleranz gegenüber Langsamkeit; angemessene Wartezeit auf Schülerantworten.

3. *Vielfältige Motivierung*
   Thematisierung unterschiedlicher lernrelevanter Motive (intrinsische Lernmotivation: Sach- und Tätigkeitsinteresse; extrinsische Lernmotivation: Akzentuierung der Wichtigkeit und Nützlichkeit des Lernstoffs und Anknüpfung an die Lebenswelt der Schülerinnen und Schüler); Anregung des Neugier- und Leistungsmotivs; Motivierung durch Lernen am Modell: Engagement, Freude am Fach und am Unterrichten («enthusiasm») der Lehrperson.

4. *Strukturiertheit und Klarheit*
   Angemessenheit der Sprache (Wortschatz, Fachsprache); Lernerleichterung durch strukturierende Hinweise (Vorschau, Zusammenfassung, «advance organizer»); fachlich-inhaltliche Korrektheit; sprachliche Prägnanz: klare Diktion, angemessene Rhetorik, korrekte Grammatik, überschaubare Sätze; akustische Verstehbarkeit: angemessene Artikulation und Modulation, Lautstärke, Dialekt.

5. *Wirkungs- und Kompetenzorientierung*
   Fokus auf den Erwerb fachlicher, überfachlicher und nichtfachlicher Kompetenzen als primäres Bildungsziel; empirische Orientierung: Fokus auf nachweisliche und nachhaltige Wirkungen (künftig: Orientierung an den Bildungsstandards); Nutzung aller diagnostischen Möglichkeiten für regelmässige Standortbestimmung.

6. *Schülerorientierung, Unterstützung*
   Lehrkräfte als fachliche und persönliche Ansprechpartner; die Schülerinnen und Schüler werden ernst genommen: Sie können in angemessenem Rahmen mitbestimmen und werden zum Unterricht befragt («Schülerfeedback»).

7. *Förderung aktiven, selbstständigen Lernens*
«Guter Unterricht ist ein Unterricht, in dem mehr gelernt als gelehrt wird.» (Franz Emanuel Weinert); unterrichtliche Angebote für selbstständiges, eigenverantwortliches Lernen; vielfältige Sprech- und Lerngelegenheiten für möglichst alle Schülerinnen und Schüler einer Klasse; Spielräume statt Engführung, authentische Fragen statt Pseudofragen.

8. *Angemessene Variation von Methoden und Sozialformen*
Schüler-, fach- und lernzielangemessene Variation von Unterrichtsmethoden und Sozialformen; sowohl zu geringe («Monokultur») als auch zu starke Variation ist problematisch.

9. *Konsolidierung, Sicherung, intelligentes Üben*
Vielfalt an Aufgaben, die nicht bloss mechanisch, sondern «intelligent» geübt werden; Bereitstellung unterschiedlicher Transfermöglichkeiten; aber auch: Beherrschung von basic skills, automatisierten Fertigkeiten (Grundwortschatz, Grundrechenarten) als gedächtnispsychologische Voraussetzung für die Beschäftigung mit anspruchsvollen Aufgabenstellungen.

10. *Passung*   Binnendifferenzierung + Lebensweltbezug
Variation der fachlichen und überfachlichen Inhalte, Anpassung der Schwierigkeit und des Tempos an die jeweilige Lernsituation und die Lernvoraussetzungen der Schüler(gruppen); sensibler Umgang mit heterogenen Lernvoraussetzungen und Schülermerkmalen, besonders im Hinblick auf Unterschiede im sozialen, sprachlichen und kulturellen Hintergrund sowie im Leistungsniveau.

Zusammengefasster Text aus: Helmke, A. (2010). Unterrichtsqualität und Lehrerprofessionalität. Diagnose, Evaluation und Verbesserung des Unterrichts. Seelze: Klett-Kallmeyer. www.unterrichtsdiagnostik.info

sind SuS herausgefordet oder sind sie nur beschäftigt

3 Zwei entscheidende Merkmale guten Unterrichts nach Hilbert Meyer

Klare Strukturierung des Unterrichts und ein hoher Anteil echter Lernzeit sind gemäss Hilbert Meyer die entscheidenden und empirisch bestätigten Merkmale guten Unterrichts. Im Folgenden wird stichwortartig zusammengefasst, wie sich diese beiden Merkmale zeigen und welche didaktisch-methodischen Möglichkeiten zur Verbesserung bestehen.

1. Klare Strukturierung des Unterrichts
Definition: Unterricht ist dann klar strukturiert, wenn das Unterrichtsmanagement funktioniert und wenn sich ein für Lehrpersonen und Schülerinnen und Schüler gleichermassen gut erkennbarer «roter Faden» durch die Stunde zieht. Dieses Merkmal bezieht sich auf alle Dimensionen des unterrichtlichen Handelns (Inhalts-, Ziel-, Sozial-, Prozess-, Handlungs- und Raumstruktur des Unterrichts).

Eine klare Strukturierung zeigt sich in ...
- der verständlichen Lehrer- und Schülersprache
- der klaren Definition der Rollen der Beteiligten
- in der Konsequenz, mit der sich die Lehrperson an die eigenen Ankündigungen hält
- in der Klarheit der Aufgabenstellung
- in der deutlichen Markierung der einzelnen Unterrichtsschritte
- in der klaren Unterscheidung von lehreraktiven und schüleraktiven Unterrichtsphasen
- in der geschickten Rhythmisierung des Unterrichtsablaufs und dem Einhalten von Pausen
- am Einhalten von Regeln und dem Einsatz von Ritualen
- in einer zum Ziel, zum Inhalt und zu den Methoden passenden Raumregie

Didaktisch-methodische Möglichkeiten sind ...
- intelligente Unterrichtsvorbereitung
- informierende Unterrichtseinstiege
- Entroutinisierung der Fragetechniken
- Arbeit mit Unterrichtsritualen
- Freiräume

2. Hoher Anteil echter Lernzeit

effizient (Wartezeiten vermeiden)

Definition: Die «echte Lernzeit» (time on task) ist die von Schülerinnen und Schülern tatsächlich aufgewendete Zeit für das Erreichen der angestrebten Ziele.

Ein hoher Anteil echter Lernzeit zeigt sich, wenn ...
- die Mehrzahl der Schülerinnen und Schüler aktiv bei der Sache ist
- die Schülerinnen und Schüler sich nicht durch Kleinigkeiten ablenken lassen
- keine Langeweile herrscht
- inhaltlich reiche Arbeitsergebnisse, die der Aufgabenstellung genügen, entstehen
- die Einzelstunden, die Tages- und Wochenplanungen einem eigenen, didaktisch begründeten Rhythmus folgen
- es nur wenige Disziplinstörungen gibt
- gewährte Freiheit nicht missbraucht wird
- die Lehrperson nicht abschweift
- die Lehrperson die Schülerinnen und Schüler nicht beim Lernen stört

Didaktisch-methodische Möglichkeiten sind ...
- Pünktlichkeit
- Auslagerung von «non-instructional activities» aus dem Unterricht
- Gewährung von Freiräumen
- Langsamkeits- und Schnelligkeitstoleranz
- Bewegungsübungen: Warming-ups and cooling-downs

Zusammengefasster Text aus: Meyer, H. (2003): Zehn Merkmale guten Unterrichts. Empirische Befunde und didaktische Ratschläge. In: Pädagogik Nr. 10. Und Meyer, H. (2011): Was ist guter Unterricht? Berlin: Cornelsen Scriptor.

4 Die Bedeutung des Kontexts

was habe ich für eine Klasse?

Unterrichtsqualität hängt entscheidend vom Kontext ab: vom historischen und kulturellen, vom regionalen, kommunalen und schulischen Kontext (Schulart, Bildungsgang, Einzugsgebiet der Schule) und in besonderem Masse von der Klasse, ihrer Zusammensetzung und ihren Voraussetzungen. Der folgende Textausschnitt von Andreas Helmke thematisiert die Bedeutung des Klassenkontexts (Fähigkeits- und Vorkenntnisniveau der Klasse, Schichtzusammenhang).

❮ Der Klassenkontext

Es wird oft nicht deutlich genug gesehen, dass Unterricht unter Bedingungen stattfindet, die sich Lehrkräfte in vieler Hinsicht nicht aussuchen und die sie nicht gestalten können. Nur eine überholte statische Sichtweise behandelt den Unterricht und seine Qualität ausschliesslich als «unabhängige» Variable. In Wirklichkeit stehen Unterrichtsqualität und Klassenkontext in einem dynamischen Verhältnis zueinander: Die Unterrichtsqualität ist Ursache (z.B. für den Leistungsfortschritt der Klasse) und Wirkung (abhängig z.B. vom gegebenen Niveau und der Heterogenität der Vorkenntnisse) zugleich. Eine ungünstige Klassenzusammensetzung setzt der Qualität des Unterrichts ebenso Grenzen, wie umgekehrt eine günstige Klassenzusammensetzung die Unterrichtsqualität und -effektivität fördern kann. Um nicht missverstanden zu werden: Auch in «ungünstig» zusammengesetzten Klassen (leistungsschwach, hohe Leistungsstreuung, hoher Anteil von Migranten mit unterschiedlichen Herkunftssprachen und -kulturen) kann qualitativ hochwertiger Unterricht stattfinden – aber er muss eben anders gestaltet sein als z.B. derjenige in leistungsstarken und leistungshomogenen Klassen. Und dafür sind viele Lehrpersonen oft nicht oder nicht genügend ausgebildet. Umgekehrt gibt es gelegentlich sehr günstige Kontexte, deren Potenzial gar nicht ausgeschöpft wird.

Nicht erst seit PISA 2000 wissen wir von der gravierenden Rolle des sozialen Hintergrundes für die schulischen Leistungen – Faktoren, die als Voraussetzungen (in Gestalt einer entsprechenden Klassenzusammensetzung) das Unterrichten und den Lernerfolg ganz erheblich beeinflussen, ohne dass die Schule an diesen Faktoren sehr viel ändern könnte. Diesem Sachverhalt wird in allen neueren Leistungsvergleichsstudien dadurch Rechnung getragen, dass man sich – anders als etwa im britischen Schulsystem, wo die unkorrigierten Werte der mittleren Testleistungen von Schulen veröffentlicht werden, mit gravierenden Folgen für den Status und das Renommee – nicht auf die Mitteilung der von Klassen oder Schulen erzielten Rohwerte beschränkt. Eine Schule im sozialen Brennpunkt einfach mit einer Schule mit ausgeprägt lernförderlichem Umfeld zu vergleichen, wäre wie ein Vergleich von Äpfeln mit Birnen. Angenommen, beide Schulen landen leistungsmässig im Mittelfeld – dies wäre für die Schule im sozialen Brennpunkt ein grossartiger Erfolg, für die gut situierte Schule dagegen eine Enttäuschung.

Fähigkeits- und Vorkenntnisniveau der Klasse

Schulleistungen und andere Zielkriterien sind, wenn man die Situation zu Anfang eines Schuljahres bedenkt (insbesondere bei der Einschulung und immer dann, wenn die Klasse eine neue Lehrkraft erhält), zugleich Eingangsbedingungen für den folgenden Unterricht. Dieser adaptive Aspekt des Unterrichts ist oft nicht bedacht worden, und in empirischen Studien kann er erst dann zutage gefördert werden, wenn zumindest die Zielvariablen (meist: die Schülerleistungen) mindestens zweifach gemessen werden: am Anfang und am Ende des Schuljahres. Das mittlere Fähigkeits- und Vorkenntnisniveau der Schulklasse hat sich in mehreren Studien als das wichtigste Kontextmerkmal herausgestellt. So hat die Münchner Studie (Helmke & Schrader 1993; Helmke, Schneider & Weinert 1986) beispielsweise belegen können, dass das bereichsspezifische Vorkenntnisniveau einer Schulklasse im Fach Mathematik nicht nur die Klassenleistung am Ende des Schuljahres massgeblich beeinflusst, sondern auch die Qualität des Unterrichts selbst. Dies zeigt die folgende Abbildung. Die Pfeile zeigen Wirkungen zwischen den verschiedenen Variablen an, die Zahlen bezeichnen die Stärke der Wirkung. So hat das Vorkenntnisniveau der Klasse in Mathematik (.55) einen stärkeren Einfluss auf die Leistungen am Ende der 5. Klasse als die individuell unterstützende Kontrolle der Schüler durch die Lehrkraft (.21). An der Abbildung wird aber auch der relativ starke Zusammenhang zwischen Vorkenntnisniveau und Klarheit des Unterrichts (.37) bzw. zwischen Vorkenntnisniveau und Zeitnutzung (.40) deutlich: Je besser die Wissensbasis in Mathematik zu Beginn des Schuljahres, umso besser (also effektiver) kann der Lehrer die Unterrichtszeit nutzen – was wiederum einen positiven Effekt auf die Leistungen am Ende der 5. Klasse hat.

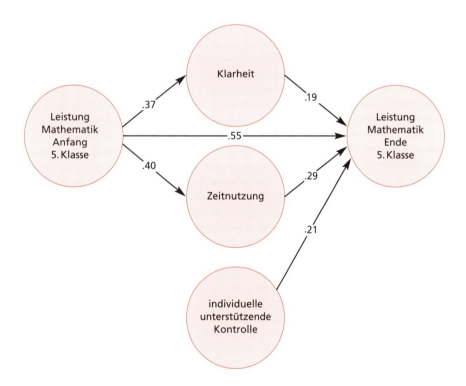

Abbildung 4: Die Rolle des Vorkenntnisniveaus

Schichtzusammensetzung

Ob man dieses Merkmal ausführlich (wie bei PISA, wo auch nach den Berufen der Eltern gefragt wurde) oder knapp erhebt (im minimalen Falle nur die Frage nach dem häuslichen Buchbestand sowie nach der Schulausbildung der Eltern als Indikator für Bildungsnähe), immer zeigt sich ein ähnliches Bild: Je bildungsnäher die Eltern der jeweiligen Schüler einer Klasse im Durchschnitt sind, desto günstiger die Schulleistung. Die soziale Zusammensetzung einer Klasse macht sich im Niveau und in der Heterogenität des Vorkenntnisniveaus der Klasse bemerkbar, das seinerseits der mächtigste Prädiktor (Schätzer) des Lernfortschritts der Klasse ist. Bekanntlich zeigte PISA 2000, dass in keinem anderen Teilnehmerland die Leistungskluft (z.B. beim Leseverständnis) zwischen Gruppen von Schülerinnen und Schülern aus niedrigen vs. solchen aus hohen sozialen Schichten so eklatant ausfiel wie in Deutschland. Dies sollte als eine besondere Herausforderung auch für die Unterrichtsentwicklung angesehen werden. Gefragt sind wissenschaftlich fundierte und praktisch realisierbare Förderprogramme zu den basalen Kompetenzen; zugleich bedürfen solche Vorhaben einer starken zusätzlichen Unterstützung logistischer, finanzieller und inhaltlicher Art durch Staat und Gemeinden.

Dabei muss allerdings darauf hingewiesen werden, dass «Sozialschicht» eine bildungssoziologische Kategorie ist, die für sich genommen keinen direkten Erklärungswert hat. Das Leistungsniveau eines Kindes (analoge Überlegungen gelten für das Leistungsniveau einer Klasse) ist nicht deshalb niedriger, weil es zur sozial niedrigeren Schicht gehört, sondern weil der kognitive Anregungsgehalt, die Sprachvorbilder der Eltern, die elterlichen Standards und Erwartungen, ihre leistungsbezogenen Erklärungen und Sanktionen und ihr eigenes Engagement für die Schulleistungen des Kindes in niedrigeren sozialen Schichten typischerweise geringer ausgeprägt sind. Darüber hinaus spielt der Sozialstatus bei den Bildungsgangempfehlungen eine bedeutsame Rolle: Schüler mit höherem Sozialstatus erhalten, wie Untersuchungen mehrfach gezeigt haben, bei gleichem Leistungsniveau häufiger die Empfehlung für einen höheren Bildungsgang. ❯

Zusammengefasster Text aus: Helmke, A. (2010). Unterrichtsqualität und Lehrerprofessionalität. Diagnose, Evaluation und Verbesserung des Unterrichts. Seelze: Klett-Kallmeyer. www.unterrichtsdiagnostik.info

5 Was ist aus der Sicht von Schülerinnen und Schülern gut?

In einer Untersuchung mit Grundschülerinnen und Grundschülern wurden mit den zwei Erhebungsmethoden offene Fragestellungen und Leitfadeninterviews plausible Hinweise zu zentralen Merkmalen guter Schule erhoben. Manche dieser Schüleransichten korrespondieren eng mit Ergebnissen der Schulforschung zu Effektivität von Schulen oder zur Schulqualität, andere sind spezifisch im «Kinderleben» verankert.

Zehn Merkmale guter Schule aus Schülersicht

1. *Das Lernen hat erste Priorität*
   Der übergeordnete Sinn des Schulbesuches ist aus Schülerperspektive Lernen. Spiel und Spass in der Schule haben für die Schülerinnen und Schüler fast ausschliesslich eine dem Lernen dienende Funktion.

2. *Guter Unterricht*
   Die Schülerinnen und Schüler nennen Merkmale wie:
   - interessante Themen und Abwechslung haben
   - spielerisch lernen
   - wenn Lehrer so erklären, dass es jedes Kind versteht
   - wenn man draussen ist und alles genau sieht
   - wenn es im Unterricht leise ist
   - wenn die Lehrperson ganz langsam macht

3. *Niveauvoller offener Unterricht*
   Unterricht mit einem hohen Anteil an Schülerselbstständigkeit und Eigenverantwortung (von den Kindern meist Wochenplanunterricht oder Freiwahlarbeit genannt) sowie Projektunterricht.

4. *Gute und nette Lehrerinnen und Lehrer*
   Gute Lehrpersonen sind die, die den Unterricht gut und kindgerecht gestalten. Nett heisst für die Kinder freundlich, verständnisvoll, höflich, witzig.

5. *Sport, Schwimmen, Bewegung*
   Eine gute Schule ermöglicht viel Sport und Bewegung.

6. *Gestaltete Pausenzeiten*
   Pausen sind für die Kinder von grosser Bedeutung. Die Wichtigkeit der Pause in der subjektiven Wahrnehmung der Kinder erfordert eine intensive Auseinandersetzung der Lehrpersonen mit Pausen- und Pausenhofgestaltung.

7. *Feste und gemeinsame Unternehmungen*
   Anlässe aller Art wie Ausflüge, Sportturniere, Lesenächte, Exkursionen, Klassenlager gehören für Schülerinnen und Schüler zu einer guten Schule.

8. *Gute Klassengemeinschaft*
   Schülerinnen und Schüler wünschen sich nette Mitschülerinnen und Mitschüler und ein gutes Verhältnis zu ihnen. Dazu gehört die Abwesenheit von Streit und Brutalitäten.

9. *Nicht zu viele Hausaufgaben*
   Durch zu viele Hausaufgaben fühlen sich die Schülerinnen und Schüler unter Druck gesetzt und in ihrer Nachmittagsgestaltung eingeschränkt.

10. *Nicht zu strenge Noten*
    Noten wirken für einen Teil der befragten Schülerinnen und Schüler negativ und belastend – dadurch entsteht der Wunsch nach weniger Notenstrenge.

Zusammengefasster Text aus: Sigel, R. (2001): Qualität in Grundschulen. Ihre Merkmale und Evaluation mittels mehrmethodischer Lehrer-, Schüler- und Elternbefragungen. Bad Heilbrunn: Klinkhardt.

Kommentierte Literaturhinweise

Brophy, Jere

Teaching. Brussels: International Academy of Education (IAE) Online-Text: http://www.ibe.unesco.org/publications/EducationalPracticesSeriesPdf/prac01e.pdf. (2001)
Diese Broschüre von Jere Brophy fasst auf der Basis von Forschungsresultaten Grundsätze für wirksamen Unterricht in Form von zwölf Prinzipien zusammen.

Friedrich Jahresheft

Guter Unterricht: Massstäbe & Merkmale – Wege & Werkzeuge. Herausgegeben von Becker G. et al. (2007)
In den 4 Teilen «Eigene Kompetenzen entwickeln», «Unterricht verbessern», «Austausch nutzen» und «Den Rahmen klären und gestalten» werden in 40 Beiträgen pointierte Antworten aus verschiedenen Positionen und Disziplinen zur umfassenden Frage nach gutem Unterricht präsentiert. Die breite Palette der Beiträge reicht von theoretischen und empirisch fundierten Beiträgen (bspw. von Frank Lipowsky «Was wissen wir über guten Unterricht?» oder Ewald Terhart «Was wissen wir über gute Lehrer?») bis hin zu ganz pragmatischen wie «Nützliche Helferlein – Schülerorientiert unterrichten mit Archiven» oder «Lernen in Aktion».

Helmke, Andreas

Unterrichtsqualität und Lehrerprofessionalität. Seelze: Kallmeyer. (2009)
In seiner vollständig umgearbeiteten Neuauflage des 2003 erstmals erschienenen Buches «Unterrichtsqualität erfassen, bewerten und verbessern» verfolgt Andreas Helmke die mit den drei folgenden Leitfragen beschriebenen Ziele: «Was ist guter Unterricht und was macht die erfolgreiche Lehrperson aus?», «Wie kann man die Qualität des Unterrichts erfassen und bewerten?» und «Wie lässt sich Unterricht verbessern?». Der Teil, in dem die Bereiche und Merkmale der Unterrichtsqualität präsentiert werden, ist der Schwerpunkt des Buches; der Autor beschreibt ihn als «Beef des Buches». Neben der individuellen Lektüre kann das Buch als sehr geeignetes Arbeitsmaterial für schulinterne Projekte und professionelle Lerngemeinschaften dienen.

Meyer, Hilbert

Was ist guter Unterricht? Berlin: Cornelsen Scriptor. (2011)
In diesem Bestseller zur Grundfrage «Was ist guter Unterricht?» stützt sich Hilbert Meyer, Professor für Schulpädagogik an der Carl von Ossietzky Universität Oldenburg, auf zehn aus der aktuellen Unterrichtsforschung abgesicherte Gütekriterien. Meyers Anspruch ist es, mithilfe der vorgestellten Kriterien die Lernleistungen und die sozialen Kompetenzen der Schülerinnen und Schüler zu verbessern. Die Auseinandersetzung mit den einzelnen Gütekriterien kann Berufsanfängern und -anfängerinnen sowie erfahrenen Lehrpersonen helfen, ihren Unterricht zu überprüfen und gezielt weiterzuentwickeln.

1 Vorstellungsbilder von Unterricht

Skizzieren Sie den Begriff «Unterricht» in einer abstrakten, das heisst ungegenständlichen Darstellung.

- Beginnen Sie mit einem Entwurf.
- Zeichnen Sie anschliessend im oberen Feld Ihr «Unterrichtsbild».
- Kommentieren Sie Ihre Darstellung im unteren Feld: Was wollen Sie mit Ihrem Bild ausdrücken?
- Denken Sie daran: Es handelt sich um eine abstrakte Darstellung, das heisst ohne Schriftzeichen. Wenn Sie fertig sind, ergänzen resp. modifizieren Sie Ihr Bild so, dass «guter Unterricht» dargestellt wird.

• •

Mein Vorstellungsbild

• •

Mein Kommentar

• •

2 Mindmap von gutem Unterricht

Stellen Sie in Form einer Mindmap die Ihrer Ansicht nach wichtigsten Aspekte guten Unterrichts dar. Wählen Sie anschliessend die drei für Sie wichtigsten Aspekte aus und heben Sie diese hervor.

Guter Unterricht

Vergleichen Sie Ihre drei wichtigsten Unterrichtsgütekriterien mit anderen (Studienkolleginnen und -kollegen, Lehrpersonen, Eltern, ...). Welche Unterschiede fallen Ihnen besonders auf?

3 Ein Beurteilungsinstrument für Einzellektionen

An der Schlussprüfung der berufspraktischen Ausbildung an der Pädagogischen Hochschule Zürich wird die Qualität der Durchführung der beiden Prüfungslektionen mit dem folgenden Instrument beurteilt, das auf verschiedenen theoretischen Quellen basiert:

Fachlichkeit / Vermittlung

Fachliches Verständnis und Qualität	zeigt schwerwiegende fachliche Mängel	zeigt einige fachliche Mängel	ist fachlich korrekt und versteht Inhalte grundsätzlich	ist fachlich weitgehend fehlerfrei und versteht Inhalte gut	ist fachlich souverän und versteht Inhalte gründlich
Inhaltliche Nachvollziehbarkeit	bringt Inhalte diffus und unverständlich zum Ausdruck	bringt Inhalte wenig verständlich zum Ausdruck	macht Inhalte insgesamt verständlich und nachvollziehbar	macht Inhalte klar und gut nachvollziehbar	macht Inhalte sehr klar, verständlich und plausibel
Sprache	drückt sich völlig unangemessen und fehlerhaft aus	drückt sich wenig angemessen aus	drückt sich insgesamt angemessen und korrekt aus	drückt sich passend und präzis aus	drückt sich situationsgerecht, sicher und gewandt aus
Vermittlungsmethoden und Medieneinsatz	setzt Methoden und Medien ungeeignet ein	setzt Methoden und Medien meist unpassend ein	setzt Methoden und Medien insgesamt passend ein	setzt Methoden und Medien gut durchdacht und passend ein	setzt Methoden und Medien souverän ein
Benotung dieses Bereichs	2	3	4	5	6

Zielorientierung / Strukturierung

Zieltransparenz	nennt keine Ziele	nennt unklare und wenig verständliche Ziele	nennt verständliche Ziele	macht Ziele weitgehend klar und transparent	macht Ziele immer klar, transparent und einleuchtend
Zielorientierte Unterrichtsaktivitäten	unterrichtet gesamthaft ziel- und orientierungslos	unterrichtet kaum auf Ziele ausgerichtet	richtet Unterricht insgesamt auf Ziele aus	richtet Unterrichtsaktivitäten deutlich auf Zielerreichung aus	richtet Unterrichtsaktivitäten konsequent auf Zielerreichung aus
Kohärenz des Unterrichtsverlaufs	unterrichtet ungeordnet und ohne Zusammenhang	unterrichtet mit wenig Zusammenhang und deutlichen Brüchen	strukturiert den Unterricht insgesamt nachvollziehbar und zusammenhängend	strukturiert den Unterricht weitgehend folgerichtig und kohärent	strukturiert und rhythmisiert durchwegs klar, folgerichtig und sachlich überzeugend
Strukturierende Verstehenshilfen	macht keine Zusammenfassungen, Einbettungen oder Aus- und Rückblicke	macht kaum Zusammenfassungen, Einbettungen oder Aus- und Rückblicke	macht vereinzelt Zusammenfassungen, Einbettungen oder Aus- und Rückblicke	macht hilfreiche Zusammenfassungen, Einbettungen oder Aus- und Rückblicke	macht gezielt klärende Zusammenfassungen, Einbettungen oder Aus- und Rückblicke
Benotung dieses Bereichs	2	3	4	5	6

Kognitive Aktivierung / Konsolidierung

Aktivierende Problem-stellungen	stellt keine Probleme	stellt wenig anregende Probleme	kann mit den gestellten Problemen gelegentlich anregen und aktivieren	regt mit den gestellten Problemen mehrheitlich an und aktiviert	fordert mit den gestellten Problemen zu aktiver Auseinandersetzung heraus
Motivierungsfähigkeit	bemüht sich nicht, Interesse zu wecken	zeigt wenig Ansätze, Interesse zu wecken	kann vereinzelt Interesse für die Sache wecken	kann weitgehend Interesse für die Sache wecken	kann in hohem Masse Interesse für dieSache wecken
Einbezug der Beiträge von Schülerinnen und Schülern	ignoriert oder unterbindet Beiträge	nimmt Beiträge knapp zur Kenntnis, ohne weiter darauf einzugehen	nimmt Beiträge zur Kenntnis und bezieht sie vereinzelt in den Unterricht ein	nimmt Beiträge häufig aktiv auf und verwendet sie im Unterricht	nimmt Beiträge flexibel auf und verwendet sie produktiv im Unterricht
Intelligentes Üben	lässt nicht oder ohne erkennbaren Sinn üben	lässt repetitiv, variantenarm und wenig sinnhaft üben	lässt sachbezogen und stellenweise variierend üben	fördert variantenreiches, auf Lernstand abgestimmtes Üben	initiiert verstehensorientiertes, variierendes und niveaugerechtes Üben
Benotung dieses Bereichs	2	3	4	5	6

Schülerorientierung / Lernunterstützung

Schülerorientierter Methodeneinsatz	wählt Methoden ohne Berücksichtigung der Schülerinnen und Schüler	berücksichtigt bei der Methodenwahl die Schülerinnen und Schüler kaum	stimmt Methoden in den Grundzügen auf die Situation der Schülerinnen und Schüler ab	stimmt Methoden weitgehend auf Lern- und Entwicklungsstand der Schülerinnen und Schüler ab	stimmt Methoden flexibel auf Entwicklung, Lernstand und Interesse der Schülerinnen und Schüler ab
Unterschiedliche Lernvoraussetzungen	ignoriert oder übergeht unterschiedliche Lernvoraussetzungen	berücksichtigt unterschiedliche Lernvoraussetzungen kaum	passt Ziele und Arbeitsweisen vereinzelt den unterschiedlichen Lernvoraussetzungen an	passt Ziele und Arbeitsweisen weitgehend den individuellen Lernvoraussetzungen an	passt Ziele und Arbeitsweisen konsequent den individuellen Lernvoraussetzungen an
Individuelle Lernunterstützung	bietet keine individuelle Lernunterstützung an	beschränkt sich auf vereinzelte Rückmeldungen	gibt verschiedene sachbezogene Rückmeldungen	gibt regelmässig sachbezogene unterstützende Rückmeldungen	passt Rückmeldungen genau dem individuellen Lernstand an
Umgang mit Fehlern von Schülerinnen und Schülern	stellt Schülerinnen und Schüler bei Fehlern bloss	übergeht oder kritisiert Schülerinnen und Schüler bei Fehlern	greift Fehler auf und korrigiert sie	nimmt Fehler ernst und bearbeitet sie sachlich	nutzt Fehler produktiv als Lerngelegenheit
Benotung dieses Bereichs	2	3	4	5	6

Classroom Management / Unterrichtsklima

Regelklarheit	vertritt Regeln inkonsequent und gewährt Freiräume beliebig	vertritt Regeln unklar und gewährt Freiräume nicht nachvollziehbar	vertritt Regeln weitgehend und gewährt Freiräume nachvollziehbar	vertritt Regeln durchgängig und gewährt Freiräume passend	vertritt Regeln klar und pausibel und gewährt Freiräume sinnvoll
Verhalten bei Störungen	reagiert auf Störungen durchgehend unpassend	reagiert auf Störungen mehrheitlich unpassend	reagiert auf Störungen insgesamt angemessen	reagiert auf Störungen weitgehend sicher und angemessen	reagiert auf Störungen souverän und durchgehend angemessen
Aktive Lernzeit	verschwendet Zeit und lässt viele sachfremde Aktivitäten zu	nutzt Zeit ungenügend und lässt wiederholt sachfremde Aktivitäten zu	nutzt Zeit ausreichend und lässt wenige sachfremde Aktivitäten zu	nutzt Zeit gut und vermeidet lernunwirksame Aktivitäten	nutzt Zeit optimal für aktives Lernen und minimiert lernunwirksame Aktivitäten
Unterrichtsklima	geht mit Schülerinnen und Schülern respektlos und/oder unfreundlich um	geht mit Schülerinnen und Schülern distanziert und wenig freundlich um	geht mit Schülerinnen und Schülern korrekt um	geht mit Schülerinnen und Schülern freundlich und respektvoll um	geht mit Schülerinnen und Schülern wertschätzend, interessiert und respektvoll um
Benotung dieses Bereichs	2	3	4	5	6

• •

Welche theoretischen Quellen erkennen Sie?

Welche Ihrer persönlichen Gütekriterien finden Sie – welche nicht?

Welche Kriterien sind Ihrer Ansicht nach für Ihre Stufe besonders wichtig?

• •

Literatur

Huber, E./Berner, H./Fraefel, U. (2009). Berufspraktische Diplomprüfung: Beurteilungsinstrument für Examinator/innen und Expert/innen. Zürich: PH Zürich/Prorektorat Ausbildung. 2. Auflage.

4 Eine ganz freche Schülerfrage?

In der folgenden Karikatur von Ulli Stein nutzt ein Schüler das Verständnis, dass Unterricht immer eine Koproduktion zwischen Lehrperson und Schülerinnen und Schülern ist, auf eine konsequente (mehr oder weniger irritierende) Weise.

Abbildung 5: Karikatur von Ulli Stein

Was sagen Sie zu dieser Schülerfrage?
Welche Antwort würden Sie dem Schüler geben?

5 Ein alter Text zur Frage der Unterrichtsqualität

Der folgende Text stammt aus dem Jahre 1850. Er zeigt, dass man sich früher schon einig war, dass Unterricht das Kerngeschäft der Schule ist und dass die Qualität des Unterrichts von entscheidender Bedeutung ist.

Was ist Ihrer Ansicht nach heute noch aktuell (und warum) – und was ist veraltet (und warum)?

❰ Wir sprechen von den wichtigsten und einflussreichsten Erziehungsmitteln absichtlich zuletzt; es ist zuförderst der Unterricht überhaupt. Dieser ist die Hauptsache jeder guten Schule; denn es wird hier von Anfang bis zu Ende vor- und nachmittags gelehrt und gelernt, unterrichtet und geübt.

Der Unterricht ist ein Hauptfactor, oder wie ich lieber sage eine Hauptform aller Schulbildung; doch erkennt man den guten Unterricht eben nur daran, dass er erziehend wirkt; und erziehend wirkt er, wenn er den ganzen Menschen ergreift, wenn er zugleich auf Gemüth und Willen belebend und bildend einwirkt, wenn er zur Kunst des Lernens und zur Kunst des Lebens führt, wovon jene nur ein Theil ist, und wozu eben nicht bloss die Kunst des Denkens, sondern auch die der Selbstbestimmung und des Handelns ganz hauptsächlich gehört; erziehend wirkt der Unterricht, wenn er die Kinder sittlich ergreift und stimmt und ihr ganzes Seelenleben harmonisch ausbildet; wenn er eine praktische, vom Leben ausgehende und auf dasselbe zurückführende Richtung von A–Z verfolgt, wenn er nicht auf Vielwissen, sondern auf Fest- und Sicherwissen, auf Klarheit und Gründlichkeit hinarbeitet. Die Kunst des Wissens, des richtigen Denkens, des Sprechens u.s.w. erhält erst Zweck und Bedeutung durch die Kunst des richtigen Thatlebens, des richtigen Handelns, also, dass auch der Unterricht mit seinem Einzel- und Gesammtzweck immerhin nur Mittel für einen höheren Zweck ist, und zwar für den der Erziehung und Bildung überhaupt. Je besser der Unterricht beschaffen ist; je geregelter und gründlicher, klarer und folgerechter er ertheilt wird; je mehr Geist und Leben er erzeugt; je mehr Form und Ordnung denselben durchdringt; je mehr Einheit, Maass und Zusammenhang in dem Einzelnen und Ganzen waltet; je mehr und ungetheilter endlich in Folge dessen sich die Kinder demselben hingeben: desto wirksamer und heilsamer ist die Lehre und Uebung und alles Lernen, nicht bloss für den Verstand, für den Kopf, für die Intelligenz, für Wissen und Können, sondern auch für Gemüth und Willen, für Gesinnung und Charakter der Schüler, ja selbst für das leibliche Gedeihen, weil Denken, Wissen und Können mit Gemüth und Willen in der engsten Wechselwirkung stehen, weil der wahre Unterricht das Herz erfrischt und erfreut, den Willen stählt und stärkt, und der harmonisch thätige Geist den Leib bildet, erregt, veredelt und verklärt, die Sinne schärft und den ganzen Menschen rührig und rüstig, stark und tüchtig und frei macht.

Der rechte Unterricht besitzt in der That mit einem Worte eine wahrhaft sittlich zeugende und bildende Kraft, und wenn das Kind zunächst auch nur dadurch aufmerken und achtsam sein lernt, es ist schon viel, sehr viel gewonnen. ❱

Auszug aus: Schnell, K. F. (1850): Die Schuldisziplin – als wissenschaftlich geordnete Kunde. Berlin: Karl Wiegandt. Zitiert nach: Helmke, A. (2009): Unterrichtsqualität und Lehrerprofessionalität. Diagnose, Evaluation und Verbesserung des Unterrichts. Seelze: Klett-Kallmeyer. www.unterrichtsdiagnostik.info

Kapitel 2   Inhalte auswählen

Warum werden nicht ganze Schulklassen obligatorisch in Popkonzerte geschleppt, um dann, als Klassenarbeit, die richtige Interpretation der Songs zu erarbeiten? Diese provozierende Frage des Schriftstellers Hans Magnus Enzensberger zielt auf die Wichtigkeit der Auswahl der schulischen Inhalte – ebenso wie die naheliegende Frage: Warum unterrichten wir in der Schule eigentlich Mathematik, Geschichte oder Französisch – und nicht Pokern, Bergsteigen oder Velofahren?

Peter Bichsel hat im Film «Unser Lehrer» im Rückblick auf seine Lehrerjahre seine Unbedarftheit bei der Auswahl der Inhalte radikal kritisiert: In seiner Rolle als Unterhalter fiel ihm mit zunehmender Routine zu jedem Thema ein Scherz und zu jedem Lehrstoff ein Spiel ein. Ihm fiel nicht auf, dass er dadurch das Interesse der Schülerinnen und Schüler nicht auf die Inhalte richtete – sondern auf die Schule und den Lehrer. Damit reduzierte er jedes Problem zu einem Schulstubenproblem – ohne sich zu überlegen, was in einem Inhalt an Interessantem, Herausforderndem, Faszinierendem oder Irritierendem liegt. Mit diesen selbstkritischen Worten ist die zentrale Bedeutung der «Was-Frage» – und der damit verbundenen «Warum-Frage» – gestellt: Welche Themen aus der unerschöpflichen Fülle möglicher Inhalte sollen ausgewählt werden, was soll weggelassen werden – und warum? Von dieser eminent wichtigen Aufgabe können sich die Lehrerinnen und Lehrer aller Stufen nicht durch Floskeln wie «Gemäss Lehrplan!» oder «Wie im Lehrmittel!» entlasten. Ihre wichtige Aufgabe ist und bleibt, Lerninhalte zu überblicken, zu strukturieren, zu analysieren, kritisch zu bewerten, in grössere Zusammenhänge zu stellen und auf ihren Bildungsgehalt zu überprüfen.

Basics   Seite 43   **Texte**   Seite 53   **Materialien**   Seite 63

HANS BERNER

Denken Lehrerinnen und Lehrer nur an *ihren* Stoff?

Den Vorwurf der Beliebigkeit und Hilflosigkeit der Schulen bei der Auswahl der Stoffe bringt Bertolt Brecht auf den Punkt: «Ich bin auf die Volkshochschule gegangen. Ich hab' geschwankt, was ich lernen soll: Walther von der Vogelweide oder Chemie oder die Pflanzenwelt der Steinzeit. Praktisch gesehen war's gleich – verwenden hätt' ich keins können.» Im Roman «Schilten» lässt Hermann Burger seine Lehrer-Hauptfigur in ihrem Schulbericht formulieren: «Typische Lehrer- und Dompteurphrasen: Wir sind mit dem Stoff durchgekommen. Wir gehen an einen neuen Stoff heran. Dieser Stoff macht uns besonders Freude.» (Burger 1979, S. 62)

Das Mittelalter sind neun Seiten

Der Kabarettist Gerhard Polt karikiert eine allen Schülerinnen und Schülern bekannte Szene:
‹ A: Darf der Rudi jetzt mitkommen zum Spielen?
B: Nein! Der muss noch lernen.
A: Was?
B: Das Mittelalter.
A: Das ganze?
B: Genau. Das ganze Mittelalter. Morgen muss er's können.
A: Das Mittelalter sind aber bloss neun Seiten.
B: Kann sein, aber die Kreuzzüge muss er auch noch – und die Päpste!
A: Ach so, die auch. Und die Französische Revolution?
B: Die noch nicht! Jedenfalls noch nicht bis morgen.
A: Gott sei Dank! Die kommt aber bestimmt auch noch daher. › (Polt 2004, S. 270)

Die Gemeinsamkeit dieser literarischen Texte ist eine harsche Kritik an der Stoff-, Inhalts- oder Themenwahl der Lehrerinnen und Lehrer verschiedenster Schulstufen – aber auch eine Kritik an den Lehrplänen und Lehrmitteln.

«Sie, warum müssen wir das lernen?»

Fragen von Schülerinnen und Schülern wie «Sie, warum müssen wir das lernen?» oder «Können wir nicht einmal etwas behandeln, was uns interessiert?» sind angesichts einer verbreiteten Sinn- und Bedeutungslosigkeit schulischer Lernprozesse von der Vor- über die Mittel- bis zur Hochschule nicht überraschend. Ebenso wenig wie die provokative Aussage von Schülerseite: «Lehrer sind wie Dealer, sie denken nur an ihren Stoff!» Aus einer lehrerbildnerischen Perspektive hat der Didaktiker Wolfgang Schulz in einem lyrischen Text mit dem Titel «Studenten ins Stammbuch» geschrieben: «Keine Grösse steht mehr einsam, eines haben sie gemeinsam: Goethe, Buddha, Dimitroff – in der Schule sind sie Stoff.» (Schulz 1994, S. 103)

Zur zentralen Bedeutung der «Was- und Warum-Frage»

Trotz einer aktuellen Akzentverschiebung von einer reinen Stofforientierung – einem Primat der Inhalte – zu einem Primat der Zielsetzungen und einer Orientierung an Kompetenzen behält die Frage nach der Auswahl der Inhalte und der Abstimmung auf den Unterricht eine unveränderte Wichtigkeit. Die Frage, wie aus der unerschöpflichen Fülle von möglichen Inhalten diejenigen ausgewählt werden, die wegen ihres Bildungsgehalts für heute und morgen für die Schülerinnen und Schüler einer ganz bestimmten Klasse behandelnswürdig sind. Die Frage «Welche Inhalte sollen zu den Themen für diese Klasse werden?» hat eine eminente Bedeutung, erfordert die ganze Aufmerksamkeit der Lehrperson und darf nicht durch vorschnelle Antworten wie «Das muss man gemäss Lehrplan durchnehmen» oder «Ich folge nur den Vorgaben des Lehrmittels» eliminiert werden.

Die Menge möglicher Inhalte ist unbeschränkt – die Unterrichtszeit dagegen nicht

Lehrerinnen und Lehrer aller Stufen müssen «Lerninhalte überblicken, strukturieren, umfassend verstehen, gründlich analysieren, kritisch bewerten, in grössere Zusammenhänge stellen, auf ihren Bildungsgehalt überprüfen» (Schmid et al. 1997, S. 5), denn: Die Menge möglicher Inhalte ist unbeschränkt – die Unterrichtszeit dagegen nicht.

Im Planungsinstrument «Unterricht kompetent planen» wird den Fragen nach dem Was und Warum – und den damit verbundenen Fragen nach dem Was nicht und Warum nicht – eine wichtige Bedeutung beigemessen.

Klären	Sache	Bedeutungen	Bedeutungen und Sinn
		Thematik	
Entscheiden	Lernziele	Lern-Evaluation	Lehr-Lern-Arrangements
Entscheiden	Phasen / Aktivitäten / Medien		
Evaluieren	Reflexion und Weiterentwicklung		

Im Klärungsfeld «Sache» geht es darum, nach einem Festhalten des Vorwissens und der Lehrplanbezüge Schwerpunkte auszuwählen und die Sachstruktur zu elaborieren. Im Klärungsfeld «Bedeutungen und Sinn» besteht die Planungsaufgabe darin, je nach Entscheidungsspielraum und Partizipationsmöglichkeiten Bedeutung und Sinn zu finden, zu konstituieren, zu begründen und zu vermitteln. Die Lehrperson hat dabei die wichtige Aufgabe, eine Bedeutungsanalyse des Themas zu leisten – und die Fragen nach der gegenwärtigen und zukünftigen Bedeutung des Themas für die Schülerinnen und Schüler sowie nach der Exemplarität und Repräsentativität des Themas zu klären. (vgl. Zumsteg et al. 2009, S. 12–17)

Kritisch-konstruktive Didaktik als themenorientierter Didaktik-Ansatz

Entscheidende Fragen im Klärungsfeld «Bedeutungen und Sinn» basieren auf dem didaktischen Ansatz der Kritisch-konstruktiven Didaktik. Dieser Ansatz, der sich von allen didaktischen Modellen am stärksten mit der Frage der Auswahl und Bestimmung der Inhalte auseinandersetzt, wird im Folgenden vorgestellt.

In den 1980er-Jahren hat Wolfgang Klafki aus der Bildungstheoretischen Didaktik den Ansatz der Kritisch-konstruktiven Didaktik entwickelt. Dabei hat er die unterschiedlichen Kritiken und Forderungen für eine Weiterentwicklung seines didaktischen Ansatzes genutzt.

Ein zeitgemässes und zukunftsoffenes Bildungsverständnis

Grundlegend für die Neukonzeption waren eine intensive Beschäftigung mit der Kritik am Bildungsbegriff und ein daraus resultierendes zeitgemässes und zukunftsoffenes Bildungsverständnis: Ein gebildeter Mensch ist nach Klafki jemand, der die drei Grundfähigkeiten Selbstbestimmungs-, Mitbestimmungs- und Solidaritätsfähigkeit optimal entwickelt hat und über sie verfügen kann. Zudem muss er in die Schlüsselprobleme der Gegenwart (wie die Friedens-, Umwelt- oder Ungleichheitsfrage) eingedrungen, für ihre Lösung sensibilisiert sein und sich aktiv um diese bemühen. (vgl. Klafki 2007, S. 43–81)

Voraussetzungen der Kritisch-konstruktiven Didaktik

Die folgenden allgemeinen Voraussetzungen zu Unterricht, Lehren und Lernen dienen der Kritisch- konstruktiven Didaktik als Basis:
- Die generelle Zielbestimmung des Unterrichts wird auf der Basis eines emanzipatorischen Bildungsverständnisses darin gesehen, den Lernenden Hilfen zur Entwicklung ihrer Selbstbestimmungs- und Solidaritätsfähigkeit (inklusive Mitbestimmungsfähigkeit) zu geben. Als konstitutive Momente gehören rationale Diskursfähigkeit (Fähigkeit zu Begründung und Reflexion), entwickelte Emotionalität und Handlungsfähigkeit dazu.
- Der Zusammenhang von Lehren und Lernen wird als Interaktionsprozess verstanden. In ihm sollen Lernende sich mit Unterstützung der Lehrenden zunehmend selbstständige Erkenntnisse und Erkenntnisformen, Urteils-, Wertungs- und Handlungsmöglichkeiten zur reflexiven und aktiven Auseinandersetzung mit ihrer historisch-gesellschaftlichen Wirklichkeit aneignen.
- In seinem Kern wird Lernen als entdeckendes bzw. nachentdeckendes, sinnhaftes und verstehendes Lernen anhand exemplarischer Themen aufgefasst.
- Lehren, das Hilfe zu solchen Lernprozessen bildet, muss für Lernende und in zunehmendem Masse mit ihnen zusammen geplant werden.
- Unterricht ist immer auch ein sozialer Prozess. Das sich ohnehin vollziehende funktionale soziale Lernen muss bewusst und zielorientiert in die Unterrichtsplanung einbezogen werden. (vgl. Klafki 2007, S. 256–258)

Von der Didaktischen Analyse zum Perspektivenschema für die Unterrichtsplanung

Das Strukturmodell der Bildungstheoretischen Didaktik – die sogenannte Didaktische Analyse – fragte nach der exemplarischen Bedeutung, der Gegenwartsbedeutung, der Zukunftsbedeutung, der Struktur des Inhaltes sowie nach der unterrichtlichen Zugänglichkeit. Das Strukturmodell der Kritisch-konstruktiven Didaktik, das sogenannte Perspektivenmodell für die Unterrichtsplanung, hat gegenüber der Didaktischen Analyse eine stark veränderte Form. Auffällig ist, dass im Perspektivenschema im Wesentlichen die Grundstruktur der Didaktischen Analyse beibehalten wird, dass aber in Bezug auf Form und Gewichtung eine

Anpassung an die veränderten Verhältnisse der didaktischen Theorie und Praxis stattgefunden hat. Analog zu generellen didaktischen Entwicklungen wird beim Perspektivenschema bei der Unterrichtsplanung nicht mehr den Inhalts-, sondern den Zielentscheidungen erste Priorität beigemessen: Es hat eine Verlagerung von einem Primat der Inhalte zu einem Primat der Intentionalität stattgefunden. Gegenüber einer isolierten inhaltlichen Unterrichtsvorbereitung wird neu die Bedeutung der vielfältigen Zusammenhänge zwischen den verschiedenen Dimensionen des Unterrichts betont.

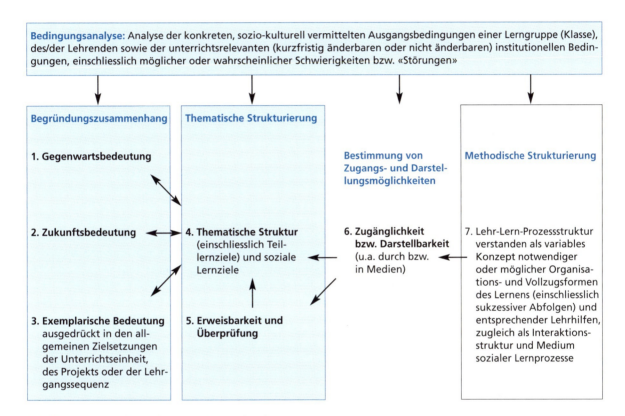

Abbildung 6: Perspektivenschema zur Unterrichtsplanung

Didaktische Aufgaben im Begründungs- und Themenfeld

Im Begründungsfeld werden die drei zusammenhängenden Bedeutungsfragen gestellt – und zwar explizit in Bezug auf die Zielsetzungen. Die erste Frage nach der Gegenwartsbedeutung zielt in einem umfassenden Sinne auf den Zusammenhang von Alltagsleben der Kinder und Jugendlichen und bestimmten gesellschaftlichen Sozialisationsbedingungen. Damit sind die Interessen, Vorurteile, Wertungen, Befürchtungen, Ängste usw. der Kinder und Jugendlichen angesprochen. Diese Fragen haben sich auch die Lehrpersonen zu stellen: Welche Gegenwarts- und Zukunftsbedeutung hat ein ganz bestimmtes Thema für mich als Lehrperson? Welches sind meine eigenen Interessen, Einstellungen, Vorurteile, Befürchtungen? Differenzierte selbstkritische Antworten schaffen eine Basis dafür, dass andere – fremde und befremdende – Perspektiven besser wahrgenommen und nachvollzogen werden können.

Im thematischen Feld geht es um die Fragen: Welches ist die Struktur des durch die drei Bedeutungsfragen in die spezifisch pädagogische Sicht gerückten Inhaltes? Welches sind die einzelnen Momente des Inhaltes und der Zusammenhang dieser Momente; welches ist der grössere sachliche Zusammenhang; welches sind allfällige Schwierigkeiten beim Zugang zum Stoff bei den Schülerinnen und Schülern; welches ist der notwendige, festzuhaltende Wissensbesitz? Zusätzlich geht es um den Aspekt der Erweisbarkeit und Überprüfbarkeit des Lernerfolgs. Im Zusammenhang mit der Forderung nach einer Erweiterung des produktorientierten Leistungsbegriffes sind ausschliesslich individuelle Leistungs-Endabrechnungen in Form von benoteten Prüfungen problematisch. Gefordert sind alternative Möglichkeiten wie Schüler-Zwischen-Rückmeldungen im Sinn von «Beherrsche ich diesen Lernschritt?» oder gemeinsam gelöste und gegenseitig überprüfte Lösungsversuche. Dies verlangt die Befähigung der Schülerinnen und Schüler, ihre individuellen Lernprozesse zu dokumentieren, zu analysieren und zu reflektieren. (vgl. Klafki 2007, S. 271–282)

Sinnvolle Themen finden – und begründen

Vernachlässigte Frage nach dem Sinn des Lernstoffs

Es ist eine Tatsache, dass im institutionellen Schulpflicht-Rahmen zu wenig nach dem Sinn des Lernstoffes gefragt wird und dass ein Teil des schulischen Alltags durch Haltungen wie «Wir müssen bis morgen das ganze Mittelalter können» geprägt ist. Dies ist zum Teil das Resultat eines Misstrauens gegenüber Wahl-, Selbstbestimmungs- und Sinnfindungsmöglichkeiten von Schülerinnen und Schülern. Zum anderen ist es aber auch Ausdruck davon, dass sich die Verantwortlichen zu wenig um die Frage kümmern, wie sich Sinn als Bedeutung, Wichtigkeit (das macht Sinn) von etwas für jemand im menschlichen Leben bildet. Schulische Lernprozesse können nur selten an subjektiv bedeutsamen und auf diese Weise sinnvollen Anliegen anknüpfen (subjektive Sinnvergewisserung). Deshalb ist eine soziale und gesellschaftliche von den Lehrpersonen vermittelte Sinnkonstituierung anhand aktueller Schlüsselprobleme (wie die Friedens-, Umwelt- oder Ungleichheitsfrage) wichtig. Sinn ist gegeben, wenn Schülerinnen und Schülern etwas wichtig gemacht wird. Dies geschieht primär dadurch, dass Lehrpersonen Begeisterung, Engagement und Interesse für ihre Fächer und Themen entwickeln und zeigen.

Sinnvermittlung und Sinnkonstituierung

Neben der personalen Sinnvermittlung sind die kognitive und handlungsorientierte Sinnvermittlung bedeutsam: Sinn kann einerseits durch Begründung und Erläuterung und andererseits durch Handlungszusammenhänge erschlossen werden. Handlungsorientierter Unterricht hat das Ziel, dass die Schülerinnen und Schüler sowohl bei der Planung als auch bei der Durchführung und Analyse der Lern- und Arbeitsprozesse mitgestalten können und mitverantwortlich sind. Last but not least geht es natürlich darum, dass Schülerinnen und Schüler Sinn selber konstituieren können – und zwar im Rahmen schülerorientierter Lehr-Lern-Arrangements, wie sie im Kapitel 4 vorgestellt werden. (vgl. Bönsch 2002, S. 7–27)

Themenfrage als eine entscheidende Planungsaufgabe

Eine entscheidende Bedeutung erhält die Frage nach der Auswahl der Themen und der Abstimmung auf den Unterricht in den verschiedenen Fachdidaktiken. So spielen beispielsweise im Ansatz der Didaktischen Rekonstruktion, der in den Mensch-Umwelt-Fachdidaktiken wichtig ist, Fragen nach dem Thema, nach den elementaren Grundideen und der Sachstruktur für den Unterricht eine zentrale Rolle. (vgl. Metzger 2010) Im Text 1 und in den Materialien wird dieser weiterführende Ansatz vorgestellt.

Kontrollfragen zu Inhalt und Sinn

Die folgenden Fragen zur Inhaltswahl können als persönliche Kontrollfragen bei der Unterrichtsplanung und -reflexion dienen:

- Habe ich mich an den Ziel/Inhalt-Einheiten des Lehrplans orientiert?
- Was könnte/sollte die Lernenden an diesem Inhalt besonders interessieren?
- Wird das Lernen in der Schule mit dem Lernen ausserhalb der Schule verknüpft?
- Wird Lebensnähe und ein Bezug zur eigenen Umwelt hergestellt?
- Habe ich, um auswählen zu können, einen Überblick über den Lerninhalt? Wie kann ich mich weiter darüber informieren? Ist es notwendig, etwas selbst nochmals zu erproben oder zu erfahren?
- Unter welchen Aspekten kann der Inhalt betrachtet werden: geschichtlich, geografisch, biologisch, psychologisch, soziologisch, ökologisch, ökonomisch, emotional, kognitiv, sprachlich, interkulturell, motivational, ...?
- Wie sind die Beziehungen zwischen den einzelnen Teilen beschaffen? Wie hängen die Einzelaspekte zusammen? Wie kann der Inhalt sachlich richtig, knapp und übersichtlich grafisch oder sprachlich dargestellt werden?
- Wo und wann lässt sich das an diesem Inhalt Gelernte in den folgenden Lernsequenzen fruchtbar verwenden?
- Hilft das Gelernte, das Leben sinnvoller zu gestalten?
- Welche Lehrmittel, Lerneinheiten, Werkstätten, ... gibt es zum Lerninhalt (Thema, Stoff, Gegenstand, Problem)?
- Finden sich in den Lebenswelten der Kinder und Jugendlichen Anknüpfungspunkte?
- Können Schülerinnen und Schüler ihre besonderen Erfahrungen, Kenntnisse und Fertigkeiten in den Unterricht einbringen? (bspw. Kinder aus anderen Kultur- und Sprachbereichen)
- Wird der Inhalt beiden Geschlechtern gerecht?
- Welche Beziehung habe ich als Lehrperson zu den ausgewählten Lerninhalten?

(vgl. Schmid et al. 1997, S. 6–8)

Eine entscheidende Frage zur Themenbestimmung

In der Denktradition der Kritisch-konstruktiven Didaktik lautet die entscheidende Frage zur Themenbestimmung: Welcher Orientierungen, Erkenntnisse und Fähigkeiten bedürfen Heranwachsende, um angesichts ihrer gegenwärtigen und vermutlich zukünftigen geschichtlichen Wirklichkeit Selbstbestimmungsfähigkeit, Mitbestimmungsfähigkeit und Solidaritätsfähigkeit entwickeln zu können?

Gefordert ist eine anspruchsvolle didaktische Vermittlungsleistung zwischen den jeweils aktuellen Interessen und Erfahrungen der Lernenden, ihren gegenwärtigen Problemen im Horizont ihrer Lebenswelt und den darüber hinausreichenden Erfahrungen und Perspektiven der Erwachsenengeneration. Dies im Hinblick auf die zukünftigen gesellschaftlichen und individuellen Aufgaben und Möglichkeiten der Heranwachsenden. Der Versuch, dieses didaktische Problem allein durch Orientierung an den Interessen und Erfahrungen der Schülerinnen und Schüler lösen zu wollen, ist ebenso eine Verabsolutierung wie die Festlegung der Thematik des Unterrichts allein aus der Sicht der Lehrerinnen und Lehrer. (vgl. Klafki 2007, S. 121)

«Für jedes noch so komplexe Problem gibt es eine ganz einfache Lösung – und die ist falsch», hat Umberto Eco treffend formuliert. Diese pointierte Aussage gilt für einen simplifizierenden schülerzentrierten Ansatz, der die schwierige Frage der Themenbestimmung durch eine ausschliessliche Berücksichtigung der Schüler-Anliegen «löst». Sie gilt ebenso für einen rein lehrerzentrierten Ansatz, der sich auf das Lehrer-Monopol der Themenauswahl beruft.

Ein antinomisches
Verständnis

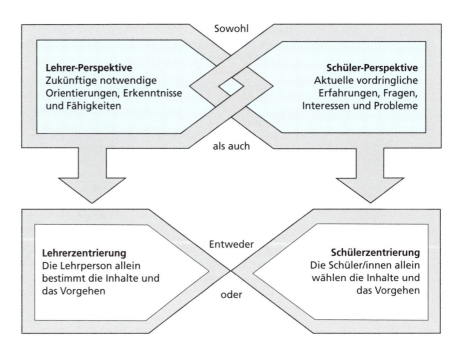

Ein abwägendes «Sowohl-als-auch-Verständnis»

Die in einem positiven Spannungsverhältnis stehenden Perspektiven der Lernenden und der Lehrenden verlangen ein abwägendes «Sowohl-als-auch-Verständnis». Wenn eine Perspektive verabsolutiert und zum alleinigen Orientierungspunkt wird, entsteht eine entwertende Übertreibung, ein «Entweder-oder-Verständnis». Ein besonders problematischer Fall ist das Kippen von einem Extrem ins andere: von einer Position «Ich allein bestimme!» zur diametral entgegengesetzten «Von jetzt an müsst ihr bestimmen, was ihr als wichtig erachtet!». Das verabsolutierende Verständnis, das durch Exklusivität, Unendlichkeit und Totalität charakterisiert wird, kommt im Gewand sprachlicher Formulierungen wie «nur – immer – alles» daher. In diesem Verständnis haben Inklusivität (auch), Endlichkeit (vorläufig) und Partikularität (einiges) keinen Platz mehr. Durch eine Entweder-oder-Haltung werden Lehrpersonen auf einen Schlag von ihrer anspruchsvollen didaktischen Vermittlungsleistung entlastet. (vgl. Berner 1999, S. 136, 137) Ein schülerzentriertes Vorgehen der Lehrperson, das sich aus Opposition zur Behandlung junger Menschen als Objekte überfahrender Autorität allein von der Subjektshaftigkeit der Kinder und Jugendlichen steuern lässt (Schulz 1996, S. 11), kann die Bildungschancen der Schülerinnen und Schüler ebenso blockieren wie ein lehrerzentriertes. Die Gefahr eines Rückfalls in eine naive kindorientierte Position ist umso grösser, je kleiner die Fähigkeit der Verantwortlichen ist, die praktisch vertretenen pädagogisch-didaktischen Handlungskonzepte lernprozesstheoretisch analysieren und begründen zu können (vgl. Reusser 1994).

(vgl. Didaktisch handeln und denken Band 1: Kapitel 6 Lernprozesse begleiten)

Literatur

Berner, H. (1999): Didaktische Kompetenz. Zugänge zu einer theoriegestützten Planung und Reflexion des Unterrichts. Bern/Stuttgart/Wien: Haupt.

Bönsch, M. (2002): Begründung und Konzipierung einer Didaktik selbstverantworteten und selbstbestimmten Lernens. In: Bönsch, M. (Hrsg.): Selbstgesteuertes Lernen in der Schule: Praxisbeispiele aus unterschiedlichen Schulformen. Neuwied: Luchterhand. S. 7–27.

Burger, H. (1979): Schilten. Schulbericht zuhanden der Inspektorenkonferenz. Frankfurt: Fischer.

Klafki, W. (2007): Neue Studien zur Bildungstheorie und Didaktik. Zeitgemässe Allgemeinbildung und kritisch-konstruktive Didaktik. (6., neu ausgestaltete A.) Weinheim: Beltz.

Klafki. W. (1997): Die bildungstheoretische Didaktik im Rahmen kritisch-konstruktiver Erziehungswissenschaft. In: Gudjons, H./Winkel, R. (Hrsg.): Didaktische Theorien. (9. Auflage) Hamburg: Bergmann und Helbig. S. 13–34.

Metzger, S. (2010): Didaktische Rekonstruktion: Fachsystematik und Lernprozesse in der Balance halten. In: Labudde, P. (Hrsg.): Fachdidaktik Naturwissenschaft 1.–9. Schuljahr. Bern/Stuttgart/Wien: Haupt. S. 45–56.

Polt, G. (2004): Circus Maximus. Frankfurt: Fischer.

Schulz, W. (1994): Lyrische Notizen. Hamburg: Bergmann und Helbig.

Schulz, W. (1996): Anstiftung zum didaktischen Denken. Weinheim: Beltz.

Reusser, K. (1994): Die Rolle von Lehrerinnen und Lehrern neu denken. Kognitionspädagogische Anmerkungen zu einer «neuen Lernkultur». In: Beiträge zur Lehrerbildung Heft 1. S. 19–37.

Schmid, C., Wiher P. & Egloff B. (1997). Zielorientierte Unterrichtsplanung ZUP. Zürich: Primarlehrerseminar des Kantons Zürich. Teil 4 Inhalte.

Zumsteg, B. et al. (2009): Unterricht kompetent planen. Vom didaktischen Denken zum professionellen Handeln. Zürich: Pestalozzianum. 2. Auflage.

Teile dieses Textes basieren auf dem Buch: Berner, H.: Didaktische Kompetenz. Zugänge zu einer theoriegestützten Planung und Reflexion des Unterrichts. Bern/Stuttgart/Wien: Haupt 1999. S. 115–126; 133–139.

Texte   Inhalte auswählen

1 Didaktische Rekonstruktion: Fachsystematik und Lernprozesse in der Balance halten

Im folgenden Text von Susanne Metzger wird das in verschiedenen Fachdidaktiken wichtige Modell der Didaktischen Rekonstruktion vorgestellt, und es wird gezeigt, wie eine Sachstruktur des Unterrichts geplant wird, die die Perspektive der Schülerinnen und Schüler einbezieht.

❰ Das Modell der Didaktischen Rekonstruktion – Grundlagen

Das Modell der Didaktischen Rekonstruktion greift zurück auf den Ansatz der Didaktischen Analyse nach Klafki (1969) und auf das Strukturmomentenmodell der Berliner Schule (Heimann et al. 1969).

Während die Didaktische Analyse nach Klafki einem bildungstheoretischen Ansatz folgt, basiert das Strukturmomentenmodell auf einer lerntheoretisch orientierten Didaktik. Für Klafki stellt nicht der fachliche Inhalt selbst, sondern die Bestimmung dessen Bildungswertes den ersten und wichtigsten Schritt bei der Unterrichtsvorbereitung dar. Das heisst insbesondere auch, dass die Entscheidungen über Methoden und Medien den Entscheidungen über inhaltliche Ziele vorausgehen. In der Didaktischen Analyse werden Fragen nach dem Sinn- und Sachzusammenhang, der Exemplarität (im Sinne Wagenscheins, 1965), der Gegenwarts- und Zukunftsbedeutung, der Struktur sowie der Anschaulichkeit gestellt. Beim Strukturmomentenmodell wird davon ausgegangen, dass die den Unterricht bestimmenden Variablen – also Ziele, Inhalte, Methoden und Medien – zusammenhängen und sich gegenseitig beeinflussen. Zusätzliche Einflussfaktoren stellen die Vorerfahrungen und Voraussetzungen der Schülerinnen und Schüler dar.

Das Modell der Didaktischen Rekonstruktion verbindet nun diese beiden Zugänge, indem es sowohl auf die Ideen der Sachanalyse unter didaktischem Aspekt und das Prinzip des Exemplarischen als auch auf die Berücksichtigung der gegenseitigen Abhängigkeit der den Unterricht bestimmenden Variablen aufbaut. Frey (1975) sieht die Didaktische Rekonstruktion als in methodischer Hinsicht currularen Prozess. Das von Kattmann et al. (1997) vorgeschlagene Modell bezieht zusätzlich Überlegungen mit ein, wie die Unterrichtsinhalte so aufbereitet werden, dass sie den Lernenden zugänglich werden. Es geht also klar über die reine Reduktion und Transformation von Wissen hinaus. Vielmehr definiert das Modell der Didaktischen Rekonstruktion drei stark miteinander wechselwirkende Teilaufgaben: die fachliche Klärung, das Erfassen der Perspektiven der Lernenden, also deren Vorstellungen und Interessen, sowie die didaktische Strukturierung, welche das sogenannte Fachdidaktische Triplett bilden (siehe Abbildung 7). Dabei ist es essenziell, dass die Teilbereiche nicht unverbunden nebeneinanderstehen, sondern die gegenseitige Beeinflussung stets mitberücksichtigt wird.

Fachwissenschaftliche Perspektive

Jede (naturwissenschaftliche) Disziplin genügt einer gewissen Systematik, die sich entweder fachlich oder auch historisch begründen lässt. Eine 1:1-Übertragung der Systematik eines Faches auf die Systematik des Unterrichts ist in den seltensten Fällen möglich. Nachdem sich eine Lehrperson selbst mit den fachwissenschaftlichen Vorstellungen und Methoden eines Themas auseinandergesetzt hat, ist es deshalb eine ihrer zentralen Aufgaben, den Inhalt auf das geeignete An-

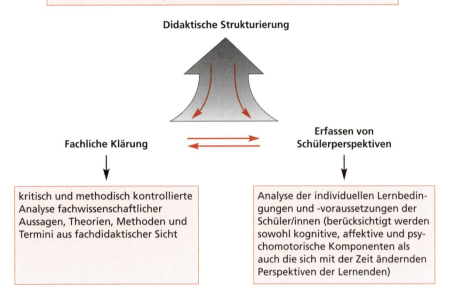

themenspezifischer und an den Lernenden orientierter Planungsprozess; Einbezug von fachlichen, zwischen- und überfachlichen Aspekten; Einbettung der Sachverhalte in lebensweltliche, individuelle, gesellschaftliche, wissenschaftshistorische, wissenschafts- und erkenntnistheoretische sowie ethische Zusammenhänge

Didaktische Strukturierung

Fachliche Klärung   **Erfassen von Schülerperspektiven**

kritisch und methodisch kontrollierte Analyse fachwissenschaftlicher Aussagen, Theorien, Methoden und Termini aus fachdidaktischer Sicht

Analyse der individuellen Lernbedingungen und -voraussetzungen der Schüler/innen (berücksichtigt werden sowohl kognitive, affektive und psychomotorische Komponenten als auch die sich mit der Zeit ändernden Perspektiven der Lernenden)

Abbildung 7: Fachdidaktisches Triplett

forderungsniveau und die Lernfähigkeit der Klasse zu adaptieren. Dieser Prozess und sein Ergebnis werden Elementarisierung oder didaktische Reduktion genannt. Die Elementarisierung beinhaltet drei unterschiedliche Aspekte (nach Bleichroth, 1991):

1. *Aspekt der «Vereinfachung des Inhalts»*
   Zum einen kann der Abstraktheitsgrad verringert werden, indem der Inhalt konkretisiert wird. Zum anderen lässt sich die Komplexität reduzieren, indem die Zahl der Einzelelemente verringert und die wichtigen verbliebenen Elemente stärker in den Vordergrund gerückt werden.

2. *Aspekt der «Bestimmung des Elementaren»*
   Bei naturwissenschaftlichen Inhalten findet sich «das Elementare» – die grundlegende Idee eines Inhalts – meist in einer (allgemeinen) Gesetzmässigkeit wieder, welche unterschiedliche Grade der Allgemeingültigkeit haben und auf unterschiedlichem Niveau formuliert sein kann. Im Zuge der Generalisierung muss also beachtet werden, dass damit auch ein Erhöhen des Niveaus verbunden sein kann, was mit dem Aspekt der Vereinfachung in Einklang gebracht werden muss. Zudem kann die Gefahr der Übergeneralisierung bestehen: Zum Beispiel stimmt die Formulierung «Bei Erwärmung dehnen sich alle Körper aus» für Wasser und Gummi nur bedingt. Wichtig ist, dass für jede Lerngruppe das Elementare neu überdacht und gegebenenfalls neu formuliert werden muss.

3. Aspekt der «Zerlegung des Inhalts in (methodische) Elemente»
Den Ansatzpunkt zur Unterteilung des Inhalts in fassbare, geeignete Unter-
richtselemente bilden die Elementaria aus dem 2. Aspekt. Die Zerlegung erfolgt in Teilschritten, die zum Erreichen der elementaren Inhalte notwendig
sind. Für das Finden der methodischen Elemente spielen Faktoren wie Vorkenntnisse und Vorstellungen der Lernenden, Machbarkeit eines Experiments
eine Rolle.

Im konkreten Prozess der Elementarisierung sollten sowohl die Perspektive der
Lernenden («schülergerecht») und die Ziele des Unterrichts («zielgerichtet») berücksichtigt, als auch auf eine fachliche Richtigkeit («fachgerecht») geachtet werden (siehe Abbildung 8).

Abbildung 8: Kriterien der didaktischen Reduktion

Perspektive der Schülerinnen und Schüler
Zur Perspektive der Lernenden gehören vor allem ihre Voraussetzungen wie Interesse, Vorstellungen oder individuelle Lernvoraussetzungen.

   Dass das Interesse einen positiven Einfluss auf den Lernprozess hat, ist allgemein unbestritten. Deci und Ryan (1993) unterscheiden zwischen individuellem
und situativem Interesse. Sowohl das überdauernde Interesse an einem Fach als
auch das spontan in gewissen Situationen auftretende Interesse haben einen Einfluss darauf, ob sich Lernende für ein Unterrichtsthema begeistern. Im Rahmen
der IPN-Interessenstudie (Hoffmann et al. 1998) konnten für die Physik drei Interessensbereiche identifiziert werden: Physik und Technik («reine» Physik und Technik), Mensch und Natur (Anwendungen der Physik auf die Erklärung von Natur-
phänomenen und den menschlichen Körper) sowie Gesellschaft (Erörterung der
gesellschaftlichen Bedeutung von Physik). Daraus wurden ebenfalls drei Interes-
senstypen konstruiert, wobei sich einer für alle drei Interessensbereiche etwa
gleich stark, einer sich hauptsächlich für den Bereich Mensch und Natur und der
dritte sich vor allem für den Bereich Gesellschaft, eingeschränkt auch für den Bereich Mensch und Natur, interessiert. Die aus den Erkenntnissen abgeleiteten
Punkte für einen interessanten naturwissenschaftlichen Unterricht «für alle» sind
in Abbildung 9 zusammengestellt. In der internationalen ROSE-Studie wurde das
Interesse an Naturwissenschaften erhoben. Für Deutschland und Österreich er-
gaben sich folgende Ergebnisse (Elster 2007a): Jugendliche sind an humanbiolo-
gischen oder medizinischen Themen, vor allem in Kontexten von Problemen
Jugendlicher, Gesundheit und Fitness sowie an gesellschaftsrelevanten Kontexten

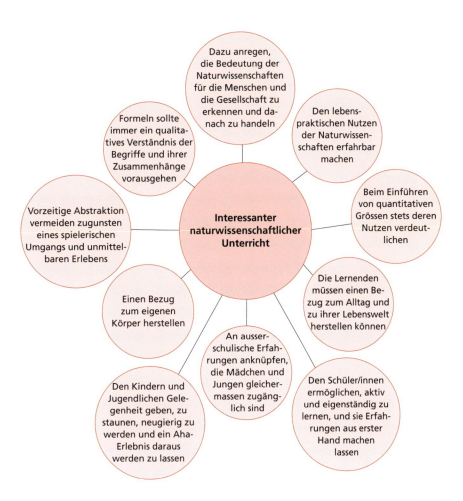

Abbildung 9: 10 Gesichtspunkte für die Gestaltung eines interessanten naturwissenschaftlichen Unterrichts

zu Gefahren und Bedrohungen für Mensch und Natur interessiert. Schülerinnen interessieren sich mehrheitlich für Phänomene, Schüler für Spektakuläres und Horror. Weniger interessiert zeigten sich Jugendliche an Fragen der Nachhaltigkeit und des Umweltschutzes. Des Weiteren ist zu beachten, dass Schülerinnen und Schüler nicht als «leeres Blatt» in der Unterricht kommen. Sie bringen aus ihrem Alltag und ihren (unterrichtlichen) Vorerfahrungen gewisse Vorstellungen mit, die gerade im Bereich der Naturwissenschaften häufig nicht mit den fachlich richtigen Konzepten übereinstimmen. Da neues Wissen stets an die subjektiven Vorstellungen der Lernenden anknüpft, ist es wichtig, diese in die Planung mit einzubeziehen. Darüber hinaus sollte bei der Didaktischen Strukturierung eine möglichst optimale Begleitung der Lernprozesse der Schülerinnen und Schüler berücksichtigt werden. Neben der Unterstützung von Konzeptwechseln ist der Einsatz formativer Formen der Beurteilung wichtig.

Didaktische Strukturierung

Methoden und Aussagen der Fachwissenschaften können nicht unverändert und unbesehen in die Schule übernommen werden, das gilt insbesondere für den naturwissenschaftlichen Unterricht der Primar- und Sekundarstufe I. Die Sachstruktur der naturwissenschaftlichen Bezugswissenschaft ist nicht mit der Sachstruktur für den Unterricht zu verwechseln: Die Sachstruktur der Physik zum Beispiel schliesst Begriffe und Prinzipien sowie Denk- und Arbeitsweisen der Physik ein. Die Sachstruktur des Unterrichts muss von der Lehrperson konstruiert werden; sie ist in der Regel «einfacher», aber auch vielfältiger, weil die elementaren Ideen in Kontexte eingebettet werden müssen. Die Sachstruktur des Unterrichts muss so geplant werden, dass die Lernwege der Schülerinnen und Schüler effektiv beschritten werden können. Das bedeutet zum Beispiel, dass es sehr hilfreich ist, sich in die Sichtweise der Lernenden einzudenken und die Naturwissenschaft aus deren Perspektive zu sehen.

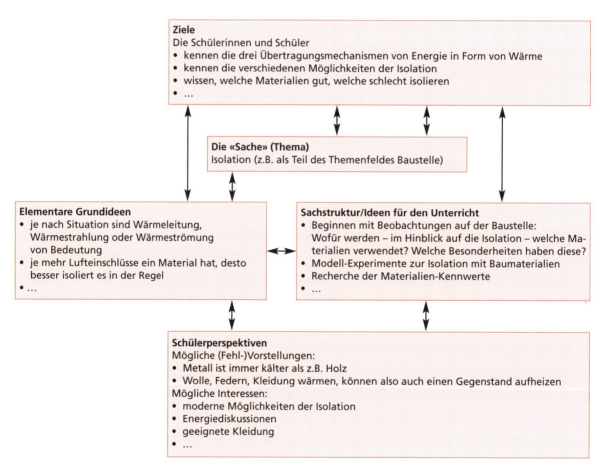

Ziele
Die Schülerinnen und Schüler
- kennen die drei Übertragungsmechanismen von Energie in Form von Wärme
- kennen die verschiedenen Möglichkeiten der Isolation
- wissen, welche Materialien gut, welche schlecht isolieren
- …

Die «Sache» (Thema)
Isolation (z.B. als Teil des Themenfeldes Baustelle)

Elementare Grundideen
- je nach Situation sind Wärmeleitung, Wärmestrahlung oder Wärmeströmung von Bedeutung
- je mehr Lufteinschlüsse ein Material hat, desto besser isoliert es in der Regel
- …

Sachstruktur/Ideen für den Unterricht
- Beginnen mit Beobachtungen auf der Baustelle: Wofür werden – im Hinblick auf die Isolation – welche Materialien verwendet? Welche Besonderheiten haben diese?
- Modell-Experimente zur Isolation mit Baumaterialien
- Recherche der Materialien-Kennwerte
- …

Schülerperspektiven
Mögliche (Fehl-)Vorstellungen:
- Metall ist immer kälter als z.B. Holz
- Wolle, Federn, Kleidung wärmen, können also auch einen Gegenstand aufheizen
Mögliche Interessen:
- moderne Möglichkeiten der Isolation
- Energiediskussionen
- geeignete Kleidung
- …

Abbildung 10: Schema zur Planung von Unterricht mithilfe des Modells der Didaktischen Rekonstruktion mit Beispielen zum Thema Isolation

Das Modell der Didaktischen Rekonstruktion kann sehr gut zur Planung von Unterricht verwendet werden. Der Ablauf ist dabei folgender (vgl. Abbildung 10):

- Was ist die «Sache», das Thema? z.B.: Isolation
- Welche Ziele sollen im Vordergrund stehen? z.B.: Kennenlernen der verschiedenen Möglichkeiten der Isolation
- Welche elementaren Grundideen sind wichtig? z.B.: Je mehr Poren bzw. Lufteinschlüsse in einem Material sind, desto weniger gut leitet es die Wärme
- Welche Präkonzepte haben die Schülerinnen und Schüler? z.B.: «Wolle macht warm, kann also einen Gegenstand aufheizen»
- Was speziell könnten Schülerinnen und Schüler an diesem Thema interessant finden? z.B.: Temperaturregulation beim Sport: Welche Kleidung ist geeignet?

Diese Punkte können jeweils schon mit einer Unterrichtsskizze verbunden werden, welche Überlegungen zu Methoden und Medien mit einschliesst. Der Prozess verläuft natürlich nicht so linear wie oben dargestellt, sondern durchläuft viele Schlaufen, bis die wechselseitigen Zusammenhänge stimmen. Auf jeden Fall sollte aber beachtet werden, dass die Sachstruktur für den Unterricht nicht als Erstes, sondern als Ergebnis der anderen Überlegungen gedacht wird. ❯

Auszug aus: Metzger, S. (2010): Didaktische Rekonstruktion: Fachsystematik und Lernprozesse in der Balance halten. In: Labudde, P.(Hrsg.): Fachdidaktik Naturwissenschaft 1.–9. Schuljahr. Bern/Stuttgart/Wien: Haupt, S. 45–56.

2 Themenzentrierte Interaktion (TZI) – die Inhalte bleiben wichtig

Im Ansatz der Themenzentrierten Interaktion (TZI) nehmen (wie es der Name sagt) die Inhalte oder Themen neben den persönlichen Interessen und den Interaktionsprozessen einen zentralen Stellenwert ein. Das von Ruth Cohn entwickelte gruppenpädagogische Modell zeigt, dass es bei allen Gruppen-Lehr-Lern-Prozessen darum geht, eine Balance zwischen den gewählten Themen, den einzelnen Teilnehmenden und der Gruppe zu finden – und zu behalten.

❮ **Das TZI-Modell**

Die TZI geht davon aus, dass in einer Arbeitsgruppe (einem Team, einer Schulklasse etc.) vier Faktoren für eine gelingende Zusammenarbeit bedeutsam sind:

1. die einzelnen individuellen (die ICHs) mit ihren Vorstellungen und Bedürfnissen;
2. die Gruppe (das WIR), deren Geflecht und Dynamik;
3. die gemeinsame Aufgabe (das ES), das Anliegen, um das sich die Gruppe versammelt und
4. die Realität der Gruppensituation (der GLOBE) – von der Gestaltung des Arbeitsraumes bis hin zur weltpolitischen Situation im Moment der gemeinsamen Arbeit.

Die vier Faktoren werden als gleichgewichtig betrachtet.

Die TZI unterscheidet sich durch diese Gewichtung von rein sachorientierten Gruppen, etwa dem «klassischen» Uniseminar oder dem Unterricht mit frontaler Arbeitsweise. Im Modellfall stellen die Teilnehmenden einen Bezug zwischen sich und dem Anliegen her (ICH-ES). Es entwickelt sich eine arbeitsfähige Gruppe (WIR), die eine gemeinsame Sache bearbeitet (WIR-ES). Dabei werden Umfeldeinflüsse (GLOBE) konstruktiv integriert. Die vier Faktoren werden im Prozessverlauf «dynamisch balanciert». Dies geschieht über Auswahl und Formulierung des Themas und die gewählten Strukturen.

Das formulierte Thema steht für eine Arbeitseinheit im Zentrum der gemeinsamen Bearbeitung – ein Thema im Zentrum der Interaktion. Dabei legt das Thema den Schwerpunkt auf einen der vier Faktoren, entsprechend der aktuellen Gruppensituation (prozessorientierte Planung).

Weiterhin balanciert die Leitung über die Auswahl thematisch geeigneter Strukturen z.B. Einzelarbeit (ICH-ES-Aspekt), Gruppenarbeit (WIR-ES-Aspekt), Vortrag (ES-Aspekt). Darüber hinaus greift die TZI auf verschiedene Methoden zurück, um neben den kognitiv-rationalen Aspekten auch die emotionale und körperorientierte Bearbeitung von Themen möglich zu machen. Mit diesem ganzheitlichen Ansatz knüpft sie an reformpädagogische Traditionen an. ❯

Auszug aus: Die Themenzentrierte Interaktion – ein «Leitstern» der Ecole d'Humanité. Was ist TZI und wie wird sie in der Ecole umgesetzt? Online-Text www.ecole.ch/tzi/tzi.pd

Die Wichtigkeit des Themas

Im Kapitel «Zur Humanisierung der Schulen: Vom Rivalitätsprinzip zum Kooperationsmodell mit Hilfe der themenzentrierten Interaktion» beschreibt Ruth Cohn die Wichtigkeit des Themas, des sogenannten Es.

❮ Jeder Lernende erfasst nur ein kleines Stück der unendlich grossen Welt. Dies Stückchen Welt, auf das sich eine Person oder Gruppe jeweils konzentriert, ist der Fokus des Gruppeninteresses: das «Es». Im lebendigen Unterricht ist Relevanz, d.h. Bedeutsamkeit des Themas, für jeden und alle die wesentliche Aufgabe; das Es als Fokus der Interaktion ist der Inhalt des stofflich zu Meisternden ...

Die Ausgangsfrage des Lehrers lautet nicht: « Wie motiviere ich die Schüler?», sondern: «Wo und wie leben sie?», «Woran sind sie interessiert?», «Woran liegt mir?», «Wo liegen die Interessen des Gemeinwesens, in dem wir leben, und der Gesellschaft?» ...

Das personalisiert gefasste Thema enthält immer die Frage: «Und was bedeutet mir persönlich diese Fragestelllung, diese Sache, diese Aufgabe?». Themenfindung und Themensetzung in Schulen mit vorgegebenen Lehrplänen verlangen die Fähigkeit, den obligatorischen Lernstoff mit den inneren Interessen der Einzelnen und der Klasse zu vereinen.

Zur Form des Themas

Das Thema soll nicht so eng gefasst sein, dass es zu wenig Raum für Assoziationen lässt, und nicht so weit, dass es ins Grenzenlose führt. Wie alle Strukturen muss es Freiheit und Bindung anbieten:

- Das Thema soll konkret genug sein, um Bilder und Gedanken zu stimulieren, doch nicht so scharf umgrenzt, dass es neue Perspektiven der Sache oder einzelne Personen ausschliesst.
- Das Thema soll so kurz und klar formuliert sein, dass es leicht im Gedächtnis haften bleibt, doch nicht so banal, dass es langweilt.
- Das Thema soll die Interessen aller Teilnehmer miteinschliessen können und, wenn möglich, über sie hinausführen.
- Das Thema soll als Richtungsstütze dienen im Sinn der Zielsetzung des Lehrplans und der von Lehrern und Schülern.
- Das Thema soll dazu dienen, Interessen und Erfahrungen in Verbindung zu bringen.
- Das Thema soll so gesetzt werden, dass konstruktiv weiterführende Gedanken ermöglicht werden, die über das Problem hinausführen und nicht den Horizont einseitig einmauern. ❯

Auszug aus: Cohn, R. (1986): Von der Psychoanalyse zur themenzentrierten Interaktion. Stuttgart: Klett (7. Auflage). S. 166–169.

Kommentierte Literaturhinweise

Achermann, Edwin

Der Vielfalt Raum und Struktur geben. Unterricht mit Kindern von 4 bis 8. Bern: Schulverlag plus AG. (2009)

Dieses Buch zeigt auf, wie Lehrpersonen in Kindergarten, Grund- und Unterstufe den Bedürfnissen, Interessen, Lernweisen und Entwicklungsständen der Kinder gerecht werden können, indem sie geeignete Räume und Strukturen schaffen. Konkrete Umsetzungen illustrieren die Kombination verschiedener Bausteine wie Freie Tätigkeit, Thema, Kurs und Plan und dokumentieren in anschaulicher Weise die Auseinandersetzung der Kinder mit ihren Themen und den Anregungen der Lehrperson. Eine integrierte DVD zeigt, wie Lehrpersonen der Grundstufe die beschriebenen Unterrichtsbausteine in ihrem Unterrichtsalltag gestalten und kombinieren.

Bönsch, Manfred

Begründung und Konzipierung einer Didaktik selbstverantworteten und selbstbestimmten Lernens. In: Bönsch, M. (Hrsg.): Selbstgesteuertes Lernen in der Schule: Praxisbeispiele aus unterschiedlichen Schulformen. Neuwied: Luchterhand. S. 7–27. (2002)

Im Ansatz einer Didaktik selbstverantworteten und selbstbestimmten Lernens spielt die Konstituierung von Sinn durch Lehrpersonen sowie Schülerinnen und Schüler eine zentrale Rolle. Vor dem Hintergrund der Tatsache, dass Sinnsuche zu einer entscheidenden Kategorie der Lebenssituation gehört, setzt sich Manfred Bönsch für die Erweiterung von Sinn auf Verstehen, Verständigung, gedanklichen Gehalt bis zu allgemeinen Fragen wie Sinn des Lebens, Sinn der Arbeit, Sinn des Leidens ein.

Cohn, Ruth

Von der Psychoanalyse zur themenzentrierten Interaktion. Von der Behandlung einzelner zu einer Pädagogik für alle. Stuttgart: Klett. 16., durchgesehene Auflage. (2009)

Mit ihrem Konzept der themenzentrierten Interaktion (TZI) verbindet Ruth Cohn ein umfassendes gesellschaftliches Anliegen: Sie will einer humanisierenden Pädagogik den Weg bahnen, die die Erkenntnis vermittelt, dass nur dann Konstruktives entstehen kann, wenn dem Individuum (das Ich), der Gruppe (das Wir) und der Sache (das Es beziehungsweise das Thema), mit der Ich und Wir jeweils befasst sind, gleichrangige Achtung und Beachtung geschenkt werden. In ihrem als 16. Auflage erschienenen Bestseller zeigt Ruth Cohn ganz konkrete Schritte auf, welche dem Ziel, das sie anstrebt, näherführen können. Der Ansatz der TZI hat in der Schweiz eine bestimmte Schule in besonderem Masse geprägt: die Ecole d'Humanité auf dem Hasliberg.

Klafki, Wolfgang

Neue Studien zur Bildungstheorie und Didaktik. Zeitgemässe Allgemeinbildung und kritisch-konstruktive Didaktik. Weinheim: Beltz. 6., neu ausgestaltete Auflage (2007)

In diesen 2007 in einer neu ausgestatteten Auflage erschienenen 10 Studien setzt sich Wolfgang Klafki mit ausgewählten Aspekten einer zeitgemässen Allgemeinbildung auseinander und stellt den Ansatz einer durch die beiden Adjektive kritisch und konstruktiv charakterisierten Didaktik vor. Die einzelnen Studien bilden Elemente eines Ansatzes einer bildungstheoretisch begründeten kritisch-konstruktiven Didaktik als Teil einer umfassenden Schultheorie. Für die Frage nach der Bedeutung der Themen für schulische Bildungs- und Lernprozesse ist Klafkis Ansatz nach wie vor der bedeutsamste.

1 Eine naheliegende Frage: Was interessiert eigentlich die Schülerinnen und Schüler?

In der Unterrichtskonzeption des Dialogischen Lernens (vgl. Kapitel 4.4) werden die aus der Sicht der Schülerinnen und Schüler spannenden Inhalte ernst genommen. Im Lehrmittel «Sprache und Mathematik» für das 4.– 5. Schuljahr von Peter Gallin und Urs Ruf werden die Schülerinnen und Schüler im Kapitel «Findest du das spannend?» aufgefordert, spannende Schulstoffe zu finden.

Spannende Schulstoffe

❰ • Gibt es in der Schule etwas, was du besonders gern tust und was du spannend findest? Erzähle so darüber, dass die anderen Kinder verstehen, was interessant ist für dich.
- Was findest du überhaupt nicht spannend in der Schule? Erkläre, warum das so ist. Hast du eine Idee, was man ändern müsste?
- Versuche ein anderes Kind zu gewinnen für das, was du in der Schule spannend findest. Schreibe im Reisetagebuch auf, wie du vorgegangen bist.

Vielleicht hast du nur wenige oder gar keine Schulstoffe gefunden, die du interessant und spannend findest. Und vielleicht liegt das daran, dass dir noch nie jemand erzählt hat, warum er gern Geschichten liest, Texte schreibt, mit Zahlen spielt oder mathematische Probleme wälzt. Meistens sind es ja andere Menschen, die uns aufmerksam machen auf Dinge, die sie gern tun: Sie können etwas gut und haben Spass daran. Das wirkt ansteckend.

Wenn wir dir jetzt erzählen, was uns selber fasziniert an der Sprache und der Mathematik, haben wir etwas Ähnliches im Sinn. Wir zeigen dir, was wir tun, damit Aufgaben im Rechnen oder in der Sprache interessant werden für uns. Und wir hoffen, dass du es auch ausprobierst und dass du mit der Zeit auch Freude daran bekommst.

Rechnen zum Beispiel kann tatsächlich Spass machen. Wenn du beim Rechnen aber immer nur die paar Zahlen siehst, die zufällig gerade auf deinem Blatt stehen, kann es leicht passieren, dass dir das Rechnen verleidet. Vielleicht verrechnest du dich ein paar Mal, vielleicht merkst du, dass andere schneller sind als du, vielleicht hast du auch nur vergessen, aus wie vielen Metern ein Kilometer besteht, und schon denkst du, Mathematik sei nichts für dich.

Anders ist es, wenn du mit den Rechnungen auf dem Blatt ein wenig zu spielen beginnst. Dann verwandelt sich jede Rechnung in eine kleine Geschichte. Dann entdeckst du plötzlich, dass jede Zahl ein Gesicht hat, ein Gesicht, das sich verändert, je nachdem, in was für eine Umgebung du sie hineinstellst. 3 Kinder sind doch etwas ganz anderes als 3 Frösche oder 3 Äpfel. 3 Millimeter sind etwas ganz anderes als 3 Meter oder 3 Kilometer. Aber auch wenn du nichts Bestimmtes erzählst, und wenn keine Masseinheit neben der Zahl steht, zeigt sie dir, je nach Umgebung, ein anderes Gesicht. Stellst du 3 neben 1000 und schreibst 1000 + 3, so erscheint die 3 ganz klein und bescheiden; schreibst du dagegen 1 + 3, sieht die 3 recht mächtig aus. ❱

Auszug aus: Gallin, P. & Ruf, U. (1999): Sprache und Mathematik. Ich mache das so! Wie machst du es? Das machen wir ab. 4.–5. Schuljahr. Zürich: Lehrmittelverlag. S. 30, 31.

2 Didaktische Rekonstruktion zum Thema Fliegen

In ihrem Portfolio-Beitrag zum Standard I hat die Studentin Patricia Werder eine von ihr überarbeitete Form der Didaktischen Rekonstruktion im Fach Physik zum Thema Fliegen angewendet und die Bedeutung dieses Instrumentes für ihre Planungsarbeit reflektiert.

Ziele des Unterrichts

Fachliche Ziele: Die Schülerinnen und Schüler verstehen die physikalischen, biologischen, technischen und geschichtlichen Aspekte des Fliegens. Sie sehen das Phänomen Fliegen aus verschiedenen Gesichtspunkten an und können diese miteinander verknüpfen.

Soziale Ziele: Die Schülerinnen und Schüler erarbeiten das Wissen alleine und in Gruppen. Sie sind fähig, ihre Erkenntnisse in schriftlicher Form festzuhalten.

Die Sache (Thema)

Bewegung in der Luft aus bionischer Sicht:

Physik: Prinzipien wie Auftrieb, Bernoullieffekt – Flügelprofile, Luftwiderstand, Rückstossprinzip

Biologie: Flugvorbilder aus der Pflanzen- und Tierwelt

Technik: Entwicklungen im Laufe der Geschichte, von einfachen Flugobjekten zum motorbetriebenen Flugzeug

Elementare Grundideen

Physik: mit Hilfe von Experimenten können Erklärungen für die Phänomene gesucht werden, Experimente machen die Theorie anschaulich

Biologie: durch Beobachtungen der Natur können Zusammenhänge mit heutigen Flugobjekten gefunden werden

Technik: die Technik bringt Möglichkeiten und Gefahren mit sich, Luftschadstoffe und Treibstoffverbrauch, neue Materialien

Sachstruktur für den Unterricht

• Beleuchtung des Themas aus verschiedenen Perspektiven (biologisch, technisch, physikalisch, geschichtlich)

• exemplarische Beispiele erhöhen das Vorstellungsvermögen

• Schülerinnen und Schüler eignen sich ihr Wissen durch eigenaktives Handeln an und halten ihre Gedanken in schriftlicher Form fest

Schülerperspektiven

Präkonzepterhebung zu folgenden Fragen bei 13-Jährigen:

Wieso fliegt ein Vogel?
• Vogel haftet eine Leichtigkeit an (manche wissen, dass Knochen hohl sind)
• Durch Flattern von Luft abstossen
• Fliegen dank Federn (und Federschwanz)
• Vogelflug wird auf Länge der Flügel zurückgeführt im Verhältnis zum Körper
• Vögel haben viele Muskeln

Wieso fliegt ein Flugzeug?
• Motorkraft
• Düsen
• Weil ein Pilot das Flugzeug steuert (Technik)
• Fliegen dank Flügeln

❰ Persönliche Bedeutung des Modells der Didaktischen Rekonstruktion

Ich habe das Modell der Didaktischen Rekonstruktion im Rahmen des Natur-und-Technik-Moduls kennengelernt. In dieser Dokumentation habe ich eine praktische Umsetzung für den Physikunterricht erstellt. Meiner Meinung nach ist es aber durchaus möglich, dieses Modell in allen Fächern zu benützen. Im Modul «Forschung und Entwicklung» habe ich in einer Gruppenarbeit eine Lektionsreihe zum Thema Tourismus geschrieben. Unsere Dozentinnen haben uns, ähnlich wie es bei der Didaktischen Rekonstruktion abläuft, zuerst eine Sachanalyse und anschliessend eine didaktische Analyse formulieren lassen. Wir haben uns also auch in erster Linie um die Thematik gekümmert und in einem zweiten Schritt die Informationen didaktisch geschickt verpackt. Die Broschüre «Unterricht kompetent planen» scheint mir neben der Didaktischen Rekonstruktion als sehr hilfreiche und fast nicht wegdenkbare Planungshilfe. Die Broschüre enthält ebenfalls ein anschauliches Modell, das die Lehrperson bei der Planung, Durchführung und Reflexion des Unterrichts begleitet und unterstützt. Die vier Hauptpunkte, welche aufgegriffen werden, heissen «Klären», «Entscheiden», «Gestalten von Lehr- und Lernprozessen» und «Evaluieren des Unterrichts». Das Instrument «Unterricht kompetent planen» kann man für einzelne Lektionen oder ganze Unterrichtseinheiten verwenden (vgl. Zumsteg et al.: Unterricht kompetent planen, 2007, S. 9). Genauso ist das mit der Didaktischen Rekonstruktion. Ein Unterschied, welcher zwischen den beiden Ansätzen besteht, ist die Ausführlichkeit. Während die Lehrperson nach dem Ausfüllen der Didaktischen Rekonstruktion den gesamten Unterricht noch planen muss, ist das nach dem Ausfüllen des anderen Modells bereits getan. Es werden bei der Didaktischen Rekonstruktion auch keine Anregungen für eine Evaluation gegeben, was mir als sehr wichtig erscheint. Die Evaluation des Unterrichts kann die Qualität der Lektionen stetig verbessern und gehört genauso zum Unterricht wie die Planung und Durchführung.

Fazit für mich als angehende Lehrperson

Nachdem ich das Modell der Didaktischen Rekonstruktion noch etwas näher kennengelernt habe, kann ich sagen, dass ich in Zukunft damit arbeiten werde. Ich bin mir sicher, dass mir das Ausfüllen der Felder von Mal zu Mal leichter fallen wird. Da dieses Modell aber nur ein Gerüst für die Unterrichtsplanung bietet, werde ich bestimmt noch andere Mittel zuziehen müssen. Eines dieser Hilfsmittel ist natürlich die Broschüre «Unterricht kompetent planen». Ich nehme mir vor, dass ich für grössere Unterrichtseinheiten die ausführliche Planung machen werde. Unterthemen kann ich dann gut mit der Didaktischen Rekonstruktion bearbeiten.

Wie ich bereits erwähnt habe, kann man die Planungen in jedem Unterrichtsfach verwenden. Mit dem Planungsinstrument aus der Broschüre habe ich bereits in zwei Fächern ein wenig Erfahrungen sammeln können. Ich erstellte für mein drittes Praktikum je eine Planung im Fach Mathematik und im Fach Geografie. Obwohl ich zuerst zögerte, für die Mathematik eine solche differenzierte Planung zu machen, war ich im Nachhinein froh darum. Die Vorbereitung hat mir die Möglichkeit gegeben, den Wissensstand der Lernenden zu ermitteln. Zur Einschätzung des individuellen Lernstandes führte ich eine Einstiegslernkontrolle durch. Ich habe mich im Vorfeld intensiv mit Lehrmitteln und Lernstrategien auseinandergesetzt. Schliesslich entschied ich mich dafür, einen Wochenplan einzuführen. Dadurch, dass ich das Kapitel «Klären von Bedeutung und Sinn» durchgearbeitet habe, konnte ich der Klasse gute Argumente für das damalige Mathematikthema bringen. Das Thema baut einerseits auf vorhandenem Wissen auf, und es wird andererseits zu einem späteren Zeitpunkt während der Sekundarschule wieder aufgegriffen. ❭

3 Klärung von Inhalt, Sinn und Bedeutung eines Unterrichtthemas im Fach Werken (Design und Technik)

Im folgenden Text wird die Bedeutung einer Sache sowie deren Sinn für eine Mittelstufenklasse differenziert dargestellt. Die Studentin Noemi Hunold hat mit ihrer Prüfungslektion zur Thematik «Mini-Musikinstrument aus Recyclingmaterial» den Grundstein für das vorliegende Beispiel gelegt. Diese Planung wurde durch die Dozentin Meret Fankhauser fachlich überarbeitet und ergänzt. Es soll gezeigt werden, dass die ursprüngliche Lektion in einem grösseren Zusammenhang verstanden werden muss und deshalb nur einen kleinen Ausschnitt eines grösseren Projektes darstellen kann.

❬ **Thema: Musikinstrumente aus Recyclingmaterial**

Abbildung 11

Klären der Sache
Recycling als Werkenmaterial (Kontextwissen)*
Unter «Recycling» verstehen wir, Müll zu sortieren und getrennt in Tonnen zu geben. Auf diese Weise werden wir überflüssiges «Material» ohne Probleme los. Dass dieses Material grossenteils erneut verarbeitet wird, entzieht sich weitgehend unserer Wahrnehmung. Ebenfalls nehmen wir kaum wahr, dass daraus auch Altlasten entstehen. Deshalb ist das Vermeiden von Abfall sinnvoll. Das heisst, ein sorgfältiger Umgang mit vorhandenen Ressourcen kann – parallel zu einem Projekt im Werken – fachübergreifend behandelt werden. Heute werden vielerlei Lebensmittel in Einwegverpackungen verkauft. Somit fällt in jedem Haushalt recycelbares Material an. Dieses Material für Neues zu benutzen, macht Spass. Die vielfältig vorhandenen Materialien (Zeitungen, PET, Plastiksäcke, Milchpackungen, Eierschachteln, CDs, Schokopapiere etc.) regen an zu neuen Inspirationen. Diese Ideen können zudem ohne Scheu vor Materialverlust ausgeführt werden, denn die Materialbeschaffung ist leicht und verursacht keinerlei Kosten.

Musikinstrumente (Sachanalyse)*

Diese Arbeiten sprechen menschliche Urbedürfnisse an. Das lässt sich bei kleineren und grösseren Kindern beobachten, die sich daran freuen, etwas zu bewirken (ebenso wie bei Volksgruppen, die in einer Umgebung leben, in der sie «Herumliegendes» aufgreifen und umfunktionieren). Material wird geformt, zusammengefügt, umgestaltet, Töne werden entdeckt, weitere Töne werden gezielt erzeugt. So lassen sich aus Recyclingmaterial (neben Vehikeln, Puppen, Gebrauchsgegenständen etc.) eben auch funktionierende Musikinstrumente herstellen.

Abbildung 12

Die Musikinstrumente werden in vier Gruppen unterteilt, welche sich durch die Art der Tonerzeugung unterscheiden:
- Idiofone; Eigenklinger sind Instrumente aus klingenden Materialien (z.B. Rasseln, Xylofone, Schlaghölzer).
- Membranofone; Trommelinstrumente haben eine Membran aus Fell, Haut, Papier oder auch synthetischem Material.
- Aerofone; Blasinstrumente bestehen aus einer schwingenden Luftsäule, durch die Luft geblasen wird.
- Chordofone; bei Saiteninstrumenten wird der Klang durch schwingende Saiten erzeugt, welche durch einen Klangkörper verstärkt werden müssen. (vgl. Werkweiser 1 2003, S. 178)

Je nach anfallendem Material entstehen unterschiedliche Instrumente. Doch immer wieder lassen sich solche Musikinstrumente auf eine der vier grossen Gruppen zurückführen, egal, auf welchem Kontinent sie entstanden sind, ins Auge fällt das unterschiedliche Ausgangsmaterial. Viele Grundideen der bei uns im Unterricht eingesetzten einfachen Musikinstrumente (selbst das Orff-Instrumentarium) stammen aus früheren Zeiten. Das menschliche Bedürfnis nach Tonerzeugung, Rhythmus und Gestaltung legt die Basis, dass in allen Kulturen, auch ohne Maschinen, geniale Instrumente und Objekte hergestellt werden. Heute finden wir solche Instrumente teilweise noch in naturnahen und in entbehrungsreichen Kulturen der 3. und 4. Welt, was von deren Erfindungsgeist zeugt.

Wissenswertes zum Herstellen von Musikinstrumenten (Ästhetische Erfahrensfähigkeit)*

Jedes Material hat seinen Klang. Oberfläche und Strukturen der Materialien haben Klang- und Rhythmuseigenschaften. Streicht man über die Strukturen, werden diese hörbar. Der Klang kann durch Form und Grösse sowie durch die Art der Tonerzeugung verändert werden. In diesem Sinn lassen sich Hohlkörper mit unterschiedlichem Material (Sand, Steine, Erbsen etc.) füllen. Sie tönen, sobald sie bewegt werden. Dabei beeinflusst das eingefüllte Material Klang und Tonhöhe, wie es auch Grösse und Form und Ausgangsmaterial des Rasselkörpers tun. Bei Membran-, Fell- oder Trommelinstrumenten wird der Klang durch die Spannung des Trommelfells sowie durch die Grösse des Instruments beeinflusst. Der Ton kann verstärkt werden, indem Resonanzkörper (Hohlkörper aus PET, Holz oder Blech) angebaut werden.

Einfache Blasinstrumente entstehen, indem man mit unterschiedlicher Lippenspannung in einen Schlauch bläst. Durch Schlauchaufsätze verschiedener Grösse entstehen Töne unterschiedlicher Klangfarbe. (vgl. Martini 1980, S.11) Resonanzkörper sind auch bei Saiteninstrumenten ein wichtiger Bestandteil, denn dieser verstärkt den Ton und gibt ihm Farbe und Intensität. Zudem sind Länge und Spannung der Saiten für die Tonhöhe wichtig. Um Saiten die nötige Länge zu geben, kann dem Resonanzkörper ein Hals – auch als Griffbrett benutzbar – angefügt werden. Ein Steg bewirkt, dass die Saiten frei schwingen, da er diese vom Resonanzkörper abhebt. Die Töne entstehen, indem die Saiten gezupft (mit Fingern), gestrichen (mit Bogen) oder angeschlagen werden (Hämmerchen beim Klavier). Wird der Hals bündig zum Resonanzkörper angebracht, kann die Saite mit den Fingern gegen das Griffbrett gedrückt und somit verkürzt werden (Geige, Cello, Gitarre). Dann lassen sich Tonleitern, ja ganze Melodien spielen. Schülerinnen und Schüler, welche die Eigenschaften ihrer Instrumente durch das eigene Herstellen kennenlernen, beginnen mit Bau und Ton zu experimentieren. (vgl. Martini 1980, S.12)

Bedeutungen und Sinn klären (Bezug zur Lebenswelt der Schülerinnen und Schüler)*

Alltagsbezug
Der Alltagsbezug entsteht einerseits durch die Wahl des Material-Recyclings, andererseits durch das genuine Bedürfnis der meisten Menschen, selbst Musik zu machen. Dem Ausgangsmaterial (PET, Büchsen, Plastik etc.) begegnen die Schülerinnen und Schüler täglich. Durch das eigene Sammeln dieses Materials werden die Schülerinnen und Schüler erkennen, wie viel Recyclingmaterial wir täglich produzieren. Das Thema Klänge und Instrumente ist im Alltag oft anzutreffen, selbst wenn das den Kindern (je nach Freizeitbeschäftigung) unterschiedlich bewusst ist. Alle begegnen Musikinstrumenten – sei dies im Radio, im Fernsehen oder in der Schule. Und Kinder, die selbst ein Musikinstrument spielen, werden möglicherweise über das Erzeugen von Tönen und Geräuschen einen neuen Zugang zu ihrem Instrument finden. Durch das bewusste Experimentieren mit unterschiedlichen Materialien und dem Versuch, eine einfache Melodie zu spielen, wird das Verständnis für Klänge und Klangfolgen gefördert. So können Gesetzmässigkeiten der Ton- und Geräuscherzeugung entdeckt, weiterentwickelt und gezielt eingesetzt werden. Es kann sogar mit der Klasse zu einer Jamsession kommen.

Bezug zum Zürcher Lehrplan und zum Unterrichtsfach Werken
Neben verbindlichen Werkstoffen können im Rahmen der frei verfügbaren Unterrichtzeit auch weitere Werkstoffe aus dem Erlebnis- und Erfahrungsbereich der Schülerinnen und Schüler verwendet werden (vgl. Zürcher Lehrplan 1991, S. 212). Das trifft auf gesammeltes Recyclingmaterial zu. Die Kinder erhalten durch ein angeleitetes Vorgehen ein einsetzbares Musikinstrument, mit dem sie erste

Rhythmen, Geräusche, einen ersten Klang erzeugen können. Dabei erfahren die Kinder Werkstoffeigenschaften mit allen Sinnen (mit und ohne Werkzeugeinsatz). Gleichzeitig lernen sie implizit eine Form der Wiederverwertung kennen. (vgl. Zürcher Lehrplan 1991, S. 220ff.) Die Zielvorgabe (ein einsatzbereites Musikinstrument zu bauen) ermöglicht sowohl ein produktgestaltendes Arbeiten wie auch ein prozessorientiertes Vorgehen.

Die im PHZH-Netz vorhandene Beispiel-Lektion ist ein kleiner Ausschnitt, ein möglicher Einstieg ins fachübergreifende Thema «Musikinstrumente». Der durch die Prüfungssituation auferlegte enge Zeitrahmen von nur einer Lektion bedingt eine starke Einengung der verschiedenen Projekt-Phasen. Das ausgewählte weitgehend angeleitete Vorgehen (mit Spielraum für individuelles Ausgestalten) ermöglicht einen ersten Einblick ins Thema. Ein erreichbares Resultat wird die Kinder zu weiteren Ton- und Klangforschungen inspirieren, vor allem, wenn diese Lektion als Einstieg ins Thema gedacht wird.

Zukunftsorientierung
Die Kinder lernen, wie Material, das allgemein als Abfall bezeichnet wird, wieder zu einer neuen Ressource werden kann. Dieses Erkennen soll die Kinder einerseits anregen, auch in Zukunft Abfall als recycelbares Gut wahrzunehmen. Andererseits soll das vorliegende Unterrichtsthema Inspiration sein für eine fantasiereiche Freizeitgestaltung.

* Die Ausdrücke in Klammern bei den Untertiteln stammen aus der Konkretisierung oder Anpassung des Planungsinstrumentes des Faches Werken.

Kapitel 3   In Epochen unterrichten

Weshalb werden eigentlich Generationen von Schülerinnen und Schülern jahrelang im 45-Minuten-Takt unterrichtet? Ist der zerstückelte Unterricht, der von den Lernenden permanent verlangt, sich einem Fach zuzuwenden, um es nach drei Viertelstunden wieder zu verlassen, ein Naturgesetz?

Sicher nicht! In Epochen zu unterrichten, ist eine konstruktive Antwort auf diese Frage – eine Antwort mit viel Potenzial für eine kreative und moderne Gestaltung von Schule. Wenn man nur die Oberfläche betrachtet, handelt es sich beim Unterrichten in Epochen zuerst einmal um ein schulorganisatorisches und stundenplantechnisches Verfahren: Während mehrerer Wochen wird jeden Tag mindestens eine Doppelstunde lang das gleiche Thema bearbeitet.

Fasst man jedoch die pädagogischen und didaktischen Möglichkeiten ins Auge, welche sich eröffnen, erkennt man im Unterricht in Epochen eine Chance zur Weiterentwicklung schulischen Lehrens und Lernens und damit zur inneren Reform der Schule: Die Auswahl von zentralen übergreifenden Bildungszielen und von exemplarischen Inhalten wird wichtiger als die Ziele von isolierten Lektionen. Schülerorientierte Lehr-Lern-Arrangements können ihre Wirkung entfalten, weil lange genug an einer Sache geblieben wird. Querverbindungen zwischen Fächern und fächerübergreifender Unterricht erhalten erst durch Epochen einen angemessenen Raum im Stundenplan. Insgesamt findet eine Konzentration auf eine Sache und eine Konzentration der Kräfte statt. Und schliesslich können sich im Rahmen von Epochen förderliche Sozialkontakte zwischen Lehrenden und Lernenden und innerhalb von Schülergruppen besser entwickeln, weil der Kontinuität des gemeinsamen Arbeitens genug Gewicht gegeben wird.

| Basics | Seite 73 | Texte | Seite 81 | Materialien | Seite 87 |

RUDOLF ISLER

Was verstehen wir unter «in Epochen unterrichten»?

Alternative zum zer-stückelten «Häppchen»-Unterricht

Wird von «in Epochen unterrichten» oder von «Epochenunterricht» gesprochen, versteht man darunter im Prinzip eine Unterrichtsorganisation, bei der ein Fach oder eine Gruppe von Fächern während rund 4 Wochen täglich in einer Doppel-lektion stattfinden (vgl. Kamm 2000). Es wird beispielsweise vier Wochen lang jeden Tag von 8 bis 10 Uhr das Thema «Unser Wald» behandelt, und dazu werden die Deutschstunden und die MU-Stunden zusammengezogen. Epochenunterricht ist also zuerst einmal keine Lehr- oder Lernform, sondern eine *Organisations-form*.

Als Organisationsform unterscheidet sich Epochenunterricht von herkömm-lichem Unterricht dadurch, dass der zerstückelte Stundenplan – mindestens teil-weise – überwunden wird. Der gewohnte 45-minütige Wechselrhythmus der Fächer, der von den Schülerinnen und Schülern bis zu acht Mal am Tag verlangt, dass sie sich in ein Fach einlassen, und der sie dazu zwingt, dieses Fach dann wie-der zur Seite zu schieben, wenn sie sich (im besten Fall!) gerade richtig eingelas-sen haben – dieser Ablauf wird aufgebrochen und durch Konzentration ersetzt. In Epochen zu unterrichten, bietet vielfältige pädagogische und didaktische Möglichkeiten. Die intensive Beschäftigung mit einem Fach oder einem bestimm-ten Thema in mehrwöchig täglich stattfindenden Unterrichtseinheiten ist vor allem dann sinnvoll,

- wenn die Lehrperson einen Akzent auf die Auswahl von Themen mit einem hohen Bildungswert legt, wie das im 2. Kapitel dieses Bandes beschrieben wird,
- wenn sie mit vielfältigen Lehr-Lern-Formen arbeitet, wie sie im 4. Kapitel die-ses Bandes beschrieben werden,
- wenn sie fächerübergreifenden Unterricht realisiert
- und wenn sie einen verbindlicheren Kontakt zu den Schülerinnen und Schü-lern pädagogisch nutzen will.

Die Begriffe «Epochen-unterricht» …

Epochenunterricht geht auf schulpädagogische Konzepte des 19. Jahrhunderts, speziell auf den Pädagogen Johann Friedrich Herbart (1776–1841), zurück. Kon-sequent über die ganze Schulzeit realisiert wird Epochenunterricht heute aber nur in Waldorfschulen (oder: Steiner-Schulen, also Schulen, die sich an der Philo-sophie und Pädagogik Rudolf Steiners orientieren). Deshalb soll zuerst kurz auf das eigene, ausdifferenzierte und klar abgegrenzte Verständnis von Epochenun-terricht in Waldorfschulen eingegangen werden:

- Von der ersten bis zur zwölften Klasse beginnt jeder Tag mit dem zweistün-digen Epochenunterricht (auch: Hauptunterricht), der von Klasse 1 bis 8 vom Klassenlehrer, in den oberen Klassen im Fachlehrersystem erteilt wird. Diese *«Morgen»-Epochen* dienen der Wissensvermittlung und sind vor allem den Mensch-und-Umwelt-Themen und der Kulturgeschichte gewidmet, allenfalls den Fächern Deutsch und Mathematik. Sie werden meist frontal gehalten.
- Epochenunterricht im Sinne Steiners legt Wert auf die Wahl des *richtigen Zeitpunkts für jeden Stoff*. Es wird die – nicht empirisch gesicherte – These ver-treten, dass sich die Kulturgeschichte in der individuellen Entwicklung eines Menschen wiederholt und dass jedes Lebensalter einer bestimmten Epoche

der Kulturgeschichte der Menschheit zugeordnet werden kann. Die Zeit der ägyptischen Hochkultur und der griechischen Antike entspricht zum Beispiel dem Mittelstufenalter (4.–6. Klasse), und deshalb werden in diesem Zeitraum die ägyptischen Reiche und die Ilias behandelt.

- Im Epochenunterricht wird an Waldorfschulen *den Schülerinnen und Schülern Zeit gegeben und gelassen,* bevor ein behandelter Stoff überprüft wird. Erst wenn eine weitere Epoche vorbei ist, also nach etwa drei bis vier Wochen, wird eine Kontrolle des Lernerfolgs angesetzt. So sollen Inhalte «absinken» können, und der Stoff soll dadurch zu abrufbarem Wissen werden, das später auf höherem Niveau erinnert, erweitert und verändert werden kann. Das damit realisierte Spiralprinzip des Curriculums entspricht dem Lehrplan der öffentlichen Schule.

- Neben den «Morgen»-Epochen finden oft auch «*Nachmittags*»-*Epochen* statt, die eher auf Könnensvermittlung ausgerichtet sind. Sie befassen sich mit Kunst und Handwerk und lassen sich oft mit den Themen des Morgens verbinden. Wenn am Morgen die Zahnreihen des Menschen durchgenommen werden, können am Nachmittag Zähne modelliert werden; geht es am Morgen um Optik, wird am Nachmittag eine Camera obscura gebaut.

- Da in den Epochen an Steiner-Schulen ohne Lehrmittel, sondern mit Originaltexten gearbeitet wird, werden *Epochenhefte* wichtige Hilfsmittel dieser Unterrichtsorganisation. In den Epochenheften findet die Verarbeitung und Sicherung des behandelten Stoffes statt, indem Arbeitsschritte und Arbeitsergebnisse – oft sehr kunstvoll – festgehalten werden.

... und «in Epochen unterrichten» oder «Blockunterricht»

Im vorliegenden Zusammenhang der Lehrerbildung sprechen wir eher von «in Epochen unterrichten». Damit meinen wir ganz einfach die besondere Form der Stundenplangestaltung und des Unterrichts, bei der über längere Zeit – also für eine gewisse Epoche – Stunden und allenfalls Fächer zusammengezogen werden und bei der das permanente Nacheinander von Lektionen mit unterschiedlicher Thematik aufgehoben und durch ein konzentriertes Verbleiben bei einem Gegenstand ersetzt wird.

Der Begriff «in Epochen unterrichten» ist also sehr viel offener als «Epochenunterricht» und verweist auf ganz vielfältige Gestaltungsmöglichkeiten. «In Epochen unterrichten» kann an öffentlichen Schulen bezüglich *Thematik, Zeitpunkt, Dauer, Fächerkombination, Sicherung der Arbeitsergebnisse, Überprüfung etc.* sehr kreativ realisiert werden und muss keinesfalls getreu der Vorgaben der Waldorfschulen geschehen. Im Gegenteil, es scheint ja gerade der Vorteil dieser Organisationsform von Unterricht zu sein, dass sie «‹pädagogisch neutral› und damit offen bleibt für unterschiedliche Ziele, Inhalte und Methoden» (Kamm 2000, S. 53).

Gemäss diesem offenen Verständnis ist für viele Lehrpersonen des Kindergartens und der Unterstufe «in Epochen unterrichten» ein Teil des Schulalltags, weshalb Studierende dieser Stufen in ihrer schulpraktischen Ausbildung zumeist damit konfrontiert werden. Auf der Mittelstufe und auf der Oberstufe sind Epochen selten, was nicht zuletzt mit der etwas weniger einfachen Organisierbarkeit zusammenhängt.

Welche Ziele lassen sich verfolgen, wenn in Epochen unterrichtet wird?

Konzentration

Das Postulat der Konzentration ist im europäischen Bildungsraum schon sehr alt. Konzentration bezog sich lange Zeit nur darauf, der Aufspaltung der Lerninhalte entgegenzuwirken. Seit der Zeit der Reformpädagogik (1900–1933), in der erstmals mit grösserer Verbreitung in Epochen unterrichtet wurde, rückten neben dem Inhalt die beteiligten Personen – also Lehrende und Lernende – stärker ins Zentrum. Aktuell lassen sich mit Unterricht in Epochen drei sinnvolle Aspekte von Konzentration verfolgen (vgl. Kamm 2000, S. 50ff.):

- *Eine zeitliche Konzentration:* Die Zeiteinheiten werden beim Unterrichten in Epochen so gebündelt, dass in sich zusammenhängende Zeitblöcke entstehen. Damit einher geht eine Zeitersparnis, weil aufwendige Übergänge wegfallen.
- *Eine inhaltliche Konzentration:* In Epochen unterrichten führt zu einer Fokussierung auf eine Sache (nicht auf ein Fach: siehe Interdisziplinarität!), zu einer Verdichtung in exemplarischen Themen.
- *Eine innerpsychische Konzentration:* In Epochen zu unterrichten, erhöht die Chancen, dass Schülerinnen und Schüler, aber auch Lehrerinnen und Lehrer ihre Energien zentrieren und einer Sache zuwenden.

Inhaltsorientierung

Unterrichtet man entlang einem traditionellen Stundenplan, so eignet man sich leicht den Habitus an, dem vorgegebenen Lehrbuch zu folgen, ohne sich allzu viele Gedanken über die Themen zu machen, die für die eigene Klasse und zum aktuellen Zeitpunkt unserer gesellschaftlichen Entwicklung von zentraler Bedeutung sind. Lehrerin oder Lehrer sein muss jedoch genau das beinhalten. Die Chance von Unterricht in Epochen liegt nun darin, diesen Anspruch einlösen zu können und «Unterrichtsinhalte von *übergreifenden Ideen und Problemzusammenhängen aus* didaktisch aufzubereiten, statt sie additiv aneinander zu reihen» (Kamm 2000, S. 53). Eine engagierte Lehrperson kann vor dem Hintergrund von Lehrplan und offiziellen Lehrmitteln für ihre Epochen exemplarische Inhalte bestimmen, die *für genau die Schülerinnen und Schüler,* die sie unterrichtet, und *für genau den Ort,* an dem sie arbeitet, einen optimalen Bildungswert haben. Epochen erleichtern dieses Anliegen, mit ihnen entsteht erst der Raum für die Fragen nach den Inhalten, wie sie im 2. Kapitel beschrieben werden.

Interdisziplinarität

In Epochen zu unterrichten, schafft ideale Voraussetzungen für Interdisziplinarität oder fächerübergreifenden Unterricht. Die beschriebene, sorgfältige Auswahl von wichtigen Themen geschieht ja nicht aus einer disziplinären Perspektive, sondern *aus der Perspektive des Generalisten.* Dadurch werden sich *generelle Themen* ergeben, die aus dem Blickwinkel verschiedener Fächer bearbeitet werden können. Idealerweise fliesst die Anzahl Stunden, die für die beteiligten Fächer in der Stundentafel vorgesehen sind, in die Epoche ein. So kann zum Beispiel das Thema «Unsere Stadt» oder «Unser Dorf» aus einer historischen, geografischen und politischen Sichtweise behandelt werden. Wenn die Deutschstunden miteinbezogen sind, ergeben sich durch die zusätzliche Zeit vielfältige Möglichkeiten der sprachlichen Verarbeitung (siehe Materialien 2).

Lernprozessorientierung

Wenn man über mehrere Wochen mindestens zwei Stunden pro Tag am gleichen Thema arbeitet, bieten sich mehr und wesentlich bessere Möglichkeiten, die Prozesse des Lernens angemessen zu arrangieren. Wenn nur jeweils eine Stunde Zeit ist und das Thema gerade wieder verlassen werden muss, sind die Optionen für Lehr-Lern-Formen eingeschränkt: Frontaler Unterricht plus etwas selbstständige Arbeit oder eine kleine Gruppenarbeit mit kurzer Präsentation werden oft zum permanent wiederholten Normalfall. Elaboriertere Lehr-Lern-Arrangements sind kaum möglich. Anders beim Lernen in Epochen: Entdecken lassen macht jetzt Sinn, weil genügend Zeit da ist. Ein Projekt ist durchführbar. Für selbstständiges Festhalten von Arbeitsergebnissen kann Raum geschaffen werden – speziell auch deshalb, weil in Epochen unterrichten immer auch exemplarisch lernen bedeutet. In Epochen unterrichten wird so zu einer idealen Voraussetzung für die Lehr-Lern-Formen des 4. Kapitels.

Beziehung

Wenn in Epochen unterrichtet wird, kann die Beziehung zwischen Lehrenden und Lernenden verbindlicher gestaltet werden. Man sieht sich in längeren Zeitintervallen und immer wieder. Beide Seiten können an einer Sache – sei das nun auf der Inhalts- oder auf der Beziehungsebene – dranbleiben: Was ich gerade gesagt habe, erlangt Bedeutung, weil ich schon in der nächsten Stunde und immer wieder darauf zurückkommen kann. Ein Feedback kann durch ein nächstes ergänzt werden, an das sich alle Beteiligten noch erinnern; ein nicht unterbrochenes Hin und Her wird möglich. Die primäre Bedeutung der Beziehung zwischen Lehrenden und Lernenden, welche in neueren Publikationen wieder zunehmend hervorgehoben wird (vgl. z.B. Frick 2006), erfährt durch das Unterrichten in Epochen eine notwendige schulorganisatorische Basis. Die Chance erhöht sich, dass die Lehrperson zu einer biografischen Bezugsperson von Schülerinnen und Schülern wird.

Wie Epochen planen – Verbindung zum Planungsinstrument

Der Lehrplan unterstützt Epochen

Zuerst muss festgehalten werden, dass in Epochen zu unterrichten Lehrplan-konform ist. Der Lehrplan gibt vor, dass die Lehrerinnen und Lehrer grundsätzlich nach dem Stundenplan unterrichten und dass im Stundenplan die Unterrichtsbereiche eingetragen sind. In der Folge heisst es aber ergänzend:
«Dabei ist es ihnen freigestellt:
- die einzelnen Fächer in einem wöchentlichen regelmässigen Turnus zu erteilen [...],
- einzelne Fächer abwechslungsweise zu Blöcken zu gruppieren,
- Unterrichtsprojekte durchzuführen.» (Bildungsdirektion des Kantons ZH 2008, S. 17)
Dieser Passus des Lehrplans ist wichtig, weil er dazu herangezogen werden muss, um gegenüber den Schülerinnen und Schülern, der Schulleitung und vor allem auch gegenüber den Eltern das Unterrichten in Epochen zu legitimieren.

Epochenzeiten im Stundenplan und Eltern-information

Das von den Waldorfschulen durchgehaltene Prinzip, die ersten beiden Stunden morgens für die Epochen zu reservieren, ist sicher eine gute Lösung, in der öffentlichen Schule aber rein stundenplantechnisch kaum durchhaltbar (Einbezug von Fachlehrpersonen, Belegung von Spezialräumen etc.). Ebenfalls als günstig kann es sich erweisen, Nachmittagsstunden für Epochen zu reservieren; dadurch erhält man die Möglichkeit von Exkursionen und Aktivitäten, die ausserhalb des Klassenzimmers stattfinden. Epochen müssen nicht im Stundenplan eingetragen sein, aber es ist unerlässlich, nicht nur die Schülerinnen und Schüler, sondern auch die Eltern über die zeitliche Ansetzung der Epochen zu informieren. Zudem braucht es präzise und verbindliche Absprachen mit Kolleginnen und Kollegen.

Das «Planungsinstrument» als Hilfe für die Vorberei-tung der Epochen

Da Unterricht in Epochen keine Methode ist, sondern eine Organisationsform, die sich dem Unterricht idealerweise von den Inhalten her annähert, welche vermittelt werden sollen, erlangt das Planungsinstrument (vgl. Zumsteg et al. 2009, Anhang) grössere Relevanz. Das gilt zuerst einmal für die Felder «Klären» und «Entscheiden»: Wenn man bedenkt, dass für eine Epoche oder einen Block durchschnittlich etwa 30 Schulstunden eingesetzt werden, wird die Frage nach Sinn und Bedeutung der behandelten Themen ganz zentral und ein gründliches Nachdenken über Lernziele unverzichtbar. Insgesamt liegt es dabei nahe, auf didaktische Ansätze zu rekurrieren, die der Themenwahl grosse Bedeutung beimessen (z.B. Kritisch-konstruktive Didaktik, Kp. 2/Dialogisches Lernen, Kp. 4.4).

Dann rückt aber auch das Feld «Evaluation» in den Blick, weil vielschichtigere Unterrichtsevaluationen (z.B. Epochenhefte, Projektprodukte, Präsentationen etc.) ins Auge gefasst werden können als die beim herkömmlichen Unterricht üblichen summativen Überprüfungen. Schliesslich können «Lehr-Lern-Arrangements» gewählt werden, die in einzelnen Lektionen wenig Sinn machen (z.B. Projekte, Dialogisches Lernen, entdeckendes Lernen etc.) und dort eher pro forma stattfinden. All diese Planungsschritte wiederum setzen eine Klärung der Bedingungen auf Schüler- und Klassenebene voraus.

Welche Rolle hat die Lehrperson im Epochen-unterricht?

Epochen sprechen für schülerorientierte Lehr-Lern-Settings ...

Die Diskussion der vergangenen Jahre um eine wissenschaftliche Grundlegung der Lehrer-Profession hat nicht zuletzt dazu geführt, dass auch die Wirksamkeit didaktischer Settings genauer erforscht wurde. (vgl. Isler 2011, S. 37f.) Einer der wichtigsten Befunde, der durch verschiedenste Untersuchungen und Metaanalysen erhärtet ist, besagt, dass lehrerorientierte, traditionelle, frontale, instruktive Formen auf der einen Seite und schülerorientierte, reformdidaktisch inspirierte, offenere, nicht instruktive Formen auf der anderen Seite mehr oder weniger die gleichen Erfolge in den *Schulleistungen* erzielen. Das ist von grösster Bedeutung, weil gleichzeitig empirisch erhärtet wurde, dass die schülerorientierten Settings im Bereich *überfachlicher Kompetenzen* Vorteile haben. Elemente einer neuen Lehr-Lern-Kultur werden dadurch fast zwingend – und ideal realisieren lassen sich solche Elemente mit Epochen: selbstreguliert und entdeckend lernen, projektartig und prozessorientiert lernen, dialogisch und kooperativ lernen – all das ist ohne die spezielle Organisationsform der Epoche eher schwierig.

… und sind eine Absage an die Lehrpersonen als «Lektionengeber»

Die angesprochenen schülerorientierten Settings machen eine neue Deutung der Lehrerrolle nötig. Lehrerinnen und Lehrer handeln beim Unterrichten in Epochen nicht mehr «vor allem als Loswerder von Lehrstoff, sondern als Lerngerüste, Lernberater und Coachs – als kognitive Lehrmeister ihrer Schüler …», und sie spielen «eine zentrale Rolle bei der Ausbildung beweglicher Wissensstrukturen sowie der Lern- und Denkfähigkeiten der Lernenden» (Reusser 1999, S. 13). Sie sind also nicht nur Lektionengeber, sondern Gestalter von Lernumgebungen. Sie arrangieren Situationen, in denen Lernende sich Inhalte in kooperativen Formen und in eigener Aktivität aneignen. Dieser Prozess wiederum erfordert Begleitung. Insgesamt erweitert sich die Lehrerrolle in Richtung Arrangeur, Moderator, kognitives Verhaltensmodell, Lernberater und Coach.

Chancen und Grenzen von Unterricht in Epochen

Geringe Verbreitung und kaum empirische Untersuchungen

Die Chancen von Epochen sind in den bisherigen Ausführungen bereits ausführlich zur Sprache gekommen. Die Grenzen dagegen sind etwas schwieriger auszuloten: Der Lernerfolg bei Unterricht in Epochen wurde bisher empirisch kaum untersucht, und er ist trotz der hier erwähnten «Versprechungen» noch wenig verbreitet. In den USA gibt es zwar seit den 1990er-Jahren in einzelnen Bundesstaaten einen gewissen Schub; so stieg die Zahl der Schulen, die «block-scheduling» praktizieren, in den 1990er-Jahren in North Carolina von 2 auf 65 Prozent. (vgl. Grebe-Ellis 2009, S. 32) Im deutschsprachigen Raum dagegen sind Epochen ausserhalb des Waldorflagers kaum realisiert.

Die wenigen Untersuchungen über Waldorfschulen (vgl. Ulrich 2011, S. 234ff.) betreffen meistens deren pädagogisches Gesamtkonzept und beziehen sich nur partiell auf den Epochenunterricht. Zudem zeigt sich kein einheitliches Bild. Die Absolventinnen und Absolventen der Waldorfschulen haben zwar viermal häufiger einen Hochschulabschluss als der Gesamtdurchschnitt der Bevölkerung – was sich aber allein schon durch den Status der Eltern erklären lässt. Gleichzeitig schneiden die Waldorfschüler in Querschnitttests eher schlechter ab als der Durchschnitt ihrer Altersgenossen, speziell in Mathematik liegen sie klar unter dem Durchschnitt.

Epochen für Muttersprache und MU – weniger für Mathematik und Fremdsprachen

Am ehesten lassen die Untersuchungen den Schluss zu, dass Epochen für den Mathematikunterricht nicht unbedingt zielführend sind. Auch bezüglich des Fremdsprachunterrichts sind gewisse Zweifel berechtigt. Für den Unterricht in der Muttersprache dagegen ergeben sich kaum Einwände, weil die Muttersprache in allen Epochen das Verständigungsmedium bleibt und gerade durch die sprachliche Sicherung von Arbeitsresultaten immer involviert ist. In verschiedenen Blogs zu Waldorfschulen spiegelt sich dieser Befund. So schreibt ein Absolvent: «Mir persönlich ging es so, dass ich Inhalte wie Deutsch, Geschichte, Sozialkunde und Geografie in Epochen-Dosierung sehr passend dargeboten fand, während ich mir gerade in […] Mathematik stärkeres kontinuierliches Üben gewünscht hätte.» (http://waldorfblog.wordpress.com/2009/10/, Zugriff 6.12.2010) Auch die bisher einzige ernsthafte Abgängeruntersuchung über Waldorfschulen (vgl. Barz/Randoll 2007, S. 285f.) stellt gelegentliche Kritik an der mangelnden Kontinuität der Lernprozesse fest, kommt aber insgesamt zu einer positiven Bilanz bezüglich Lernerfolg und Motivation im Epochenunterricht.

Auch an Sekundarschulen realisierbar

Schliesslich bleibt der Einwand vieler Sekundarlehrpersonen an öffentlichen Schulen, dass Unterricht in Epochen kaum organisierbar sei, weil die Zwänge des Stundenplans zu gross wären. Dagegen lässt sich nur argumentieren, dass gut funktionierende Teams, speziell auch Jahrgangsteams, immer Wege finden, ihre pädagogischen Ziele realisieren zu können. Auf jeden Fall stellen die institutionellen Voraussetzungen und Zwänge kein unüberwindliches Hindernis dar, wenn ein Team vom Nutzen der Epochen überzeugt ist.

Literatur

Barz, H., Randoll, D. (Hrsg.) (2007): Absolventen von Waldorfschulen. Eine empirische Studie zu Bildung und Lebensgestaltung. Wiesbaden: VS Verlag.

Bildungsdirektion des Kantons Zürich (2008) (Hrsg.): Lehrplan für die Volksschule des Kantons Zürich. Zürich: Lehrmittelverlag des Kantons Zürich.

Frick, J. (2006): Die Kraft der Ermutigung. Grundlagen und Beispiele zur Hilfe und Selbsthilfe. Bern: Huber.

Grebe-Ellis, J. (2009): Zeit und Lernen. Epochenunterricht – eine Recherche. In: Erziehungskunst (Waldorfpädagogik heute) 10/2009.

Isler, R. (2011): Verborgene Wurzeln aktueller Lehrer-Bilder. In: Berner, H./Isler, R. (Hrsg.): Lehrer-Identität – Lehrer-Rolle – Lehrer-Handeln. Professionswissen für Lehrerinnen und Lehrer Bd. 8. Hohengehren: Schneider.

Kamm, H. (2000): Epochenunterricht. Grundlagen – Modelle – Praxisberichte. Bad Heilbrunn: Julius Klinkhardt.

Reusser, K. (1999): «Und sie bewegt sich doch» – Aber man behalte die Richtung im Auge! In: die neue schulpraxis, Themenheft 1999, S. 11–15.

Ulrich, H. (2011): Rudolf Steiner. Leben und Lehre. München: C. H. Beck.

Zumsteg, B. et al. (2009): Unterricht kompetent planen. Zürich: Pestalozzianum.

Die folgenden Textpassagen stammen aus dem Standardwerk zum Epochenunterricht von Helmut Kamm. Der erste Teiltext postuliert, dass die Schule den
stündlichen Wechsel von Fächern aus pädagogischen und didaktischen Gründen
überwinden sollte. Der zweite Teiltext deutet an, dass es aus organisatorischen
Gründen im Kindergarten und in der Primarschule einfacher ist, in Epochen zu
unterrichten, und dass es wegen des Fachlehrersystems kompliziertere Orga-
nisationsformen braucht, wenn an Sekundarschulen in Epochen unterrichtet
wird.

1 In Epochen unterrichten heisst die Schule von innen reformieren

Lassen Sie sich beim Lesen dieses ersten Teiltextes Ihre eigene Schulzeit durch den
Kopf gehen. Wägen Sie die Vorteile und Nachteile ab, die der permanente Wechsel von Fächern hat, und versuchen Sie, sich eine Argumentation zurechtzulegen,
wie Sie gegenüber Eltern einen Unterricht in Epochen vertreten würden.

Epoche als Alternative zum «Häppchen»-Unterricht

❬ Betrachtet man allein den Ablauf eines typischen Schulalltages, den sechs- bis
achtfachen Wechsel von Fächern […], wird sich der traditionelle Stundenplan
schwerlich als der (Schul-)Weisheit letzter Schluss bezeichnen lassen. Die daraus
resultierende Mixtur aus Themen- und Inhaltsfragmenten unterschiedlichster
Wissensgebiete, der ständige Zeitdruck auf Lehrer und Schüler, der allzu oft zum
Abbruch von Unterrichtsprozessen und damit zu unvollständigen Lernsequenzen
führt, lassen die übliche Unterrichtsorganisation (milde gesagt) in einem frag-
würdigen Licht erscheinen.

Berücksichtigt man ferner den in den letzten Jahrzehnten vollzogenen Er-
kenntnis- und Bewusstseinswandel im Hinblick auf einen schülergerechten Unterricht, der die Eigenaktivität des Individuums in das Zentrum von Lernvorgän-
gen rückt und folglich nach Formen offenen Unterrichts verlangt, so muss das
starre Zeitraster des Stundenplans schon fast antiquiert erscheinen. Hinzu kommen neue Aufgaben und Anforderungen an die Schule, die im Rahmen des
‹Häppchen›-Unterrichts kaum bewältigt werden können. An erster Stelle sei hier
auf sozialerzieherische Probleme verwiesen, die, insbesondere durch einen tief-
greifenden Strukturwandel der Familie und die Mediatisierung unserer Lebenswelt bedingt, die Erziehungsfunktion der Schule mehr denn je zuvor herausfordern. Ferner besteht die Notwendigkeit, Fächergrenzen zu sprengen und zu
Formen fächerübergreifenden Unterrichts zu gelangen. In der Hektik des 45-Mi-
nuten-Taktes können sich weder förderliche Sozialkontakte zwischen Lehrer und
Schüler und innerhalb von Schülergruppen entfalten, noch lässt es der kurzatmi-
ge Unterrichtstakt zu, Querverbindungen zwischen Fächern herzustellen.

Kurz: Wir brauchen dringend einen anderen Stundenplan, der sich primär an
den pädagogischen und didaktischen Zielen von Schule in unserer Zeit ausrichtet
und nicht etwa an administrativen und/oder organisatorischen Zwecksetzungen.
Der Epochenunterricht stellt eine wesentliche Komponente einer solchen päda-

gogisch fundierten Unterrichtsorganisation dar. Es handelt sich [...] um eine weitgehend ungenutzte Ressource zur Erneuerung und Weiterentwicklung schulischen Lehrens und Lernens und damit zur inneren Reform der Schule. ❯

Auszug aus: Kamm, H. (2000): Epochenunterricht. Bad Heilbrunn: Julius Klinkhardt, S. 9f.

2 Organisationsmodelle des Epochenunterrichts

Überlegen Sie sich am Beispiel einer ausgewählten Schule, welche Modelle von Epochenunterricht möglich wären, welche Absprachen und Stundenplananpassungen nötig würden und welche Fächerkombinationen sich für einen fächerübergreifenden Epochenunterricht eignen würden. Diskutieren Sie bei Gelegenheit mit Lehrpersonen dieser Schule über die Praktizierbarkeit von Epochenunterricht.

Single-Modell

❮ Am einfachsten lässt sich Epochenunterricht praktizieren, [wenn] mehrere Fächer in der Hand eines Klassenlehrers [liegen]. Anstatt diese Fächer in jeder Woche zu erteilen, kann er in freier Entscheidung die Fachstunden poolen und jeweils ein Fach über den Zeitraum von zwei oder mehr Wochen mit entsprechend erhöhter Stundenzahl unterrichten. Im Interesse eines konzentrierten, ausdauernden, schüleraktiven Arbeitens sollte der Unterricht in Form von Blockstunden [Doppellektionen] durchgeführt werden. [...]

Dieses Epochalisierungsmodell benötigt nahezu keine Absprachen im Kollegium oder sonstigen organisatorischen Aufwand, da es ausschliesslich der Entscheidungsfreiheit der einzelnen Lehrperson unterliegt. Dadurch besteht auch in der Planung und Durchführung der Epoche ein hohes Mass an Flexibilität. So ist es beispielsweise möglich, den Epochenunterricht nur mit einzelnen Fächern zu beginnen und die Dauer von Epochen nach dem Fortgang des Unterrichtsprozesses, also nach pädagogisch-didaktischen Gesichtspunkten, auszurichten statt nach starren Zeitplänen. ❯

Fachlehrer-Modell – minimale Epochalisierung

❮ Führen Fachlehrer epochalisierten Unterricht durch, bedarf es fixer Zeitpläne für die Abfolge der Epochenfächer. [...]

Epochenunterricht ist im Fachlehrersystem auf relativ einfache Weise realisierbar, wenn man zwei Lehrer mit unterschiedlichen fachlichen Schwerpunkten in den gleichen Klassen einsetzt (Parallelklassen oder verschiedene Altersstufen, wie im Beispiel unten) und die Stunden parallel legt. Tauschen die beiden ihre Stunden aus, kann der Unterricht in Form von Doppelstunden epochalisiert werden [hier würde man besser sagen: zu Blöcken zusammengefasst werden]. Die Fächer sollten im Stundenplan möglichst aufeinanderfolgen, um die Blockstunden bilden zu können. ❯

		Traditioneller Stundenplan						→ Stundentausch-Modell (Blöcke, 14-tägiger oder mehrwöchiger Wechsel)						
		Mo		Di	Mi	Do		Fr	Mo		Di	Mi	Do		Fr
	Klasse	6a	7b			6a	7b		6a	7b			6a	7b	
Stunden															
1															
2		Bio L 1	Ges L 2			Ges L 2	Bio L 1		Bio L 1	Ges L 2			Bio L 1	Ges L 2	
3		Ges L 2	Bio L 1			Bio L 1	Ges L 2		Bio L 1	Ges L 2			Bio L 1	Ges L 2	
4															

Tabelle nach Kamm, S. 91, Bio = Biologie (MU), Ges = Geschichte (MU), L 1/2 = Lehrkraft 1/2

Fachlehrer-Modell – echte umfassende Epochalisierung

Montag	Dienstag	Mittwoch	Donnerstag	Freitag
Epoche	Epoche	Mathematik	Epoche	Sport
Epoche	Epoche	Mathematik	Epoche	Sport
Sport	Mathematik	Englisch	Musik	Englisch
Englisch	Englisch	Epoche	Religion & Kulturen	Religion & Kulturen
Mathematik	MU (Bio)	Epoche	Englisch	Bildnerisches Gestalten
Mittagspause				
Werken	Englisch		Mathematik	
Werken	MU (Physik)		Epoche	
	MU (Physik)		Epoche	

Stundenplan einer 6. Klasse in Deutschland – in die Epoche sind Deutsch, Geschichte und Geografie integriert, die Epoche dauert einige Wochen, und es können ein, zwei oder drei Lehrkräfte an der Epoche beteiligt sein. Die Epochenzeiten bestehen immer aus zweistündigen Blöcken. (In der Schweiz ist die Fächerverteilung meist etwas anders, aber das Prinzip lässt sich einfach übertragen.)

Auszug aus: Kamm, H. (2000): Epochenunterricht. Bad Heilbrunn: Julius Klinkhardt, S. 88/90f./149.

Kommentierte Literaturhinweise

Kamm, Helmut

Epochenunterricht. Grundlagen – Modelle – Praxisberichte. Bad Heilbrunn: Julius Klinkhardt. (2000)
Das Buch von Helmut Kamm gibt einen hervorragenden Überblick über Grundfragen, Modelle und Planung von Epochenunterricht. Praxisberichte vermitteln Anregungen für die konkrete schulische Umsetzung. Da das Buch entlang den institutionellen Gegebenheiten von Deutschland geschrieben ist, braucht es eine Adaption an Schweizer Verhältnisse, die aber während der Lektüre problemlos geleistet werden kann (betrifft insbesondere die Stundentafeln und das Fachlehrersystem).

Ulrich, Heiner

Rudolf Steiner. Leben und Lehre. München: C. H. Beck. (2011)
Die Publikation von Heiner Ulrich über Steiner und seine Lehre hebt sich von der bekannten Polarisierung zwischen unkritischen Steiner-Biografien und «Kritikerliteratur» ab. Ulrich gibt einen umfassenden, immanent stimmigen Überblick über die Waldorfpädagogik und ordnet den Epochenunterricht in den Gesamtzusammenhang von Steiners anthroposophisch basierter Pädagogik ein. Die Publikation eignet sich für interessierte Lehrerinnen und Lehrer, weil neben einer korrekten Einführung auch in angemessener Breite ein kritischer Blick auf die «Wirklichkeit und Wirkung der Waldorfpädagogik» (S. 230ff.) geworfen wird.

Klafki, Wolfgang

Neue Studien zur Bildungstheorie und Didaktik: Zeitgemässe Allgemeinbildung und kritisch-konstruktive Didaktik. Weinheim: Beltz, 6., neu ausgestaltete Auflage (2007)
Diese Publikation von Klafki wurde schon im Kapitel «Inhalte auswählen» (siehe Kapitel 2) als weiterführende Literatur erwähnt. Im Zusammenhang mit «In Epochen unterrichten» sind es im engeren Sinn die Fragen nach der Gegenwartsbedeutung, der Zukunftsbedeutung und nach der exemplarischen Bedeutung eines Inhaltes. Epochenunterricht rechtfertigt sich kaum, wenn er nicht die epochalen Schlüsselthemen (Klafki) aufgreift; um diese zu bestimmen, ist eine Auseinandersetzung mit den Teilen von Klafkis Publikation hilfreich, in denen die Grundfragen seines Perspektivenschemas erläutert werden. Insbesondere schafft das Buch auch eine gute Grundlage für die Bearbeitung des Planungsinstrumentes, welches für die Epochenplanung zentral ist (siehe Anhang).

Schedler, Marlis/
Roth, Franz

Ein hervorragend dokumentierter Versuch von Blockunterricht
Auf der Website: http://imst.uni-klu.ac.at/materialien/2006/312_Langfassung_Schedler.pdf (Zugriff 9.12.2010) kann eine pdf-Datei mit dem Titel «Epochenunterricht. Ein Versuch, fächerübergreifend und offen zu unterrichten» von Marlis Schedler und Franz Roth heruntergeladen werden. In diesem Text wird genau dokumentiert, wie eine Schule für die fünften bis achten Klassen Epochenunterricht einführt. Voraussetzungen, Planung, Durchführung und eine empirische Evaluation bilden den Hauptteil des Berichts. Am Ende sind zudem vielfältige Originaldokumente über Planung, Sicherung von Arbeitsresultaten in Heften, Beurteilung der Schülerinnen und Schüler etc. angefügt. Das Studium des Textes lohnt sich auch für Studierende, die sich nicht für diese Stufen ausbilden lassen, weil fast alle Erkenntnisse verallgemeinert werden können.

Wagenschein, Martin

Verstehen lehren: Genetisch – Sokratisch – Exemplarisch. Weinheim: Beltz. (1999)
Das Buch enthält eine Sammlung von Aufsätzen von Martin Wagenschein. Sie behandeln Fragen aus dem Physikunterricht und lassen in ihrer Gesamtheit sein pädagogisch-didaktisches Konzept erkennen. Wagenschein postuliert, dass schnelles Abarbeiten von grossen Stoffmengen zu Halbwissen führt. Um das zu verhindern, ist es wichtig, sich zu beschränken und sich von Grund auf mit beispielhaften Problemen eines Faches zu befassen und dabei sowohl dem Gespräch, der Anschauung und der Erfahrung Raum zu geben. Dieser Ansatz ist für das Lernen in Epochen von Bedeutung, weil hier die Zeit und die Konzentration für solche Lernprozesse gegeben sind. Wagenschein erklärt in seiner Publikation auch, dass man durch die konzentrierte, längere und exemplarische Behandlung von Fragen wie «Warum ändert der Mond seine Form?» nicht Zeit verliert. Es ist auch nicht so, dass man wichtige Inhalte des Faches nicht kennenlernt, denn je tiefer man sich eindringlich und inständig in die Klärung eines geeigneten Einzelproblems eines Faches versenkt, so Wagenschein, desto mehr gewinnt man von selbst das Ganze des Faches.

GELB

Licht-Gelb

Zitronen-Gelb

Sand-Gelb

Smilegelb

Maissgelb

Sonnen-Gelb

Käsegelb

Gold-Gelb

Regenbogengelb

Bananengelb

Leucht-Gelb

1 Fächerübergreifende, fünfwöchige Epoche in einer 6. Klasse

Beispiel einer fächerübergreifenden/fächerverbindenden Epoche in der 6. Klasse. Einbezogen sind Deutsch, Bildnerisches Gestalten und Geschichte (MU). Die Epoche dauert 5 Wochen. Beachten Sie ein interessantes Detail: In Deutsch werden in der dritten Woche Orthografie- und Grammatikfragen, also Elemente eines kursorischen Unterrichts, eingebaut.

Woche	Geschichte (MU)	Deutsch	Bildnerisches Gestalten
1	Erste Begegnung mit der Geschichte. Was war früher? Zeitleisten. Familienvergangenheit.	Lesen: Rätsel aus «Momo» von M. Ende. Lebensuhr: Von der Entstehung der Erde bis heute. Sprechen und Schreiben: Familienvergangenheit.	Uhr aus Ton formen.
2	Frühe Spuren menschlichen Lebens: Entwicklung des Menschen. Eiszeiten, Warmzeiten.	Lesen: «Rokal, der Steinzeitjäger» von G. Larsson. (Ganzen Text lesen)	Steinzeitliche Höhlenbilder.
3	Leben in der Steinzeit: Leben in der Horde. Menschen sind Sammler und Jäger. Höhlenmalereien. Besuch eines Pfahlbaumuseums.	Lesen: «Rokal». Rechtschreibung: Doppelkonsonanten. Verben Grundform, Präsens und Imperfekt. Bericht über den Besuch schreiben.	Steinzeitliche Höhlenmalerei auf Sandgrund (in Gruppen).
4	Von der Altsteinzeit zur Jungsteinzeit. Menschen werden sesshaft. Ackerbau und Viehzucht. Erfindungen der Jungsteinzeit.	Text als Zusammenfassung schreiben. Texte zur Jungsteinzeit lesen. Körner mit Steinen mahlen, aus Mehl Brote formen und backen. Vorgang beschreiben.	Bauzaunbemalung an einem lokalen Gebäude, nach Keith Haring (amerikanischer Graffiti-Künstler) entworfen.
5	Leben im Jungsteinzeitdorf: Handwerksberufe entstehen.	Arbeitsblätter mit Texten. Inhaltsangabe zum Epochenbuch schreiben. Epochenbuch herstellen. Test.	Bauzaun bemalen.

Abbildung 13: Fächerübergreifende Epoche

2 Jahresplanung Kindergarten und 2. Klasse / Epochenhefte

Versuchen Sie mithilfe des Lehrplans des Kindergartens resp. der Unterstufe vier dreiwöchige Epochen grob zu planen und auf ein Jahr zu verteilen. Die Epochen sollen MU-Inhalte und Sprachinhalte verbinden und zudem zu den Jahreszeiten passen. Vergleichen Sie Ihre Resultate miteinander, und besuchen Sie Internetseiten, die Ihnen weitere Informationen dazu geben.

Auf der untenstehenden Website finden sich 14 Beispiele von Epochenheften. Die Epochenhefte dokumentieren Themen wie «Griechenland», «Vater Rhein» oder «Feuer». Manche decken ganz einfach einen Aspekt des Lehrplans ab und sind mit «Geschichte» oder «Pflanzenkunde» überschrieben. Allen gemeinsam ist, dass sie ausgesprochen kreativ geführt werden. Kunstvolle Zeichnungen werden von selbst verfassten Texten abgelöst, die wiederum durch Skizzen ergänzt sind. Wer ins Auge fasst, in seiner Klasse die Arbeitsresultate im Sinn von Epochenheften festzuhalten, sollte einen Blick auf die Website der Waldorfschule Hamburg werfen und sich von den vielfältigen Beispielen inspirieren lassen: http://waldorfschulen-hamburg.de/page0_rb22.html (Zugriff 4.08.2011).

Sollen die Texte im Epochenheft bis in die 8. Klasse von der Lehrperson diktiert werden? Was meinen Sie zur Auffassung eines Steiner-Pädagogen?
«Gibt es also keinerlei Lehrbücher? Doch – aber die Schüler fertigen sie selber an. In den sogenannten Epochenheften sammeln sie den Extrakt einer Unterrichtsperiode. Die Texte werden bis zur 8. Klasse in der Regel vom Lehrer diktiert oder in der Klasse gemeinsam erarbeitet. Die Illustrationen sind ganz das Werk der Kinder, höchstens dass der Lehrer Skizzen und Motive an der Tafel andeutet. Erste zusätzliche Eigenbeiträge im Epochenheft bereiten die Unterrichtsprotokolle und in zunehmendem Masse selbstständig formulierte Texte der Epochenhefte der Oberstufe vor. Einen Text klar, verständlich und knapp abzufassen, ist eine äusserst wichtige Übung. Aber auch Zitate und wesentliche Literaturstellen hinzuzufügen, ist dann für den Jugendlichen eine für sein ganzes Leben wichtige Fähigkeit. Manche Schüler der Oberstufe ziehen es vor, mit Hilfe von guten Lehrbüchern und geeigneten wissenschaftlichen Werken in ganz individueller Weise die Texte ihrer Epochenhefte zu schreiben.» (Carlgren, Frans [2009]: Erziehung zur Freiheit. Die Pädagogik Rudolf Steiners. Stuttgart: Verlag Freies Geistesleben [10. Auflage], S. 93).

3 Nicht anders als beim «normalen» Unterricht: aus einer Epoche Formenzeichnen (Kindergarten/Grundstufe)

Grundlegende Formen in Farben, die auf das Schreiben vorbereiten, werden heute in ähnlicher Form fast überall geübt. Die Beispiele zeigen nichts Besonderes und machen dadurch klar, dass Epochenunterricht eine Organisationsform der Konzentration ist – und keine Methode. Rückblickend meinte die Zeichnerin: «Ich war schon auf dem Schulweg in guter Stimmung, weil ich wusste, dass wir wie jeden Tag zuerst zwei Stunden lang Formen in unser grosses Heft malen durften.»

Abbildung 14: Anonym

4 Planung und Durchführung von Epochenunterricht

Die folgenden Textauszüge beleuchten die wichtigsten Aspekte der Grobplanung (Makroplanung) und Feinplanung (Mikroplanung) beim Unterrichten in Epochen. In ihrer Gesamtheit ergeben sie eine Checkliste für die Vorbereitung von Epochen. Die Hinweise bewegen sich auf einer allgemeinen, halbkonkreten Ebene und müssen auf die jeweilige Stufe (Kindergarten, Primarstufe, Sekundarstufe) und auf die spezifischen Gegebenheiten einer Schule angepasst werden.

❰ Makroplanung: Zeitplanung – Jahresplan

«Wie beim fachlich gegliederten Unterricht muss auch beim Epochenunterricht ein Jahresplan erstellt werden, der die Epochenthemen auf die Schulwochen verteilt. Im Unterschied zum üblichen Unterricht, bei dem durch die Vorgaben der Stundentafel von vornherein feststeht, wie viele Stunden in den einzelnen Fächern pro Woche zu halten sind, stellt sich aber beim Epochenunterricht im Rahmen der Jahresplanung zunächst ein rechnerisches Problem: Die Wochenstunden der an der Epochalisierung beteiligten Fächer müssen dergestalt in adäquate Epochenzeiten umgerechnet werden, dass jedes Fach im Verlauf des Schuljahres auf die ihm zustehende Stundenzahl kommt.» [siehe Stundentafeln im Lehrplan unter «Rahmenbedingungen», S. 14ff.]

Makroplanung: Epochenthemen

«Neben den zeitlichen Dispositionen sind es vor allem fachlich-inhaltliche Fragen, die im Rahmen der Jahresplanung geklärt werden müssen. Im Vordergrund steht dabei nicht so sehr, das Stoffquantum passgenau zu bemessen, als vielmehr ein qualitativer Gesichtspunkt. Der Epochenunterricht hat nämlich nicht die reproduktive Aufnahme von Kenntnissen zum Ziel, sondern ihm geht es vorrangig um die Vermittlung struktureller Einsichten. Demgemäss sollten Epochenthemen so beschaffen sein, dass sie sich auf einen überschaubaren Problem- und Sachzusammenhang beziehen, der sich eignet, allgemeine Erkenntnisse zu gewinnen.»

Makroplanung: exemplarisches Lehren und Lernen

«Wagenscheins Feststellung, exemplarischer Unterricht sei mit dem Hackwerk der 45-Minuten-Portionen unverträglich und strebe nach dem Epochenunterricht (Wagenschein 1965), lässt den Umkehrschluss zu, dass der Epochenunterricht für exemplarisches Lehren und Lernen besonders geeignet ist. Bedenkt man nur die zeitliche Verdichtung von Inhalten, so sind allein schon damit günstigere Lernbedingungen geschaffen, um dem Schüler Einblicke in Problemzusammenhänge und Gesetzmässigkeiten zu vermitteln, als bei Zerteilung des Stoffes in Einzelstunden, die sich über einen langen Zeitraum hinziehen.» […]

Mikroplanung: viel Zeit für die Planung der gesamten Epoche einsetzen – wenig Zeit für die einzelnen Teile

«Zerstückelter Unterricht provoziert zerstückelte Vorbereitung (bei der wesentliche Ziele an Schärfe verlieren oder gar aus dem Blick geraten können), verdichteter Unterricht verlangt nach Planung aus einem Guss. Die eigentliche Vorbereitungszeit besteht beim Epochenunterricht darin, ein Gesamtkonzept für die Epoche zu entwickeln. Der Aufwand für die Gestaltung der Stundenblöcke tritt dagegen zurück, da die didaktische Analyse im Wesentlichen abgeschlossen ist und möglicherweise auch schon Entscheidungen über den Einsatz und die Beschaffung von Medien gefallen sind.»

Mikroplanung: auf Anregungen von Schülerinnen und Schülern reagieren können
«Für die Durchführung des Unterrichts ist die Planung en bloc auch insofern vorteilhaft, als die Lehrperson den gesamten Stoffkomplex parat hat und dadurch in der Lage ist, flexibel auf den Fortgang des Unterrichts oder auf Schülerwünsche und -interessen zu reagieren. Anregungen von Lernenden können z.B. auch in der Weise eingeholt werden, dass ihnen der Arbeitsplan für die Epochen im Sinne eines ‹Advanced organizers› (Ausubel) zugänglich gemacht und mit ihnen immer wieder diskutiert wird (Wo stehen wir? Wie geht es weiter?). Indem sie bis zu einem gewissen Grad Einfluss nehmen auf Unterrichtsinhalt und -verlauf, können sich die Schülerinnen und Schüler leichter damit identifizieren, und sie sind eher bereit, sich mit Aufgaben auseinanderzusetzen.»

Mikroplanung: lehrerzentriertes Vorgehen ungeeignet
«Wie kann man aber Lernende dazu bringen, sich 90 Minuten mit einer Sache intensiv zu befassen? Das in Kurzstunden mit grossem Abstand vorherrschende lehrerzentrierte Vorgehen ist mit Sicherheit in dieser Ausprägung nicht anwendbar, da es die Aufmerksamkeitsspanne von Schülern bei weitem überfordern würde. Aber nicht nur lerntheoretische Gründe schliessen das klassische ‹Beibringen› aus, sondern es ist auch mit wesentlichen pädagogischen Zielen des Epochenunterrichts unvereinbar. Die angestrebte intensive Auseinandersetzung des Schülers mit der Sache lässt sich nämlich nur in einem Unterricht realisieren, der die Eigenaktivität und damit die Selbstbildungskräfte der Kinder und Jugendlichen in den Mittelpunkt stellt.»

Mikroplanung: Lern-Arrangements statt Lehrmethoden
«Die methodische Gestaltung von Epochen muss folglich vom Prinzip des schülerorientierten Unterrichts getragen sein. An die Stelle der vorherrschenden Lehrmethoden müssen Lern-Arrangements treten, die ‹Lernende und potentielle Lerngegenstände in einem didaktischen Spannungsfeld aneinandergeraten … lassen. Lernen heisst dann nicht nur Fertiges übernehmen, sondern Fragen zu stellen, Probleme zu sehen, Lücken zu entdecken, Sinn zu erfassen, Beziehungen zu finden … Sachverhalte zu erforschen› (Keck u.a. 1994, S. 344). Konkretisieren kann sich eine solche Konzeption in Formen handlungsorientierten, praktischen, entdeckenden oder projektbezogenen Lernens.» […]

Mikroplanung: Medieneinsatz – aufwendige Vorbereitungsarbeiten
«Wenn beim Epochenunterricht das schüleraktive Lernen, die eigenständige Erarbeitung von Aufgaben ins Zentrum des Unterrichtsgeschehens rückt, wenn Lern-Arrangements an die Stelle von Lehrmethoden treten, bedarf es geeigneter Medien und Materialien, die den Lehrer als Organisations-, Instruktions-, Motivations- und Kontrollinstanz wirkungsvoll ersetzen können. Die Beschaffung, Zubereitung und Bereitstellung geeigneten Arbeitsmaterials stellt somit einen anspruchsvollen, zeitaufwendigen Teil der Epochenplanung dar. Im Unterschied zum fachlich gegliederten Unterricht, bei dem gleichzeitig für mehrere Fächer Medien beschafft werden müssen, wird die Arbeit beim Epochenunterricht durch die Konzentration auf ein einzelnes Fach aber erleichtert und kann dadurch eher bewältigt werden.» […]

Mikroplanung: Sicherung der Ergebnisse und Stärkung der Schülerinnen und Schüler – Epochenheft oder Epochenmappe

«Neben dem Kommunizieren von Lernprodukten durch Präsentation von Objekten, Plakaten oder Ausstellungsstücken sollten die Produkte auch ihren individuellen Niederschlag in Form eines Epochenheftes oder einer Mappe finden. Jeder Schüler sollte sein ganz persönliches Dokument fertigen, das ihm augenfällig die geleistete Arbeit bestätigen und rückmelden kann. Er wird dabei eine umso grössere Bestärkung und Befriedigung erfahren, je mehr er sich bemüht hat, die Mappe ansprechend zu gestalten. Es ist daher wichtig, den Schülern Anregungen, Hilfen, Kriterien für die Gestaltung der Epochenmappe zu vermitteln. Neben dem sprachlichen Ausdruck (hier kommt die Verklammerung mit Deutsch ins Spiel) und formalen Aspekten kann dabei auch das ästhetische Empfinden und die Kreativität der Schüler gefördert werden. In besonderem Mass achtet die Waldorfschule auf dieses künstlerische Element. Epochenhefte, die sich in dieser Schule jeweils auf ein Thema erstrecken, sind oft zu kleinen Schmuckstücken ausgestaltet.»

Mikroplanung: Kontinuität schaffen

«Im Übrigen erfüllen Epochenmappen auch für den Fortgang des Lernprozesses eine wichtige Funktion, bilden sie doch eine wertvolle Grundlage für die Wiederholung und Festigung des Stoffes, und sie können helfen, bei der nächsten Epoche in diesem Fach in thematischer Hinsicht, den Anschluss zu finden. So gesehen stellen Epochenhefte, bedenkt man die Diskontinuität epochalisierten Lernens, eine wichtige Konstante im Auf und Ab von Epoche und Epochenpause dar. Nicht zuletzt deshalb sollte die dauerhafte Sicherung von Arbeitsergebnissen bei der Planung von Epochen sorgfältig geklärt werden.» ❱

Auszüge aus: Kamm, H. (2000): Epochenunterricht. Grundlagen – Modelle – Praxisberichte. Bad Heilbrunn: Julius Klinkhardt. S. 104ff.

Kapitel 4   Formen eigenständigen Lernens

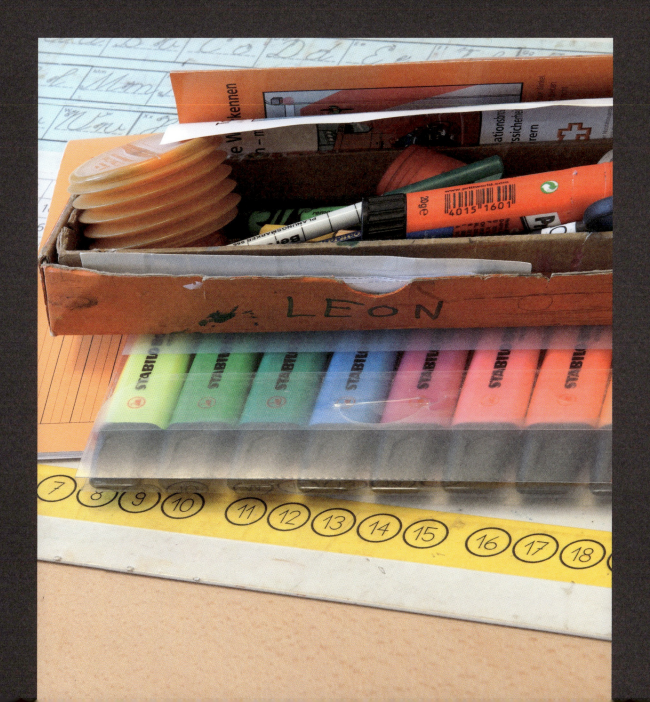

Kapitel 4.1 Werkstatt-Unterricht (Lernstationen)

Im Werkstatt-Unterricht arbeiten die Lernenden an differenzierten Arbeitsaufträgen innerhalb eines Themenrahmens. Im Folgenden werden Grundtypen von Lernwerkstätten vorgestellt, Möglichkeiten der Differenzierung aufgezeigt, die Rollen der Lernenden und Lehrenden geklärt und die Voraussetzungen für die Arbeit im Werkstatt-Unterricht skizziert. Weiter wird dargestellt, wie Lernwerkstätten mit Klassenunterricht kombiniert werden können.

Im Materialienteil finden sich exemplarische Beispiele von Werkstätten (Werkstattpässe und einzelne Posten) für verschiedene Stufen und Fächer.

Basics Seite 99   **Materialien** Seite 107

gross = Werkstatt
klein = Posterarbeit

THOMAS BIRRI

Werkstatt
selbstständiges Arbeiten
personales Lernziel

wie aufbewahrt   Poster aufgestellt   oder in Regal   versorgt

Was ist eine Lernwerkstatt?

Beschreibung

Eine Lernwerkstatt ist ein vielfältiges Angebot verschiedener Lernaufgaben (Lernstationen), die von den Schülerinnen und Schülern – abgesehen von Pflichtaufträgen – frei genutzt werden können.

- Die Aufgaben beziehen sich sachlogisch auf ein bestimmtes Thema, müssen aber nicht in einer bestimmten Reihenfolge gelöst werden.
- Eine Werkstatt ist in der Regel fachübergreifend, muss dies aber nicht zwingend sein.
- Eine Werkstatt ermöglicht Differenzierung von Unterricht, dies natürlich bereits über die Wahlmöglichkeit der Schülerinnen und Schüler. Darüber hinaus bieten die Aufgaben unterschiedliche Zugänge (konkrete Erfahrung über verschiedene Sinne, Text, Bild, Tondokument, ...) und wählbare Verarbeitungs- und Dokumentationsmöglichkeiten (Zeichnung, Text, kommentiertes Foto, Tondokument, ...).
- Die Lehrperson behält die Steuerung, was die Lernziele und das Angebot an Lerninhalten betrifft. Diese Steuerung kann über Pflichtaufgaben verstärkt werden.
- Die Schülerinnen und Schüler entscheiden ...
  ... die Aufgabenreihenfolge, also über ihren Lernweg innerhalb der Werkstatt.
  ... welche Aufgaben sie lösen, welche sie weglassen (Ausnahme: Pflichtposten).
  ... welchen Zugang resp. welche Verarbeitung sie nutzen.
  ... in einem Rahmen, wieviel Zeit sie zur Bearbeitung einer Aufgabe verwenden.

Ziele und Nutzen

Werkstatt-Unterricht ermöglicht die verstärkte Adaption der Lernziele und Lerninhalte an die Möglichkeiten, die Interessen, die Lernpräferenzen und die Lerntempi der Schülerinnen und Schüler. Damit wird Sachlernen wirkungsvoller. Gleichzeitig werden Selbstkompetenzen aufgebaut, indem immer wieder Entscheidungen gefällt und Lernwege selbstständig beschritten werden. Die Autonomieerfahrung über die Wahlmöglichkeiten stärkt die Motivation.

Die Wahl der Posten im beschränkten Angebot fordert ab und zu Einigungsprozesse, ebenso die Erarbeitung und Einhaltung von Arbeitsregeln. Insofern werden auch soziale Kompetenzen gefördert. Eigentliche Kooperation in Gruppen wird rein organisatorisch dadurch erschwert, dass sich die Lernenden auf individuellen Lernwegen durch die Werkstatt befinden. Aufbau von Sozialkompetenz ist insofern kein ausgesprochener Nutzen des Werkstatt-Unterrichts.

Grad der Offenheit

Bezogen auf die Dimensionen der Öffnung von Unterricht (vgl. Kapitel 6) kann Werkstatt-Unterricht folgendermassen situiert werden:

- Organisatorische Offenheit durch das Wählen der Lernaufgaben und den Lernweg innerhalb der Werkstatt.
- Methodische Offenheit durch verschiedene Zugänge und Verarbeitungsformen.
- Beschränkte inhaltliche Offenheit durch die Wahl der Lernaufgaben.

Flexible Öffnung von Unterricht

Werkstatt-Unterricht eignet sich gut für die schrittweise Öffnung von Unterricht, weil die Lehrperson den Grad der Offenheit durch die Gestaltung der Lernanlage vorgängig steuern kann und weil eine Lernwerkstatt gut mit instruierendem Klassenunterricht kombiniert werden kann.

Werkstatt-Grundtypen

Erfahrungswerkstatt

Wie der Name sagt, ermöglicht eine Erfahrungswerkstatt den Lernenden, vielfältige Erfahrungen im Rahmen eines Unterrichtsthemas zu machen. Die Schülerinnen und Schüler können erkunden, wahrnehmen, erleben, Probleme lösen, eventuell bereits Phänomene verstehen oder sie vorerst in ihrem subjektiven Verständnis erklären, Erkenntnisse thematisch vernetzen usw. Wenn immer möglich steht die Direktbegegnung mit dem Lerngegenstand im Vordergrund, so zum Beispiel in Themen von Mensch und Umwelt und Naturwissenschaften. Im Sprachunterricht, in Geschichte, Geografie ... können aber durch Quellentexte, Film- und Tondokumente etc. auch Erfahrungen über mediale Vermittlung ermöglicht werden. Die gemachten, reflektierten und dokumentierten Erfahrungen werden in der Folge im Klassenunterricht zusammengeführt und für die Erarbeitung des Themas nutzbar gemacht.

Erarbeitungswerkstatt

Die didaktisch wohl anspruchsvollste Variante ist die Erarbeitungswerkstatt, in der sich die Schülerinnen und Schüler anhand der Lernaufgaben und des zur Verfügung stehenden Materials selbstständig einen Lerninhalt erarbeiten und damit die Lernziele erreichen. Diese Art von Werkstatt muss so aufbereitet sein, dass die subjektiven Erfahrungen und Erkenntnisse der Lernenden mit der fachlichen Richtigkeit verbunden werden müssen und in der Folge das erarbeitete Wissen nachhaltig verankert wird. Das ist eine schöne Herausforderung an die Lehrperson. Ein hoher Anspruch besteht auch an die Selbstständigkeit und Selbstverantwortung der Lernenden.

Vertiefungs- oder Anwendungswerkstatt

Die Vertiefungswerkstatt ist eigentlich die Umkehrung der Erfahrungswerkstatt. Nach der Vermittlung von Übersichtswissen und/oder der theoretischen Grundlagen können die Schülerinnen und Schüler über konkrete Anwendungen und Umsetzungen Erkenntnisse vertiefen, Probleme lösen, Erfahrungen mit der Theorie in Verbindung bringen, Phänomene aufgrund ihres Wissens erklären, Sachverhalte analysieren etc.

Übungs- oder Trainingswerkstatt

Eine Übungs- oder Trainingswerkstatt ermöglicht es, vermitteltes Wissen zu trainieren, zu automatisieren, auswendig zu lernen. Dazu geeignet sind gewisse Themen in der Mathematik (Reihen lernen, Algorithmen vertiefen) oder im Sprachunterricht (Wörter lernen, grammatische Regeln einüben).

Möglichkeiten der Differenzierung im Werkstatt-Unterricht

Interesse und Motivation

Die Frage der Art und der Breite der Differenzierung ist im Vorbereitungsprozess leitend, weil davon sowohl die Auswahl der Lernaufgaben als auch deren Ausgestaltung abhängen. Die Differenzierung des Angebots ist wichtig, weil damit die Verbindung des Lerngegenstands mit den Lernenden und damit Interesse und Motivation gestärkt werden.

Differenzierung

Möglichkeiten der Differenzierung sind:
- Unterschiedliche Zugänge zum Lerninhalt (vielsinniges Lernen).
- Verschiedene Tätigkeiten und Ausdrucksformen.
- Verschiedene Lernstufen wie erfahren, erkennen, entwickeln, erarbeiten, üben, anwenden, übertragen.
- Unterschiedliche Lernzielniveaus resp. Schwierigkeitsgrade.

Diagnosekompetenz und Lernsteuerung

Der letzte Punkt der Leistungsdifferenzierung stellt hohe Anforderungen an die Lernsteuerung. Es stellt sich die Frage, ob die Lernenden in der Lage sind, den Anforderungsgrad zu erkennen und sich richtig einzuschätzen, resp. ob die Lehrperson über die diagnostische Kompetenz und gleichzeitig über genug Zeit verfügt, die Lernenden unterstützend zu beraten.

Rollen im Werkstatt-Unterricht und deren Voraussetzungen

Rollenverteilung

Schülerinnen und Schüler können nicht einfach so in Werkstätten arbeiten, Lehrpersonen auch nicht. Die Lernenden müssen sich in einem grossen und differenzierten Lernangebot bewegen und sich nützlich entscheiden können. Sie brauchen Selbststeuerungskompetenz und müssen Selbstverantwortung wahrnehmen können. Die Lehrperson steuert in der Vorbereitung die Gestaltung und Strukturierung der Werkstatt. Im Unterricht nimmt sie eine vornehmlich beratende Rolle ein.

Voraussetzungen

Damit diese Rollenverteilung lernwirksam funktioniert, müssen folgende Voraussetzungen vorhanden sein oder geschaffen werden:

Die Lehrperson ...
... ist bereit, einen Teil der Führung an die Lernenden abzugeben und sieht darin eine grosse Lernchance.
... kennt die verschiedenen Lerncharaktere und Leistungsniveaus in der Klasse und kann ein entsprechend differenziertes Lernangebot aufbauen.
... kann ein breites Lernangebot organisieren und Arbeitsanweisungen verfassen.
... kann über die Auswahl und die Gestaltung der Lernaufgaben und durch die Pflichtsteuerung das Erreichen der Sachlernziele gewährleisten.
... kann eine Werkstatt überlegt und begründet in ihren Gesamtunterricht einbauen.

... kann sich während des Werkstatt-Unterrichts zurücknehmen und den Schülerinnen und Schülern beratend zur Seite stehen, ohne «im Weg zu stehen».

Die Schülerinnen und Schüler ...
... sind schriftliche Arbeitssteuerung gewohnt.
... können entlang ihrer eigenen Interessen entscheiden.
... können selbstständig arbeiten und lernen.
... können ihren Lernerfolg mindestens teilweise selber überprüfen, ohne «zu mogeln».
... verfügen über minimale Fähigkeiten der Konfliktlösung.
... können über ihr Lernen nachdenken und Schlüsse ziehen.

Aufbau der Fähigkeiten

Ein Minimum dieser Fähigkeiten muss bereits vor der Arbeit mit Werkstätten über kürzere Selbstlernaufträge oder Vorformen des Werkstatt-Unterrichts aufgebaut sein. Wenn dies fehlt, mündet Werkstatt-Unterricht oft eher ins Chaos: Die Schülerinnen und Schüler lernen nichts. Die Lehrperson lernt, dass selbstständiges Arbeiten wie vermutet nicht funktioniert, und die Eltern lernen, dass man in der Schule neuerdings «machen kann, was man will».

Der didaktische Ort einer Werkstatt

Wie bereits unter «Grundtypen» angetönt, kann eine Werkstatt unterschiedlich mit Klassenunterricht kombiniert werden. Die im Folgenden dargestellten Möglichkeiten können auch noch weiter variiert werden.

Erfahrungswerkstatt	Klassenunterricht

In der Werkstatt gemachte, reflektierte und dokumentierte Erfahrungen werden im Klassenunterricht zusammengeführt und nutzbar gemacht. Der vermittelnde Unterricht bezieht sich verbindend auf die Vorerfahrungen.

Klassenunterricht	Anwendungs- und Vertiefungs-WS

Im Klassenunterricht Gelerntes wird in der Werkstatt angewendet, Phänomene werden auf der erlernten fachlichen Basis erklärt.

Klassenunterricht	Anwendungs- und Vertiefungs-WS	Klassenunterricht

Anschliessend kann nochmals eine Phase Klassenunterricht folgen, in dem die in der Anwendung und Vertiefung aufgetauchten Fragen geklärt und erweiterte Erkenntnisse gemeinsam gesichert werden.

Klassenunterricht	Übungs- und Trainigswerkstatt

Die im Klassenunterricht aufgebauten Fertigkeiten werden in der Werkstatt geübt und automatisiert.

Erarbeitungswerkstatt

Die Lerninhalte werden vollständig im Werkstatt-Unterricht erarbeitet.

Didaktische und organisatorische Merkmale

In allen offenen Unterrichtsformen ist die gute Organisation von entscheidender Bedeutung, damit sich die Schülerinnen und Schüler selbstständig und sicher in der Lernanlage bewegen können und die Lehrperson nicht durch organisatorische Fragen absorbiert ist, sondern als Beobachterin und Lernberaterin wirken kann.

Folgende Aspekte tragen zu einem erfolgreichen Werkstatt-Unterricht bei:

Übersicht schafft Sicherheit

- Ein Werkstattpass stellt die Stationen in einer Übersicht vor. Idealerweise erfahren die Lernenden bereits hier, worum es bei der Aufgabe geht, welche Tätigkeit zur Anwendung kommt, wieviel Zeit in etwa benötigt wird, welche Sozialform gefordert ist und allenfalls um welchen Schwierigkeitsgrad es sich handelt.
- Für den Werkstatt-Unterricht sind Arbeits- und Organisationsregeln deklariert und klar.
- Der Raum ist übersichtlich gestaltet, die Posten sind leicht auffindbar.
- Es besteht ein Überangebot an Arbeitsposten, damit eine echte Wahl möglich ist. Dazu können Stationen auch doppelt oder mehrfach geführt werden.

Klare und attraktive Aufträge motivieren

- Der Arbeitsauftrag deklariert das Lernziel, beschreibt kurz den Inhalt, führt leitprogrammartig durch die Aufgabe, listet das benötigte Material auf, deklariert die Lernzeit, die Sozialform und allenfalls den Schwierigkeitsgrad.
- Die Materialien sind ansprechend gestaltet, «unverwüstlich» und praktisch aufbewahrt.
- Die Dauer eines Auftrags ist der Leistungs- und Konzentrationsfähigkeit angepasst.

Arbeitsweise klären

- Falls Partner- und Gruppenarbeiten eingesetzt werden, braucht es jeweils Zeit und wohl auch Moderation der Lehrperson, um jene zu organisieren.
- Es geht aus dem Arbeitsauftrag hervor, welche Ergebnisse der Selbst- und welche der Fremdkontrolle unterliegen.
- Die Lernenden reflektieren den Arbeits- und Lernprozess einzeln (Lerntagebuch, Werkstattportfolio, metakognitive Aufträge an jeder Lernstation, …) und auch im Austausch mit andern, moderiert von der Lehrperson. Schlüsse aus dieser Reflexion fliessen allenfalls in die Organisations- und Verhaltensregeln ein.

Planung und Vorbereitung

Verschiebung der Arbeits-zeit

Im Gegensatz zum Klassenunterricht, der wenigstens zum Teil auf die vorangehende Lektion Bezug nimmt und damit im Detail von Tag zu Tag vorbereitet wird, muss eine Werkstatt im Gesamten vorher vorbereitet werden. Dies kann gut in der unterrichtsfreien Schulferienzeit geschehen, was zu Entlastung während der Schulwochen führt.

Vorbereitung

Die Vorbereitung geht von den Lernzielen in allen drei Kompetenzbereichen aus und beginnt mit dem Entscheid über die Funktion und damit über den didaktischen Ort der Werkstatt. In der Folge wird das Thema erschlossen, die Aufträge werden skizziert und das entsprechende Material wird gesammelt. Nach dieser Grobvorbereitung können die Aufträge definitiv ausgearbeitet werden, und der Werkstattpass wird erstellt. Die Art und Weise der Lernreflexion wird festgelegt, und die allfällige Beurteilung von Arbeiten und/oder Prüfungen wird geplant.

In der folgenden Materialiensammlung findet sich eine ausführliche Checkliste zur Vorbereitung einer Werkstatt.

Vorformen und erweiterte Nutzung von Werkstätten

Übungsstationen

Eine Vorform des Werkstatt-Unterrichts sind zum Beispiel Übungsstationen, die parallel zum Klassenunterricht in der Selbstlernzeit während längerer Zeit zur Verfügung stehen (Mathe-Trainer, Übungsblätter, Wortlernkisten, Rechtschreibetraining, ...). Diese Lernstationen decken ein Thema nicht in derselben Breite und Tiefe ab wie eine Werkstatt, und die Auswahl ist eingeschränkter.

«Postenlauf»

Eine weitere Vorform ist der «Postenlauf». Dabei sind Lernaufgaben in vorgeschriebener Reihenfolge zu lösen, weil sie einem sachlogischen Aufbau folgen. Die Schülerinnen und Schüler lernen dabei innerhalb der Aufträge selbstständig zu arbeiten, müssen sich aber noch nicht für den Lernweg entscheiden.

Neben ihrer Wirkung im Aufbau von Sachkompetenz können beide Formen dazu dienen, in noch etwas engerem Rahmen die Schülerinnen und Schüler auf Werkstatt-Unterricht vorzubereiten.

Werkstätten in anderen Unterrichtsformen

Thematisch nicht explizit an den kursorischen Klassenunterricht gebundene Werkstätten können auch im Atelierunterricht und in der Arbeit mit individuellen Lernplänen eingesetzt werden. So steht zum Beispiel eine Gedichtwerkstatt, eine Textwerkstatt, eine Mathe-Repetitionswerkstatt, eine Rechtschreibewerkstatt den Lernenden über längere Zeit zur Verfügung. Sie nehmen die Lösung einzelner Aufträge in ihre Arbeitsplanung auf. Dabei können sowohl die Lehrperson als auch die schulische Heilpädagogin oder der schulische Heilpädagoge Einfluss auf die Planung nehmen, je nachdem, welche Lernziele ein Kind verfolgen muss.

Werkstätten sind unterdessen Allgemeingut – sind sie auch allgemein gut?

Risiken

Werkstätten sind schon so etwas wie methodisch-didaktisches Allgemeingut geworden. Auch die Lehrmittelverlage sind kräftig ins Geschäft eingestiegen. Fertige Werkstätten werden kopierbereit angeboten. Die Ausgestaltung bleibt damit oft auch «papierig», das heisst, die Werkstattaufträge sind so angelegt, dass sie mit den zur Verfügung stehenden Kopiervorlagen ohne grossen Aufwand eingesetzt werden können. Das geht zulasten der Primärerfahrungen, der Lebendigkeit, der Vielsinnigkeit und damit der Lernwirksamkeit. Was sich in der Folge im Unterricht zeigt, hat mit einer guten Werkstatt, mit den Grundgedanken und Zielen einer «adaptiven Lernumgebung» oft wenig bis nichts mehr zu tun! Eine Lösung dafür ist, die gekaufte «Kopier-Werkstatt» mit Materialien und lebendigeren Arbeitsstationen anzureichern. Für die Überprüfung der Qualität einer Werkstatt findet sich im Materialienteil eine Checkliste. Daraus abgeleitet ergeben sich dann Hinweise zur Ergänzung der Werkstatt.

Die grosse Auswahl attraktiver Lernstationen kann zu schnellem Konsum verführen. Die Schülerinnen und Schüler «surfen» über die Werkstatt, statt sich vertieft mit den Lernaufgaben zu befassen. Das meint der böse Spruch «Werkstätten sind die Migros der Schule». Gerade deshalb ist es wichtig, dass die Lernaufgaben ein klares Ziel vorgeben und ein sichtbares Resultat verlangen. Der allfällige «Konsumrausch» muss auch in den begleitenden gemeinsamen Lernreflexionen immer wieder thematisiert werden.

Die unterschiedlichen Arbeitstempi der Lernenden, das Gefühl, die anderen seien schon weiter, kann die Erledigungsmentalität zusätzlich verstärken. Schwächere Schülerinnen und Schüler, auch schwächer bezüglich der Selbstkompetenz, brauchen Unterstützung und Beratung der Lehrperson.

Chancen

Ab und zu zur Abwechslung eine Werkstatt durchzuführen, kann ein Einstieg in die Öffnung von Unterricht sein. Geöffneter oder gar offener Unterricht braucht mehr und ist nicht primär eine Frage der Methodenabwechslung. Geöffneter Unterricht basiert auf einer entsprechenden Grundhaltung, am Verständnis von Lernen und Lehren und wendet sich von der Methodenfrage zur Frage nach durchdachten adaptiven Lernumgebungen, die den Rahmen einzelner Lektionen sprengen.

Wird eine gute Werkstatt didaktisch ergänzend und synergetisch mit anderen Unterrichtsformen kombiniert (z.B. mit kursorischem Klassenunterricht, mit Lernateliers, mit individuellen Lernplänen), wird sie ein lernwirksames Element einer adaptiven Lernumgebung. Im Rahmen einer Werkstatt kann vielsinniges, erfahrungsorientiertes, differenziertes und selbstgesteuertes Lernen realisiert werden.

1 Eine Werkstatt vorbereiten, durchführen und auswerten

Die folgende Zusammenstellung zeigt eine Sammlung möglicher Arbeitsschritte. Diese ist als veränderbare Anregung gedacht, sowohl inhaltlich als auch im Ablauf.

1. Ein geeignetes Thema wählen	• Eignung für individualisierten Unterricht überprüfen • grosses thematisches Spektrum, nach Möglichkeit fächerübergreifend • vielfältige Gelegenheiten für Erfahrungs-, Handlungs- und Entdeckungsmöglichkeiten • vielfältige Vertiefungs- und Übungsmöglichkeiten • wie wird die Werkstatt inhaltlich und im zeitlichen Verlauf mit dem Klassenunterricht verbunden?
2. Funktion der Werkstatt definieren (siehe auch Punkt 7)	• Erfahrungswerkstatt zur Vorbereitung des Klassenunterrichts? • Lernwerkstatt, in der selbstständig Wissen aufgebaut oder Fertigkeiten angeeignet werden? • Vertiefungswerkstatt zur Verbindung des kursorischen Unterrichts mit vielsinniger Erfahrung? • Übungs- oder Trainingswerkstatt im Anschluss an Klassenunterricht?
3. Lernziele auf der Sach- und Handlungsebene formulieren	• übergeordnete Sachlernziele formulieren • Lernziele im Bereich der Lern- und Arbeitskompetenzen festlegen
4. Thema erschliessen und auffächern	• relevante Themenbereiche und thematische Stichworte sammeln, wenn möglich zusammen mit Kolleginnen und Kollegen (Brainstorming mit Kärtchen, Mindmap) • noch ohne Material arbeiten, weil sich die Werkstatt sonst zu stark am Vorhandenen orientiert
5. Material sammeln	
6. Ideen ergänzen, Konzept erstellen	• nach der Sichtung des Materials Ideensammlung ergänzen • für die Klasse relevante Lerninhalte auswählen • Gesamtkonzept erstellen
7. Begleitenden Klassenunterricht planen	• welche Themenbereiche eignen sich besser für den Klassenunterricht? • was will ich wann und wie in der Klasse zusammenführen? • welche Grundlagen muss ich im Klassenunterricht legen, damit die Schülerinnen und Schüler nachher in der Werkstatt gewinnbringend arbeiten können?
8. Aufträge entwerfen	• Titel, Lernziel, Arbeitsanweisung, Material in Stichworten entwerfen • pro Auftrag ein Blatt zur einfacheren Gruppierung

| 9. Konzept überprüfen | • Überprüfung des Konzepts anhand einer Auswahl aus folgenden möglichen Kriterien: Lernziel, angesprochene Sinne, Tätigkeit, unterschiedliche Abstraktionsgrade, verschiedene Lernstufen, Ausdrucksformen, wechselnde Sozialformen, ... |

Auftragsidee	Lernziel	Sinne	Aktivität	Material	...	...

Mit einer solchen Übersicht lässt sich die Vielfältigkeit und Ausgewogenheit einer Werkstatt überprüfen.

• den Werkstattentwurf bezüglich Stärkung der anvisierten Handlungskompetenzen überprüfen. Leitfrage: Werden über die Art der Arbeitsaufträge explizit Lernstrategien aufgebaut und Arbeitskompetenzen gestärkt?

10. Lernziele differenziert festlegen	• für alle verbindliche Minimal-Lernziele definieren • evtl. entsprechende Pflicht- oder Wahlpflichtposten bezeichnen • erweiterte Lernziele festlegen • Werkstattangebot unter diesem Blickwinkel nochmals überprüfen
11. Beurteilung planen	• Beurteilungskriterien definieren • Beurteilungsformen festlegen, evtl. Lernkontrollen vorbereiten
12. Werkstattaufträge definitiv ausarbeiten	• möglichst einfache Formulierung • übersichtliche Gestaltung • Titel, Sozialform, Zeit, Lernziel, Tätigkeit, Material, Pflicht- oder Wahlauftrag, Kontrolle, Schwierigkeitsgrad ... • Aufträge auf festes Papier kopieren
13. Material vorbereiten	• auf ansprechendes und unverwüstliches Material achten
14. Arbeitspass zusammenstellen	• Auftragsnummer • kurze Angaben zu Inhalt, Sozialform, Zeit, Tätigkeit, ... damit die Lernenden eine Grundlage für ihre Planung zur Verfügung haben
15. Die Lernreflexion einplanen	• Lernreflexion im Zusammenhang mit den Handlungszielen vorbereiten • Werkstatt-Tagebuch, Werkstatt-Portfolio, Lernpartnerschaften, gezielt vorbereiteter Austausch, ...
16. Werkstatt durchführen	• vorgängig oder begleitend gemeinsam mit der Klasse Regeln für den Werkstattbetrieb erarbeiten • Zwischengespräche über den Lernverlauf einschalten • Austauschrunden für Ergebnisse durchführen
17. Werkstatt auswerten und überarbeiten	• evtl. Lernkontrolle • Auswertung des Lernverhaltens / Gespräch über den Lernprozess. Festhalten dieser Erkenntnisse für das nächste Mal • Rückmeldungen zu den Aufträgen • Reflexion über das eigene Verhalten als Lehrperson • Überarbeitung der Werkstatt anhand der gesamten Erkenntnisse

Zusammenstellung: Thomas Birri und Barbara Zumsteg

2 Anforderungen an eine gute Werkstatt

	--	-	+	++
Lernziele und Lerninhalte				
Das Bildungsziel der Werkstatt ist geklärt, bedeutsam und lehrplanbezogen.				
Die einzelnen Aufträge bearbeiten relevante, zielbezogene Inhalte.				
Über Pflichtaufträge wird das Minimallernziel abgesichert.				
Die Werkstatt fördert neben der Sachkompetenz explizit auch Handlungskompetenzen.				
Didaktik				
Die didakt. Funktion der Werkstatt ist klar (Erfahrung, Erarbeitung, Vertiefung, Training, …).				
Individuelle Lernwege sind möglich und werden gefördert.				
Das Lernangebot spricht verschiedene Sinne (verschiedene Lerntypen) an.				
Das Lernangebot enthält verschiedene Schwierigkeitsgrade (Binnendifferenzierung).				
Die Werkstatt bietet verschiedene Abstraktionsgrade (konkret, modellhaft, begrifflich) …				
… und verschiedene Lernstufen: reproduzieren, verstehen, übertragen, beurteilen.				
Verschiedene Ausdrucksformen werden genutzt.				
Ein Teil der Aufträge führt zu offenem Ergebnis (→ Vergleich im Austausch).				
Lernreflexion ist im Werkstatt-Konzept vorgesehen.				
Organisation				
Der Arbeitspass ist ein gutes Übersichts- und Planungsinstrument.				
Das Überangebot an Aufträgen ermöglicht eine echte Auswahl.				
Die Posten können unabhängig voneinander gelöst werden.				
Die Aufträge sind übersichtlich und ansprechend gestaltet.				
Die Aufträge machen das Lernziel transparent.				
Die Aufträge geben schnelle Info zur Lernsteuerung (Niveau, Tätigkeit, …).				
Die Arbeitsanweisungen sind verständlich formuliert.				
Die Ergebnisse können von den Lernenden selbstständig kontrolliert werden.				

Eine gute Werkstatt erfüllt diese Anforderungen!
(Je nach Funktion der Werkstatt treffen einzelne Kriterien unter der Rubrik «Didaktik» nicht zu.)

Zusammenstellung: Thomas Birri und Barbara Zumsteg

3 Uri – Land am Gotthard

Das folgende Postenblatt zeigt eine Übersicht, alles Lernaufgaben zum Thema Uri – Land am Gotthard. Diese Werkstatt wurde von Karin Wolfer, Kooperations-schulleiterin und Lehrerin in Andelfingen auf der Basis einer bestehenden Werkstatt überabeitet und in einer 6. Klasse eingesetzt.

a) Werkstattpass: Postenblatt

Alle Niveaus   Die Posten 1, 2 und 4 sind obligatorisch.

Niveau 1   Löse zusätzlich mindestens 10 Posten. Darunter müssen ein Eisenbahn- und ein Naturgewaltenposten sein.

Niveau 2   Löse zusätzlich mindestens 14 Posten. Darunter müssen ein Eisenbahn, ein Naturgewalten und ein geschichtlicher Posten (9–13) sein.

Niveau 3   Löse zusätzlich mindestens 17 Posten. Darunter müssen ein Eisenbahn-, ein Naturgewalten-, ein geschichtlicher (9–13) und ein Stromposten sein.

☐	1	Der Kanton Uri und seine Nachbarn	♟	
☐	2	Ortschaften und Täler des Kantons Uri	♟	
☐	3	Berge des Kantons Uri	♟	
☐	4	Pässe im Kanton Uri	♟	oder ♟♟
☐	5	Das Reusstal	♟	
☐	6	Rund um den Gotthard 1: Wasserscheide	♟	oder ♟♟
☐	7	Rund um den Gotthard 2: Mittelpunkt?	♟	oder ♟♟
☐	8	Name und Wappen	♟	
☐	9	Saumweg 1: Sage von der Teufelsbrücke	♟	oder ♟♟♟♟♟ (mind. 5)
☐	10	Saumweg 2: Der Weg durch die Schlucht	♟	oder ♟♟
☐	11	Postkutschenzeit 1: Postreise	♟	oder ♟♟
☐	12	Postkutschenzeit 2: Posthornsignale	♟	oder ♟♟
☐	13	Postkutschenzeit 3: Eine Fahrt mit der Postkutsche	♟	oder ♟♟
☐	14	Automobil	♟♟♟♟♟	(mind. 5)
☐	15	Eisenbahn 1: Bahnfahrt	♟	
☐	16	Eisenbahn 2: Tunnelbau	♟	oder ♟♟
☐	17	Eisenbahn 3: In 25 000 Schritten durch den Gotthard	♟	oder ♟♟
☐	18	Eisenbahn 4: NEAT 1	♟	
☐	19	Eisenbahn 5: NEAT 2	♟♟	oder ♟♟♟
☐	20	Gotthard-Hospiz	♟	oder ♟♟
☐	21	Verborgene Schätze im Granit	♟	oder ♟♟
☐	22	Naturgewalten 1: Lawinen	♟♟	
☐	23	Naturgewalten 2: Lawinenverbauungen 1	♟	oder ♟♟
☐	24	Naturgewalten 3: Lawinenverbauungen 2	♟	oder ♟♟

☐	25	Naturgewalten 4: Wildbach	♟ oder ♟♟
☐	26	Naturgewalten 5: Föhn	♟
☐	27	Naturgewalten 6: Überschwemmungen im Reusstal 1987	♟ oder ♟♟
☐	28	Das Bauernhaus in Uri	♟
☐	29	Haus und Dorf im Gotthardgebiet	♟
☐	30	Ofenspruch	♟
☐	31	Urner Dialekt	♟ oder ♟♟
☐	32	Urnerrätsel (Vier verschiedene Rätsel)	♟
☐	33	Gewässer und Täler des Kantons Tessin	♟
☐	34	Ortschaften des Kantons Tessin	♟
☐	35	Tessiner Rezept	♟
☐	36	Logicals (Zwei verschiedene Logicals)	♟ oder ♟♟
☐	37	Strom aus Wasserkraft I	♟♟
☐	38	Strom aus Wasserkraft II	♟♟
☐	39	Google Earth	♟
☐	40	Tierisch abgefahren	♟
☐	41	Anpassung ist gefragt!	♟♟ bis ♟♟♟

Die Posten 6, 32 und 36 bestehen aus mehreren, voneinander unabhängigen Aufträgen
und dürfen darum mehrmals gelöst werden.

b) Wasserscheide – Beispiel für einen Werkstattposten

☐	6	Rund um den Gotthard 1: Wasserscheide	♟ oder ♟♟

• •

Vom Gotthardgebiet aus fliessen vier der wichtigsten Flüsse der Schweiz in alle
Himmelsrichtungen. An diesem Posten erfährst du mehr darüber und lernst, was
eine Wasserscheide ist!

• •

Arbeitsanweisung
Je nachdem, ob du alleine arbeitest oder ob ihr den Posten zu zweit lösen wollt,
gibt es zwei Möglichkeiten. Die zweite Aufgabe ist schwieriger als die erste!

alleine ♟

1. Betrachte das Kartonmodell im Schaukasten und male dann den Bastelbogen
   sorgfältig genau gleich an.
2. Finde mithilfe der Schweizerkarte heraus, wie die vier Flüsse und die Schlucht
   heissen. Lass deine Vermutung von deiner Lehrerin bestätigen und schreibe
   alles mit Tinte an.
3. Schneide das Modell sorgfältig aus. Bei >=< schneidest du einen Schlitz.
4. Falte dann diese Linien – – – – – nach hinten und diese –.–.–.– nach vorne.

5. Klebe dein Modell so zusammen, dass es gleich aussieht wie das im Schaukasten.

6. Studiere dein Modell genau und versuche herauszufinden, was der Begriff «Wasserscheide» bedeutet. Besprich deine Vermutung mit deiner Lehrerin.

zu zweit

1. Sucht die vier Flüsse auf der Karte und schreibt sie auf blaue Kärtchen. Auf die roten Kärtchen notiert ihr die vier Himmelsrichtungen.

2. Gestaltet im Sandkasten ein grobes Relief des Gotthardgebietes. Man soll die vier Täler mit den vier Flüssen, die in die verschiedenen Richtungen fliessen, sehen. Die Schweizerkarte hilft euch dabei.

3. Legt die roten Kärtchen mit den Himmelsrichtungen an den richtigen Ort. Schreibt die Flüsse mit den blauen Kärtchen an.

4. Der Gotthard ist eine Wasserscheide. Diskutiert über diesen Begriff! Was bedeutet er? Besprecht das Resultat der Diskussion und euer Relief mit eurer Lehrerin.

Material: Bastelbogen, Schere und/oder Cutter, Leim, Schweizerkarte (EA), Sandkasten, blaue und rote Kärtchen, Schreibzeug, Schweizerkarte (PA)

c) Teufelsbrücke – Beispiel für einen Werkstattposten

	9 Saumweg 1: Sage von der Teufelsbrücke	oder (mind. 5)

Die erste Brücke in der Schöllenenschlucht soll der Teufel gebaut haben. Wie es dazu kam, erfährst du bei der Bearbeitung dieses Postens.

alleine 🁢
oder 🁢🁢🁢🁢🁢 (mind. 5)

Arbeitsanweisung

1. Öffne den «Turmhahn» (Lesebuch) auf der Seite 207. Du findest dort die Sage von der Teufelsbrücke. Lies sie sorgfältig durch. Wenn du willst, kannst du sie dir am Mac auch auf Urnerdeutsch anhören (denk an die Kopfhörer!).

2. Wähle aus den folgenden Bearbeitungsmöglichkeiten eine aus:

   Variante 1: (Einzelarbeit): Du bereitest dich darauf vor, der Klasse die Sage möglichst lebendig und spannend zu erzählen.

   Variante 2: (Gruppenarbeit): Bereitet euch vor, die Sage der Klasse möglichst genau vorzuspielen.

   Variante 3: (Einzelarbeit): Versetze dich in die Rolle einer Hauptperson (frommes Mütterchen, Geissbock, Teufel, verzweifelter Urner). Schreibe die Geschichte aus dieser Sicht neu (in der Ich-Form).

Den korrigierten Entwurf schreibst du auf ein Linienblatt ab oder gestaltest eine schöne Reinschrift am Computer.

Material: »Turmhahn», evtl. Mac und Kopfhörer, evtl. Schreibzeug

4 Physik-Werkstatt

a) Werkstattpass zu einer Physik-Werkstatt für die Oberstufe

• •

Fest – flüssig – gasförmig: Stoffe verändern sich mit der Temperatur

• •

Arbeitspass

	Nr.	Titel		Zeit
☐	A 1	Zinn giessen – nicht nur ein Silvesterbrauch	EA/PA	45″
☐	A 2	Beschlagene Scheiben	EA/PA	45″
☐	A 3	Kocht alles bei 100° C?	EA/PA	45″
☐	A 4	Eis und Salz	EA/PA	30″
☐	A 5	Biege-Hygrometer aus Fotopapier	EA/PA	30″
☐	B 1	Ist «lauwarm» = lauwarm?	EA	30″
☐	B 2	Celsius-Skala	EA	45″
☐	B 3	Wasserthermometer	EA/PA	45″
☐	B 4	Alkoholthermometer	EA/PA	45″
☐	B 5	Celsius, Fahrenheit, Kelvin	EA	45″
☐	C 1	Knitterflasche	EA/PA	30″
☐	C 2	Der Zauberballon	EA/PA	30″
☐	C 3	Blubbermünze	EA/PA	30″
☐	D 1	Der Draht wird schlaff	EA/PA	45″
☐	D 2	Zauberkugel	EA/PA	30″
☐	D 3	Die Rätselspirale	EA/PA	45″
☐	D 4	Metall bewegt sich	EA/PA	45″
☐	E 1	Wasser schütteln	EA/PA	30″
☐	E 2	Eisen hämmern	EA/PA	30″

Pflichtarbeiten

A	1 Auftrag aus A 1–3 / im Ganzen mindestens 2 Aufträge
B	B 2 und B 5 / im Ganzen mindestens 3 Aufträge
C	Mindestens 1 Auftrag
D	Mindestens 2 Aufträge
E	Mindestens 1 Auftrag

Vorgehen
• Am besten bildet ihr eine feste Lernpartnerschaft für diese Werkstattarbeit.
• Versuch auswählen und durchführen.
• Das Postenblatt ins Notizheft mit Bleistift entwerfen.
• Alles Material sauber zurücklegen.
• Jetzt das Postenblatt auf ein weisses A4 ins Reine schreiben.

b) Blubbermünze – Beispiel für einen Werkstattposten

• •

Fest – flüssig – gasförmig: Stoffe verändern sich mit der Temperatur

• •

☐   C 3   Blubbermünze   EA / PA   Zeit: 30"

Auftrag

1 Benetze den Flaschenrand und die Münze mit Wasser und lege die Münze auf die Flasche.
2 Umschliesse die Flasche mit beiden Händen, ohne die Münze zu verschieben.
3 Beobachte.
4 Gestalte nun das Blatt zum Versuch. Zeichne und beschreibe:

So habe ich den Versuch aufgebaut und durchgeführt:

Das habe ich beobachtet:

So erkläre ich mir das:

Material: Flasche, Münze

Zusammenstellung: Thomas Birri

5 Gedichte

a) Quattro Stagioni – Beispiel für einen Werkstattposten (Mittel-/Oberstufe)

Für einmal keine Pizzasorte ... sondern Gedichte zu den vier Jahreszeiten.
Du wählst für jede Jahreszeit ein Gedicht und gestaltest dazu ein Kleinposter.

☐ Le 6 Quattro Stagioni   EA   Zeit: 3–4 h

Auftrag

1 Suche in der Gedichtekiste nach Gedichten zu den Jahreszeiten. Die meisten
   Gedichtbücher haben ein entsprechendes Kapitel.
2 Wähle zu jeder Jahreszeit eines aus, das dir besonders gefällt.
3 Gestalte nun ein Kleinposter (A3 oder A2), auf dem du Jahreszeitenstimmung
   malst, klebst, ... und darin die abgeschriebenen Gedichte einbaust.
4 Hänge dein Poster an die Ansteckwand.

Material: Gedichtekiste, Papier, Farben, ...

b) Ein Gedicht in Farbe verwandeln – Beispiel für einen Werkstattposten
   (Mittel-/Oberstufe)

Du nimmst Stimmungen aus einem Gedicht auf und gestaltest aus deinen Gefüh-
len heraus ein Farbenbild.

☐ Ge 2 Ein Gedicht in Farbe verwandeln   EA   Zeit: 1½ h

Auftrag

1 Wähle eines der Gedichte aus. Welches spricht dich am meisten an?
2 Zieh dich an einen ruhigen Platz zurück, lies das Gedicht, vielleicht mehrmals,
   lass es auf dich wirken.
   Schliesse die Augen.
   Was fühlst du? Welche Farben haben diese Gefühle?
   Welche Farben kommen für dich im Gedicht vor?
   Welches ist die stärkste, welches die schwächste Farbe?
3 Male nun mit Wasserfarbe ein Farben-Bild.
   Beschränke dich auf wenige Farben und verzichte ganz darauf, Gegenstände
   zu malen.

Material: Gedichtblatt, Wasserfarben, Pinsel, ... Papier A3

Zusammenstellung: Thomas Birri

6   Beispiel aus dem Kindergarten

Auch wenn die Kinder noch nicht schreiben können, lässt sich mit Werkstatt-Unterricht arbeiten: Die untenstehenden Bilder geben einen Einblick in den Kindergarten von Angelika Trimmei, Kindergärtnerin in Zürich.

Abbildung 15: Übersicht, an welchen Posten die Kinder arbeiten. Die Posten sind auf einem Foto abgebildet, die Kinder stecken die Wäscheklammer mit ihrem Namen an den Posten, den sie bearbeiten.

Abbildung 16: Werkstattposten, mit Zeichnungen illustriert.

Abbildung 17: Kinder bei der Arbeit.

Abbildung 18: Nach dem Bearbeiten eines Postens setzen die Kinder einen Stempel auf ihren Werkstattpass.

Kommentierte Literaturhinweise

Reichen, Jürgen

Sachunterricht und Sachbegegnung. Zürich: Scola. (2008)
Die vorliegende Ausgabe ist ein Nachdruck der Publikation aus dem Jahre 1990 (Ersterscheinung). Der Autor skizziert darin Grundlagen des Lernens und umreisst eine Didaktik des Sachunterrichts. Im zweiten Teil entwirft er ein Konzept des Werkstatt-Unterrichts. Zusammen mit der Veröffentlichung «Werkstatt-Unterricht 1x1» von Käthi Zürcher (Bern: Zytglogge, 1987) wirkte das Buch von Jürgen Reichen wegweisend für die Entwicklung und Verbreitung des Werkstatt-Unterrichts in den 1990er-Jahren. Die Darstellung des Werkstatt-Unterrichts ist didaktisch fundiert begründet und stark an der Praxis orientiert. Und: Trotz des Alters nach wie vor aktuell.

Jürgens, Eiko

Lebendiges Lernen in der Grundschule. Weinheim: Beltz. (2006)
In einer Einführung wird schüleraktiver Unterricht in einen erweiterten Begründungszusammenhang gestellt. In der Folge stellt der Autor die geöffneten Unterrichtsformen Arbeitspläne, Freiwahlarbeit, Projektarbeit und Stationenarbeit (Werkstatt-Unterricht) vor. Die Konzepte werden je definiert und mit Hinweisen zur Umsetzung ausgeführt.

Kapitel 4.2   Unterricht mit Lernplänen

Im Unterricht mit Lernplänen arbeiten die Schülerinnen und Schüler nach einem
schriftlichen Arbeitsplan. Der Zeitrahmen dafür kann je nach Alter der Lernenden
und je nach Situation unterschiedlich sein. Verordnete, «geschlossene» Lernpläne sind von der Lehrperson vorgegeben, teiloffene Lernpläne bieten beschränkte Wahlmöglichkeiten. In selbstbestimmten, individualisierten Lernplänen stellen die Schülerinnen und Schüler innerhalb eines Angebots ihre Arbeiten selber
zusammen.

| Basics | Seite 121 | Materialien | Seite 135 |

THOMAS BIRRI

Lernpläne – ein weites Feld

Ausweitung des Begriffs

Ein Lernplan ist eine Auflistung der Inhalte (selten der Ziele), die eine Schülerin oder ein Schüler in einer bestimmten Zeit erarbeiten muss. Verbreitet ist der Begriff «Wochenplan». Dies ist insofern irreführend, weil Lernpläne je nach Schulstufe durchaus nur für einen Tag, für mehrere Tage oder für mehr als eine Woche ausgelegt sein können.

Lernplankonzepte sind wohl beinahe so vielfältig wie die Lehrpersonen, die sie im Unterricht anwenden. Sie sind unter sich so unterschiedlich, dass man sie eigentlich kaum unter einem Begriff zusammenfassen kann: Ein verordneter, geschlossener Plan liegt konzeptionell näher beim eng geführten Klassenunterricht als bei einem offenen, selbstbestimmten und damit individualisierten Lernplan.

Offene Lernpläne lassen auch inhaltliche Selbstbestimmung im Rahmen eines Angebots zu, während geschlossene Lernpläne oft eine Zusammenfassung der Stillarbeits- und Übungsphasen darstellen.

Historische Anleihen

Unterricht mit Lernplänen (vor allem auch Wochenplanunterricht) wird vorschnell mit reformpädagogischen Konzepten in Verbindung gebracht; so zum Beispiel mit dem Dalton-Plan der amerikanischen Pädagogin Helen Parkhurst (1886–1973) oder dem Jena-Plan des deutschen Pädagogen Peter Petersen (1884–1952). Die eigentliche Verwandtschaft erschöpft sich im Begriff. Konkrete Teilbezüge können hergestellt werden bezüglich schriftlicher Pläne (Dalton-Plan), Verminderung der Segmentierung von Unterricht im 45 Minuten-Takt (Jena-Plan) und anregendem Materialienangebot und Arbeitsateliers bezogen auf offene Lernpläne (Maria Montessori und Célestin Freinet).

Je nach Gestaltung der Lernpläne sind allgemeine Aspekte reformpädagogischer Konzepte erkennbar: Verminderung der direkten Fremdsteuerung, freiere Zeiteinteilung, Wahl des Arbeitsortes und der Sozialform bis zu effektiver Selbststeuerung und Mitbestimmung der Ziele und Inhalte.

Grundtypen von Lernplänen

Der verordnete Lernplan	Der mitbestimmte Lernplan	Der selbstbestimmte Lernplan
Im verordneten oder geschlossenen Lernplan gibt die Lehrperson vor, welche Inhalte resp. Aufgaben in einer bestimmten Zeit erarbeitet werden müssen. Den Schülerinnen und Schülern bleibt die Wahl der Reihenfolge und der Zeiteinteilung. Oft bewegen sich die Aufgabenstellungen in den Bereichen Üben und Anwenden, selten finden sich eigentliche Erforschungs- oder Erarbeitungsaufträge.	Neben den vorgegebenen Aufträgen können die Lernenden Aufgaben auswählen. Dies kann in Form von Wahlpflicht- und/oder frei wählbaren Zusatzaufgaben geschehen. Die Arbeit an selbstbestimmten Lernprojekten kann diese Planform weiter öffnen.	Im selbstbestimmten oder offenen Lernplan wählen die Schülerinnen und Schüler ihre Ziele und Inhalte innerhalb eines Angebots aus und erstellen in der Folge einen Plan. Die Lehrperson berät sie dabei. Über das feste Angebot hinaus können sich die Lernenden in Projekten auch mit eigenen Forschungsvorhaben beschäftigen. Die Arbeit an diesen Projekten ist jeweils Teil des Plans.

Der verordnete, geschlossene Lernplan

Definition
Der Plan ist voll.

Die Schülerinnen und Schüler erhalten einen Plan mit Aufgaben aus verschiedenen Fächern, die sie in einem bestimmten Zeitraum abarbeiten müssen. Falls sich die Aufgaben nicht aufbauend bedingen (wie. z.B. in Mathematik), können die Lernenden die Reihenfolge wählen und sich selber die Zeit einteilen. Je nach Raumsituation und Auftrag sind auch der Arbeitsplatz und die Sozialform wählbar. Verordneter Lernplanunterricht ist vorab ein Konzept der Unterrichtsorganisation. Die Selbststeuerung und Mitbestimmung des Lernens ist marginal. Etwas ungeschminkt ausgedrückt: Die Schülerinnen und Schüler dürfen arbeiten, was die Lehrperson will!

Ziele und Nutzen

Durch die Zusammenfassung der Stillarbeits-, Übungs- und Anwendungsphasen sind diese weniger segmentiert. Dies kann auf der Sachebene vertieftes Lernen ermöglichen, sofern der Effekt nicht durch Erledigungsstress wieder zunichte gemacht wird.

Im Bereich der Selbstkompetenz können Planungsfähigkeit, eigenverantwortliches Handeln, Selbstmotivation und in beschränktem Mass Entscheidungsfähigkeit aufgebaut werden.

Die Sozialkompetenz wird gestärkt durch die Erarbeitung von Regeln für einen etwas offeneren Betrieb und deren Einhaltung. Die Förderung der Sozialkompetenz erfolgt nur, wenn die Aufträge entsprechend angelegt sind. Dabei ist erschwerend, dass die Lernenden grundsätzlich in ihrem Plan allein unterwegs sind und es einer Zusammenarbeit verstärkter und wohl auch angeleiteter Koordination bedarf.

Auf der Ebene der Lehrperson stellt die Arbeit mit verordneten Lernplänen (Wochenplan, Tagesplan, ...) einen ersten Schritt dar, Unterricht organisatorisch zu öffnen und die kleinschrittige, direkte Steuerung durch das «Führen an der langen Leine» zu ersetzen.

Grad der Offenheit

Angesichts der beschränkten Mitbestimmung der Lernenden im Bereich der Lernorganisation kann die Arbeit mit verordneten Lernplänen nicht als offener Unterricht bezeichnet werden. Eine weitere Öffnung in der methodischen Dimension kann über Ziele und Aufgaben erfolgen, die unterschiedliche Lernwege ermöglichen (siehe auch Dimensionen der Öffnung des Unterrichts in Kapitel 6).

Verordnete Lernpläne konkret
Aufgaben aus den Bereichen «Üben, Anwenden, Übertragen»

Mögliche Inhalte

Besonders geeignet sind Aufgaben aus Fächern mit klar umschriebenen Lernzielen und Lernschritten.
Beispiele
- Löse im Mathe-Buch S. 65 die Aufgaben Nr. 33–37 und 39–42.
- Übe das Diktat nach vorgegebenen Ablauf: Abschreiben ab Halbschrift-Vorlage, schwierige Wörter suchen und üben, Büchsendiktat, Partnerdiktat.
- Letzte Woche haben wir aus verschiedenen Märchen die wiederkehrenden Themen «Kampf gegen das Böse», «Unterwegs sein und sich bewähren» und «Freundschaft» herausgearbeitet. Schreibe nun selber eine Geschichte, die in der heutigen Zeit spielt und in der diese Elemente vorkommen.
- Führe in der Versuchsreihe zum Thema «Luft» mindestens 3 Versuche aus und beschreibe diese nach Anleitung.

Den Klassenunterricht vorbereitende Aufträge

Vorwissen aktivieren, Erkundungen, Beobachtungen, «einleitendes Forschen»

Beispiele

- Tragt zu zweit zusammen, was ihr bereits zum Thema «Wasser» wisst und zeichnet dazu ein Mindmap.
- Befrage in deinem Bekanntenkreis jemanden, der oder die auf einem Bauern-hof aufgewachsen ist, und lass dir erzählen. Schreibe auf, was dich am meisten beeindruckt hat.
- Bestimme im Schulzimmer resp. im Schulhaus Flächen, die kleiner als 1m^2 sind, in etwa 1m^2 und die bedeutend grösser sind als 1m^2. Schätze zuerst, miss nach und rechne. Erstelle eine Liste.
- Führe drei der Physik-Versuche aus und erkläre das Phänomen mit dem Wissen resp. der Vorstellung, die du zur Zeit hast.

Aufgabenstellungen, die zu selbstständigem Erarbeiten der Lerninhalte führen

Beispiele

- Studiere den Text über Ritter XY, über Christoph Kolumbus, über ... und be-antworte die Fragen auf dem Blatt. Suche in Hilfsmitteln (Duden, Google), wenn du etwas nicht verstehst.

Form des Lernplans

Die Form des Lernplans muss von der Lehrperson selber auf ihren Unterricht ab-gestimmt werden. Der Lernplan verändert sich mit der laufenden Erfahrung.

Als Elemente im Plan haben sich bewährt:

Fach Auftrag-Nr.	Arbeitsauftrag	Zeit	Sozial-form	Material	Kontrolle *

* Selbst- oder Fremdkontrolle

Beispiel

M1	Löse die Übungsaufgaben zur Division auf dem Arbeitsblatt M1	1 h	EA	AB in M1	SK

In Kindergarten und Unterstufe werden für die Arbeitsbereiche und Tätigkeiten Symbole verwendet, und die Aufträge können bei Bedarf mündlich erläutert werden.

Organisationsmittel

Lernplan

  Die Lernenden erhalten ihre Aufträge schriftlich auf einem Lernplan.

Materialgestell

  Die Materialien zu den einzelnen Aufträgen sind in beschrifteten Mäppchen oder Schachteln zu finden. Für Arbeiten, die zur Korrektur abgegeben werden müssen, sind ebenfalls beschriftete Schachteln bereitgestellt. Es bewährt sich, den Fächern immer die gleichen Farben zuzuordnen, z.B. Mathematik rot, Deutsch blau usw.

Korrekturblätter

  Die Lösungen zur Selbstkontrolle sind in einem Ordner abgelegt. Dieser steht an einem speziellen Korrekturplatz oder kann bei der Lehrperson verlangt werden.

«Hilfe-Karten» oder Wäscheklammern mit Namen

Um «Fragestaus» zu vermeiden, legen die Kinder bei Unklarheiten ihre mit ihrem Namen versehene Karte zuhinterst in die «Hilfe-Kartei», oder sie klippen die Wäscheklammer mit ihrem Namen an eine Kordel.

Kontroll-Liste

Eine Klassenliste mit Spalten für jeden Auftrag ermöglicht den schnellen Überblick über den Arbeitsstand der Klasse. Die Lehrperson sieht so, ob der Plan in der vorgesehenen Zeit bewältigbar ist. Diese Listen haben den Nachteil, die Erledigungsmentalität zu fördern.

Stundenplan

Auf einem Stundenplanformular oder auf einer Stundenplantafel werden jede Woche die einzelnen Lektionen mit ihrem Inhalt bezeichnet. Klassenunterricht und Lernplan-Unterricht erhalten verschiedene Farben.

Regeln vereinbaren

In der Einführungsphase werden Arbeitsregeln durch die Lehrperson vorgegeben oder mit der Klasse erarbeitet. Diese werden schriftlich auf einem Plakat festgehalten. Die Regeln umfassen Aspekte der Zusammenarbeit, der Lautstärke, der «Bewegung im Klassenraum», der Verbindlichkeit usw.

Die Regeln werden immer wieder überprüft und angepasst. (vgl. Meier et al. 2010)

Überprüfen der Arbeit

In der Regel überprüfen die Schülerinnen und Schüler ihre Arbeit mittels Selbstkontrolle. Die Lehrperson nimmt in diese Korrekturen sporadisch Einsicht, lässt Arbeiten abgeben und/oder überprüft den Lernfortschritt mittels Prüfungen und Lernkontrollen.

Arbeits- und Lernreflexion

Inhaltsebene

Arbeitsergebnisse aus Aufträgen mit Erkundungs-/Erfahrungscharakter werden am Ende der Planarbeitssequenz in Austauschrunden, im Klassenrat oder im normalen Klassenunterricht ausgetauscht, ausgewertet resp. weitergeführt.

Ebene des Arbeits- und Lernverhaltens

Die Schülerinnen und Schüler beobachten und beurteilen sich nicht nur im Bezug auf das Sachlernen, sondern auch in ihrem Arbeits-, Lern- und Sozialverhalten. Sie denken über ihr Lernen, ihre Strategien und ihr Verhalten nach (Reflexion, Metakognition) und machen Lernerkenntnisse für andere verfügbar.

Mittel dazu sind geeignete Auswertungsbogen, Lernprotokolle, Lerntagebuch oder ein Rückmeldungsheft, in das regelmässig geschrieben wird. Auch auf dem Arbeitsplan selber kann Platz für die Reflexion eingebaut werden. Wichtig ist dabei der geleitete Austausch in der Klasse, zum Beispiel im Klassenrat.

Schritte in den Unterricht mit verordneten Lernplänen

Schriftliche Anweisungen

Die Schülerinnen und Schüler lernen, nach schriftlichen Anweisungen zu arbeiten: Bearbeiten von Texten, Erforschen eines Phänomens, Erarbeiten und Erlernen einer Technik, einer Fertigkeit oder Lernen mit Leitprogrammen oder Gestalten einer ganzen Lektion, eines Halbtags nach schriftlicher Anweisung.

Längere Stillarbeitsphasen

Die Stillarbeits- und Übungsphasen mehrerer Lektionen innerhalb eines Faches oder fachübergreifend werden zu einem Block zusammengefasst.

Ausweitung zum Plan

Diese beiden Elemente werden zeitlich ausgeweitet und über eine längere Zeit verteilt: Und schon hat man einen Lernplan.

(Eine erweiterte Sammlung von «Schritten zum verordneten Lernplan» findet sich in den Materialien.)

Innere Differenzierung in verordneten Lernplänen

Auf der Ebene der Lernziele und Inhalte bieten die für die ganze Klasse verordneten Lernpläne keine Möglichkeit der Individualisierung. Natürlich können auf Schülergruppen oder einzelne Lernende zugeschnittene Pläne erstellt werden. Dies ist jedoch sehr zeitaufwändig. Entlastend ist bei diesem Vorgehen, wenn die Arbeitsaufträge von mehreren Parallelklassen-Lehrpersonen mit Unterstützung der schulischen Heilpädagogin, des Heilpädagogen arbeitsteilig vorbereitet werden und die Aufträge dann bezogen auf das Kind nur noch zusammengestellt werden müssen.

Wege zur Inneren Differenzierung über offene Lernpläne oder Mischformen sind mit bedeutend weniger Aufwand verbunden (siehe nachfolgende Ausführungen).

Zusammenfassende Wertung des Konzepts

Nutzen

Verordnete, geschlossene Lernpläne bieten eine erste Möglichkeit, den kleinschrittig gesteuerten Unterricht organisatorisch zu öffnen, indem die Schülerinnen und Schüler Planung und Zeitmanagement selber bewältigen. Sie gewöhnen sich dabei an die Arbeit in grösseren Zeiträumen, und die Lehrperson kann sich vermehrt in der Rolle der Lernberatung üben.

Mängel und Risiken

Individualisierter und mitbestimmter Unterricht ist mit dieser Form des Lernplans nicht möglich, und damit ist die Einordnung von «Wochenplanunterricht» (in seiner häufig anzutreffenden Form) in die Begriffe Freiwahlarbeit und offener Unterricht nicht zulässig.

Auf eine festgesetzte Zeit verordnete Lernpläne führen oft zu einer Erledigungsmentalität und damit zu wenig vertieftem Lernen. Je länger die Plansequenz dauert, desto deutlicher treten die Leistungsunterschiede zu Tage: Die einen sind am bereits Mittwoch fertig, die andern am Freitag nie. Damit stellt sich innert Kürze das Problem der Inneren Differenzierung, was mit offeneren Formen des Plans gelöst werden kann.

Die Leistungsdifferenzen sind nicht etwa ein spezifisches Problem der Planarbeit. Im segmentierten Lektionenunterricht fallen diese zeitlich einfach weniger auf, und sie werden mit unterschiedlichsten Mitteln laufend «gepuffert»: Bereits mit den Hausaufgaben beginnen, etwas anderes fertig machen, Rätselblätter lösen, etwas trödeln, …

Geöffnete und mitgestaltete Lernpläne

Wahlmöglichkeiten und Mitbestimmung im verordneten Plan

Wahlpflichtaufgaben

Zur Öffnung des verordneten Lernplans können Wahlpflichtaufgaben gestellt werden. Diese bewegen sich in demselben Ziel- und Themenrahmen, bieten aber zum Beispiel unterschiedliche Zugänge (etwas praktisch erforschen, einen Text lesen, ein Tondokument hören, ein Bild interpretieren, ...) und/oder erlauben verschiedene Ausdrucksformen (einen Text schreiben, ein Objekt bauen, eine Zeichnung machen, ein Lernplakat gestalten, ...).

Wahlpflichtaufgaben können sich auch auf unterschiedlichem Anforderungsniveau bewegen. Dabei stellt sich die Frage, ob sich die Lernenden für die Wahl der passenden Aufgabe richtig einschätzen können, oder ob sie dabei Beratung brauchen.

Zusatzaufgaben

Der Plan kann mit Zusatzaufgaben angereichert werden, welche nach Beendigung des Pflichtteils gelöst werden können.

Für leistungsstärkere Lernende müssen diese herausfordernd und interessant sein, damit wirkungsvolles Lernen erreicht werden kann. Reine Beschäftigungen wie Rätselblätter, Ausmalbilder und viele Lernspiele erfüllen diese Anforderungen nicht.

Für leistungsschwächere Schülerinnen und Schüler können Vertiefungen und Repetitionen bereitgestellt werden. Zu bedenken ist, dass diese Arbeiten weniger attraktiv sind als herausfordernde «Forschungsfragen».

Bewegen sich Zusatzaufgaben auf unterschiedlichem Anforderungsniveau, stellt sich auch hier das zu lösende Problem, wie die Lernenden zur passenden Aufgabe finden.

Freie Tätigkeiten

Ein Zeitfenster im Plan kann für freie Tätigkeiten reserviert sein, oder Lernende, die mit dem Pflichtteil fertig sind, können sich ihrer frei gewählten Tätigkeit zuwenden. Mit Vorteil ist dies ein mittelfristiges Lernvorhaben («Das will ich jetzt lernen!») oder ein Minilernprojekt («Das will ich herausfinden, erforschen!»). Dazu erstellt die Schülerin oder der Schüler zusammen mit der Lehrperson eine Planung, in welcher der Lernweg inhaltlich und zeitlich skizziert, das angestrebte Ziel definiert und die Ergebnisform festgelegt sind.

Den allgemeinen Plan mitgestalten

Lernende bestimmen Themen

Lernende können entlang ihrer Interessen und/oder aufgrund erkannter Defizite selber Themen für den Plan vorschlagen. Dies geschieht zum Beispiel im Klassenrat anlässlich der Reflexion der zurückliegenden Plansequenz und/oder im Ausblick auf kommende Themen im Unterricht.

Konkret schlagen die Schülerinnen und Schüler zum Beispiel vor, nochmals Übungsmaterial zum laufenden Mathematik-Thema aufzunehmen und zum folgenden Mensch-Umwelt-Thema diesen oder jenen Teilaspekt aufzunehmen.

Wertung des Konzepts

Nutzen

Partiell geöffnete Lernpläne ermöglichen wenigstens teilweise individualisiertes Lernen und damit Innere Differenzierung. Die thematische Mitgestaltung des allgemeinen Plans erfüllt diesen wichtigen didaktischen Nutzen zwar nicht, erzeugt durch die Partizipation dafür eine vertiefte Verbindung der Lernenden mit den Inhalten. Dadurch wird Unterricht wenigstens ansatzweise zur gemeinsamen Sache.

Mängel und Risiken

Die Teilöffnung des Plans hebt die Gefahr der oberflächlichen Erledigung des Pflichtprogramms nicht auf, attraktive Zusatzaufgaben können diese gar verschärfen.

Ist der Pflichtteil des Plans überladen, kommen leistungsschwächere Schülerinnen und Schüler nie zu den Zusatzaufgaben oder zur Freien Tätigkeit.

Der selbstbestimmte, offene Lernplan

Definition
Der Plan ist vorerst leer.

Die Schülerinnen und Schüler wählen die Arbeiten für eine Plansequenz aus einem Angebot selber aus. Teil dieses Angebots sind auch freie Lernprojekte. Sie legen Ziele und nächste Lernschritte fest, schreiben diese in den Plan, schätzen die aufzuwendende Zeit und legen in der Folge den Zieltag der Plansequenz fest. In der Besprechung mit der Lehrperson wird der Plan gemeinsam bezüglich Realisierbarkeit geprüft und verbindlich festgelegt. Die Lehrperson nimmt im Beratungsgespräch Einfluss auf die Planungsschwerpunkte. Sowohl die Länge der Planungssequenzen als auch der Start- und Schlusspunkt sind unterschiedlich. Erst dies erlaubt es der Lehrperson, ihre Beratungsarbeit möglichst gleichmässig zu verteilen.

Die Lehrperson steuert in dieser Form von Lernplanunterricht über das Angebot. Dieses ist zu einem Teil konstant, andere Elemente wechseln in eher langen Zyklen.

Im Ausnahmefall können durch die Lehrperson oder die schulische Heilpädagogin Aufgaben verordnet werden. Wenn es sich aufdrängt, kann dies phasenweise auch für die ganze Klasse geschehen. Wichtig dabei ist, dass dies den Lernenden begründet erklärt wird.

Ziele und Nutzen

Selbstbestimmte, offene Lernpläne ermöglichen echte Individualisierung des Lernens und damit Innere Differenzierung in heterogenen Lerngruppen. Dies ist besonders wichtig an Integrativen Schulen. Durch die selbstverantwortliche Planung und damit Partizipation an der Unterrichtsgestaltung wird Unterricht zur gemeinsamen Sache. Die bessere Passung der Aufgaben an die Möglichkeiten der Lernenden führt zu vermehrtem Lernerfolg. Sowohl die damit verbundene Kompetenzerfahrung als auch die Autonomieerfahrung durch die selbstbestimmte Planung bilden die unentbehrliche Grundlage für die Motivation, auch externe Anforderungen zu erfüllen.

Grad der Offenheit

Selbstbestimmte und damit individualisierte Lernpläne sind sowohl in der organisatorischen als auch in der methodischen und inhaltlichen Dimension offen. Unter Einbezug freier Lernprojekte wird auch die partizipative Dimension erfüllt (siehe auch «Dimensionen der Öffnung des Unterrichts» in Kapitel 6).

Selbstbestimmte Lernpläne konkret

Mögliche Inhalte

Die Lehrperson stellt das Angebot im Rahmen des Lehrplans der Stufe und unter Berücksichtigung des Lernstands und der Arbeitsfähigkeit der Klasse zusammen. Sie entscheidet, welche Fächer sie in welchem Umfang in das Angebot einbeziehen will.

Beispiele für Lernangebote

	Deutsch	Mathematik	Realien, M&U
eher eng geführte Angebote	• gezieltes Recht-schreibetraining • gezieltes Gram-matiktraining • Diktattraining • Texte lesen und verstehen	• Trainingsaufgaben • Repetition und Vertiefungen • Herausfordernde Aufgaben auf höherem Niveau	• Leitprogramme • Werkstätten
in Vorgehen und Ergebnis offenere Angebote	• Bücher lesen, der Klasse vorstellen • freie Texte schreiben	• mathematisches Knobeln und Erforschen	• experimentieren und erforschen • freie Lernprojekte (freies Forschen)

Die Angebote bleiben über längere Zeit konstant. Sie verändern sich parallel zum Klassenunterricht (z.B. Mathematik und Deutsch-Training), werden ersetzt, wenn sie von vielen Lernenden bearbeitet wurden (z.B. Leitprogramme, Werkstätten, Forschungsaufgaben) oder sind immer Teil des Angebots (z.B. freie Texte, freie Lernprojekte, Bücher lesen).

Unterrichtsorganisation

Während im Klassenunterricht das Lernen permanent über kurzschrittige Interventionen der Lehrperson gesteuert wird, brauchen alle Formen offenen Unterrichts leitende äussere Strukturen, deutliche Rahmenbedingungen, eine reibungslose Organisation und klare Regeln. Die Lehrperson muss sich von möglichst vielen organisatorischen Fragen im Alltag entlasten, damit sie Zeit für die Lernberatung hat.

Form des Lernplans

Der Arbeitsplan ist ein Leerformular, in das die Lernenden ihre Ziele und Aufgaben, die geschätzte Zeit und das Enddatum der Planungssequenz eintragen. Im Planungsformular kann auch Raum für die verbindliche Lernreflexion aufgenommen werden. Es hat sich bewährt, die Planungsformulare in einem Heft zu binden. So kann die Arbeit längerfristig betrachtet und Vorsätze können bereits provisorisch in nächste Planungen eingetragen werden (siehe Beispiel in den Materialien).

Organisationsmittel

Neben dem Planungsformular braucht es weitere Organisationsmittel und Planungshilfen:
• Übersicht über das Angebot
• Übersicht über die zur Verfügung stehende Zeit in der aktuellen Woche. Die Anzahl Planarbeitsstunden muss konstant sein, damit die Lernenden verlässlich ihre Zeit einplanen können.
• Übersichtliche Materialien, nach Fächern geordnet, mit Vorteil pro Fach in einer Farbe.
• Flexibler Kalender zur unterschiedlichen Zeitplanung der Lernenden, zum Beispiel in Form von 2–3 flexiblen Wochentafeln.

	Montag	Dienstag	Mittwoch	Donnerstag	Freitag
Diese Woche	1 2 3 4	1 **Rahel** 2 Leo 3 Anita 4	1 Kalo 2 Yasemin 3 Clara 4 Jonin	1 Valentin 2 Luisa 3 4	1 Ladina 2 Meret 3 Ridwan 4
Nächste Woche	1 Claudio 2 Sarah 3 Rico 4 Roger	1 Anna 2 Zülal 3 Tonja 4	1 **Rahel** 2 Alex 3 4	1 2 3 Daniel 4	1 Petra 2 3 4
Übernächste Woche	1 2 Jonas 3 4	1 2 3 4	1 2 3 Eliane 4	1 2 3 4	1 2 3 4

Erläuterung: Rahel kommt am Dienstag zur Lehrperson zum Planungsgespräch. Sie zeigt dabei ihre Arbeiten, spricht mit der Lehrperson über ihre Lernreflexion, ihren Lerngewinn und ihr Schlüsse daraus und legt die neue, provisorische Planung vor. Aufgrund des geplanten Arbeitsvolumens und der zur Verfügung stehenden Zeit legen Rahel und die Lehrperson den nächsten Mittwoch als Zieltag fest. Das Namenskärtchen wird auf diesen Tag umgehängt. Ende der Woche ist die oberste Tafel leer. Sie wird ganz nach unten gehängt und die beiden andern rutschen eine Woche nach oben. So wird die «nächste Woche» zu «dieser Woche».

Planungsablauf

- Eine Schülerin hat ihre Planarbeitssequenz abgeschlossen. Sie stellt alle ihre Arbeiten übersichtlich zusammen, wo sie das darf, bereits selber kontrolliert.
- Sie beantwortet die Fragestellungen zur Lernreflexion schriftlich.
- Sie plant provisorisch ihre nächste Sequenz inhaltlich und schätzt für jede Arbeit die Zeit ab (mit Bleistift in den Plan eintragen).
- So vorbereitet kommt sie zur Planungsbesprechung.
- Die Lehrperson bespricht mit ihr die Arbeiten, nimmt Einblick in die Korrekturen, und die Schülerin gibt Arbeiten zur Fremdkorrektur ab (z.B. einen freien Text, ...).
- Die beiden besprechen Reflexion und Lerngewinn.
- Sie besprechen die neue Planung, die Lehrperson berät, greift allenfalls mitsteuernd ein, achtet auf Abstimmung mit der Lernreflexion.
- Der neue Planungstermin wird festgesetzt.

Regeln vereinbaren

Auch oder vor allem in der offenen Form des Lernplanunterrichts braucht es Regeln. Diese werden mit den Lernenden im Klassenrat immer wieder auf Tauglichkeit überprüft und angepasst.

Überprüfen der Arbeit

Einfache Trainings- und Übungsaufgaben kontrollieren die Lernenden selber. Komplexere Arbeiten werden zur Korrektur abgegeben. Weil pro Tag immer nur wenige Kinder den Plan abschliessen, hält sich der Korrekturaufwand in Grenzen. Die Arbeiten aus dem offenen Lernplanunterricht können nicht durch konventionelle Prüfungen beurteilt werden, weil die Schülerinnen und Schüler nicht gleichzeitig an denselben Zielen und Inhalten arbeiten.

Die Arbeiten können lernziel- und kriterienorientiert beurteilt werden.

Die Lernenden stellen jedes Quartal ein Portfolio ausgewählter Arbeiten zusammen, die sie in die Gesamtbeurteilung einfliessen lassen wollen.

Dies ist natürlich nur eine der Möglichkeiten: Die Lehrperson kann auch entscheiden, welche Arbeiten immer beurteilt werden, oder sie kann die Planarbeit als «beurteilungsfreien Raum» definieren.

Arbeits- und Lernreflexion

In der Reflexion über die Arbeit geht es einerseits um Aspekte der Selbst- und Sozialkompetenz. Es ist wichtig, dass aus der Reflexion auch in diesen Bereichen Ziele formuliert, ebenfalls in den Plan eingetragen und wiederum reflektiert werden.

Zentral ist die Frage des Lerngewinns, also einfach formuliert: Was hast du in dieser Plansequenz gelernt? Diese Frage ist ein Katalysator für interessante, Horizont erweiternde Gespräche gegen die «Bewusstlosigkeit des Lernens».

Klassenrat

In allen Formen des offenen Unterrichts hat der Klassenrat eine fundamentale Bedeutung. In diesem Zeitgefäss werden Erfahrungen ausgetauscht, das Lernen und die Zusammenarbeit reflektiert, Regeln optimiert, Konflikte gelöst, Verhaltensziele gesetzt und überprüft.

Vor allem aber werden im Klassenrat auch Arbeiten vorgestellt, Texte gelesen, Kurzvorträge gehalten, Forschungsresultate gezeigt usw. Damit wird mehr Verbindlichkeit hergestellt, Arbeiten erhalten eine grössere Bedeutung und werden gewürdigt, und die Lernenden können stolz auf ihre Arbeit sein.

Offene Lernpläne und Klassenunterricht

Zentral ist natürlich die Frage, woher die Zeit für die Planarbeit kommt: Aus den Fächern, die im Angebot berücksichtigt werden. Konkret bedeutet dies, dass der Klassenunterricht zeitlich reduziert und dafür etwas zeitökonomischer geführt wird. Merkt die Lehrperson, dass in einem Fach aktuell mehr Zeit nötig ist, verschiebt sie entsprechend Zeit aus anderen Bereichen. Voraussetzung dafür ist, dass man sich aus dem Denken in Wochenlektionen löst und das Zeitbudget der Fächer zum Beispiel quartalsweise betrachtet.

In der mittelfristigen Gestaltung des Angebots besteht die Verbindung zum Klassenunterricht darin, dass Themen in die Planarbeit aufgenommen werden, die im Klassenunterricht bearbeitet worden sind. So erweitern sich Repetitions-, Trainings- und Vertiefungsaufgaben in Mathematik und Deutsch fortlaufend. Es ist auch möglich, aktuelle und temporäre Angebote einzubauen. Diese Themen können auch von den Schülerinnen und Schülern angeregt werden.

Die Rolle der Lehrperson

Die Lehrperson steuert den Unterricht in der Vorbereitung über das Angebot und die Lernorganisation und während der Planarbeitsphasen über die Lernberatung. Die Lehrperson muss in der Lage sein, ihre Rolle zu wechseln, indem sie sich aus dem Zentrum nimmt, Interventionen an die ganze Klasse minimiert, sich einzelnen und Gruppen zuwendet, Lernende in ihrem Prozess und ihren Fortschritten beobachtet und dies konstruktiv in Lernberatung einfliessen lässt.

Schritte in den Unterricht mit selbstbestimmten Lernplänen

Von der Freiwahlarbeit ...

Ein guter Ausgangspunkt für individualisierte Lernpläne bilden Methoden wie Freiwahlarbeit, Atelierunterricht, Workshops und ähnliche Formen. Das heisst, Lernende arbeiten beispielsweise während 2 Stunden pro Woche in verschiedenen Lernangeboten, in Arbeitsateliers. Die Planung bezieht sich anfänglich nur auf diese zwei Stunden. Mit der Zeit wird der Atelierbetrieb auf 4 Stunden ausgedehnt. Die Planung kann nun individuell auf 2 Stunden belassen oder auf 4 Stunden ausgeweitet werden, je nach Art der Arbeit.

Beispiele für die Gestaltung von Freiwahlarbeit resp. Ateliers finden sich in Kapitel 4.3 und in den entsprechenden Materialien.

... zum Plan

Der Atelierbetrieb wird nun in eigentliches Arbeiten nach Plan übergeführt. Dabei werden die zur Verfügung stehende Zeit auf 6 bis 8 Stunden pro Woche erhöht und die Planungszeit individualisiert. Die Lernenden planen ihre Arbeit immer noch innerhalb des bestehenden Angebots. Das Angebot bleibt weitgehend konstant resp. verändert sich nur langsam. (Eine erweiterte Sammlung von «Schritten zum selbstbestimmten Lernplan» findet sich im Materialienteil.)

Einbezug der Eltern

Geprägt durch ihre eigene Schulzeit stellen sich viele Eltern Unterricht gleichschrittig und gleichförmig in ordentlichen 45-Minuten-Lektionen vor. Deshalb ist es nicht weiter verwunderlich, wenn sich ein Teil der Eltern über offene Unterrichtsformen wundern.

Deshalb muss die Lehrperson den Eltern offenen Unterricht erklären. An einem Elternabend stellt die Lehrerin oder der Lehrer das Unterrichtskonzept vor, zeigt, wie es in der Praxis funktioniert und begründet, weshalb er oder sie so arbeitet und was die Schülerinnen und Schüler dabei lernen, ...

Die Eltern werden zu Schulbesuchen eingeladen und können nach einer gewissen Zeit aus ihrer Sicht Rückmeldung geben (siehe auch «Legekarten: Schritte zum selbstbestimmten Lernplan» im Materialienteil).

Wertung des Konzepts

Individualisierung des Lernens

Selbstbestimmte, offene Lernpläne ermöglichen Individualisierung des Lernens und damit Innere Differenzierung wie wohl kein anderes Unterrichtskonzept. Die Lernenden können mit beratender Unterstützung der Lehrperson und der schulischen Heilpädagogin, resp. des schulischen Heilpädagogen an Defiziten arbeiten und Ressourcen und Stärken ausbauen und sie können teilweise ihren eigenen Lerninteressen nachgehen.

Stärkung der Selbst- und Sozialkompetenz

Planungsfähigkeit, Selbststeuerung des Lernens, im weiten Sinn selbst verantwortetes Lernen und Zusammenarbeitsfähigkeit sind nicht etwa Voraussetzung für das Lernen mit offenen Lernplänen. Diese Kompetenzen werden in der Arbeit mit aufgebaut, indem auch in diesen Bereichen Ziele gesetzt, überprüft und erweitert werden.

Stärkung der Motivation

Durch das verstärkte Kompetenzerleben durch Lernerfolge, durch die ausgeprägte Autonomieerfahrung und durch die soziale Eingebundenheit im «Unterricht als gemeinsame Sache» ist die Basis für eine wirkungsvolle Selbstmotivation gelegt (vhl. Deci/Ryan, 1993). Dies wirkt sich erfahrungsgemäss auch auf den fremdbestimmten Klassenunterricht aus: Die Bereitschaft der Schülerinnen und

Schüler wächst, sich der Fremdbestimmung in diesem Lerngefäss zu unterziehen und sich am Unterricht aktiv zu beteiligen. Klassenunterricht wird auf dieser Basis wirkungsvoller, was die an den Lernplanunterricht abgetretene Zeit bereits teilweise kompensiert.

Wirkungsvolles Lernen

Lernen ist ein aktiver und selbstgesteuerter, individuell und sozial konstruktiver und situativer Prozess (vgl. Mandl/Reinmann-Rothmeier, 1998). Diese Bedingungen für effektives Lernen sind in der Arbeit mit selbstbestimmten und individualisierten Lernplänen weitreichend erfüllt.

Mängel und Risiken

Eigentlich gibt es keine. Dies sagt der Autor auf der Basis jahrelanger Erfahrung im individualisierten Lernplanunterricht mit in Selbstkompetenz und Leistungsvermögen eher schwächeren Schülerinnen und Schülern.

Wie bereits erwähnt, ist die Kehrseite eines ausgedehnten Lernplanunterrichts die verminderte Zeit für kursorischen Unterricht. Dies wird durch die verstärkte Grundmotivation der Lernenden teilweise wettgemacht. Überdies arbeiten die Lernenden in der Planarbeit ja ebenfalls an den Zielen der betroffenen Fachbereiche. Im Weiteren können die Lernziele auf ihre Wesentlichkeit geprüft und in der Folge Inhalte des kursorischen Unterrichts gestrafft werden.

Literatur

Deci, E. & Ryan, R. (1993): Die Selbstbestimmungstheorie der Motivation und ihre Bedeutung für die Pädagogik. In: Zeitschrift für Pädagogik 39/1993, S. 223–238.

Reinmann-Rothmeier, G. & Mandl, H. (1998): Wissensvermittlung: Ansätze zur Förderung des Wissenserwerbs. In: Klix F & Spada H.(Hrsg.): Enzyklopädie der Psychologie, Bd. 6, Wissen. Göttingen: Hogrefe, S. 457–500.

Meier, A. et al. (2010): Schülerinnen und Schüler kompetent führen. Zürich: Pestalozzianum.

1 Einen verordneten, geschlossenen Lernplan erstellen

1. Ich erstelle ein Stundenplanformular mit den Lektionen, die ich zeitlich fixiert haben will/muss (z.B. Turnen, Werken/Zeichnen, Musik, Klassenrat, Erzählstunde, ...).
   Die übrigen Lektionen sind jede zeitlich Woche neu definierbar.

2. Ich stelle die Wochenziele / Wochenthemen zusammen.
   Am besten ist es, wenn ich von einem Semester- oder Quartalsplan ausgehen kann, den ich aufgrund der Lehrmittel und/oder des Lehrplans erstelle.

3. Welche Inhalte muss ich, resp. will ich im Klassenunterricht einführen und/oder erarbeiten?
   Wieviele Lektionen benötige ich dafür?

4. Welche Inhalte können die Lernenden selber erarbeiten?
   Diese Frage hängt auch vom Schulmaterial und von meinem Vorbereitungsaufwand ab.

5. Wieviele Lektionen brauchen die Schülerinnen und Schüler zum Durcharbeiten und Üben?

6. Welche Ergebnisse will ich sehen und evt. korrigieren?
   Welche Arbeiten will ich prüfen und benoten?

7. Nun kann ich den Plan für die Schülerinnen und Schüler provisorisch erstellen.

8. Ich verteile nun auf die verfügbaren Lektionsfelder Klassenunterrichtslektionen, Tests und Planarbeitsstunden so, dass sich ein sinnvoller Rhythmus ergibt.

9. Wahrscheinlich muss ich jetzt meine Wochenziele reduzieren, weil ich nicht alles unterbringe.
   Dabei gilt oft: «Weniger ist mehr». Weniger Stoff, dafür mehr Lernen lernen, entscheiden und planen, zusammenarbeiten lernen, also Lern- und Zusammenarbeitskompetenz stärken.

10. Jetzt erst entsteht der definitive Arbeitsplan.

11. Damit bei den Schülerinnen und Schülern wirklich Planungskompetenz aufgebaut werden kann, braucht es mindestens ca. 4–8 Lektionen pro Woche.

Zusammenstellung: Thomas Birri

2 Beispiel A: verordneter Lernplan für die Unterstufe

AB	Lies den Text. Setze die fehlenden Punkte und schreibe den Text richtig ab. Achte darauf, dass du nach einem Punkt groß weiterschreiben musst.	✔
? Diktat	Hast du schon deine Fehler aus dem Regenwurm-Diktat berichtigt? Die Berichtigung soll bis spätestens Freitag fertig sein.	
1+1 S. 32	Nr. 2, 3 und 5. Schreibe deine Rechenwege auf.	
KARTEI	Bearbeite mindestens 2 Aufgaben aus der „Längen-Kartei".	
5	Übe mit einem Partner täglich 10 Minuten Kopfrechenaufgaben im Zahlbereich bis 1000. Mo ☐ Di ☐ Mi ☐ Do ☐ Fr	
	Baue nach der Anleitung im Wetter-Heft ein Windmessgerät und probiere es aus *oder* Löse das Windstärken-Puzzle *oder* mache das Experiment zur Luftbewegung und schreibe deine Beobachtungen auf.	
Langzeit-Aufgabe bis **30. Jan.**	Bearbeite mindestens 10 Aufgaben aus der Experimentier-Kartei.	

	Lerne eines der Hexengedichte auswendig und übe es vorzutragen. Um es interessanter zu machen, kannst du dazu deine Stimme wie eine Hexe verstellen! *Oder* erfinde zu einem der Hexengedichte eine passende Musik.	
★ ABC	Schreibe einen Beitrag für unser Hexen-Lexikon. Achtung: Die Beiträge sind alphabetisch geordnet.	
★ ABC	Lennard und Bastian haben ein Hexen-Quiz erfunden. Um es zu lösen, solltest du das Buch von der Hexe Lakritze gelesen haben.	
★	Erinnere dich an die Geschichte von den Wetterhexen. Suche dir eine der vier Hexen aus und male sie.	
★	Kübra möchte alles über die Rezepte der Kräuterhexen herausfinden. Wenn es solche Kräuter bei uns gibt, möchte sie einen Kräutertrank brauen. Dazu sucht sie noch Partner.	
★	Am Computer findest du eine Liste mit Internetadressen über Hexen. Wenn du ins Internet möchtest, melde dich bei Frau Morgenthau.	

Abbildung 19: Beispiel für einen Wochenplan

3 Beispiel B: verordneter Lernplan für die Unterstufe

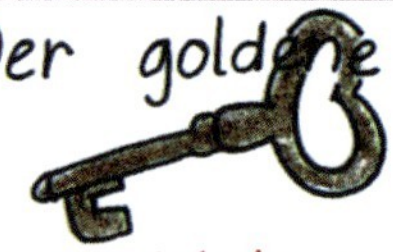

Abbildung 20: Arbeitsplan

4 Beispiel C: verordneter Lernplan für die Unterstufe

Sprache			☺	☺	☹
Sprachstarken *Ah S. 91*		✍			
AB Adjektive «Hexe» *lesen und ausmalen*		✍			
AB Adjektive *lösen*		✍			
Adjektive «Hexe» *Memory spielen*					
Muttertagsversli *auswendig üben*		✍			

Mathematik			☺	☺	☹
Teilungsaufgaben (Division) *üben*					
AB Division *lösen*		✍			

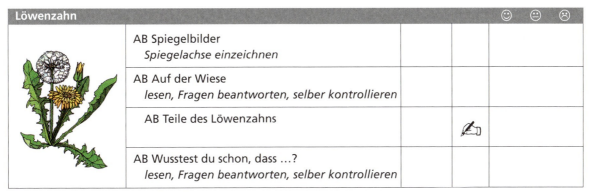

Löwenzahn			☺	☺	☹
AB Spiegelbilder *Spiegelachse einzeichnen*					
AB Auf der Wiese *lesen, Fragen beantworten, selber kontrollieren*					
AB Teile des Löwenzahns		✍			
AB Wusstest du schon, dass …? *lesen, Fragen beantworten, selber kontrollieren*					

Abbildung 21: Wochenplan

5 Beispiel verordneter Lernplan für die Mittelstufe

Wochenplan 7

2. bis 6. März 2010   Name _____

Posten	Auftrag	Material/Hinweise	in der Schule/resp. als Hausaufgabe erledigt
1 Jassen	In 4er Gruppen jassen (Obenabe) 4 Durchgänge, Punkte zählen	• Jasskarten, Notizpapier und Bleistift	
2 Sprache: Fabel	Fabel vom Wolf und vom Lamm: mache die Verbesserung und zeige das Heft deiner Lehrerin	• gelbes Sprachheft	
3 Sprache: Lesen	Leseclub 1: lerne Übung 3 gut lesen! Leseclub 2: lerne Übung 8 gut lesen!	• Übungsblätter 8 und 8	
4 Sprache: Grammatik	AB «Formen der Vergangenheit»: – löse Aufgabe 2 der Übung 6 aufs AB – korrigiere Übung 7 selbstständig	• AB • Korrekturblatt	
5 Mathematik: Sachrechnen	Partnerarbeit: löse mündlich Sachaufgaben zum Thema «Geld» Zeit: 15 Minuten	• Karteikarten Sachrechnen «Geld»	
6 Sprache: Rechtschreibung	Rechtschreibtraining am Compi: Übung 1, Schwierigkeitsgrad 2 *freiwillig:* Schwierigkeitsgrad 3	Compi-Chef: Marko und Deborah 1 Durchgang am Compi	
7 Mundharmonika	1. Stimme von «Fuchs ...» dreimal durchspielen *freiwillig:* 2. Stimme dreimal durchspielen	• Mundharmonika • Mäppli mit Lied vom Fuchs	

Abbildung 22: Wochenplan

6 Beispiel teiloffener Lernplan für die Mittelstufe

Wochenplan vom 22.–26. November

	M 1	M 2	M 3	D 1	D 2	D 3	R 1	R 2	R 2
Aileen									
Arta									
Ekatarina									
Jessica									
Leslie									
Medha									
… weitere Schülerinnen und Schüler									
	AB Orientierung im Tausenderraum ☺	Karteikarten «Wie viele?» 10 Min. ☺☺	Karteikarten «Welche Zahlen?» 10 Min. ☺☺	Nomen-Netz ☺	D – AH S. 68 ☺	Lernwörter 1 + 2 ☺☺	Igelwerkstatt: obligatorische Posten	Igeltest ☺	8–10 Fragen + Antworten zum Igel ☺

☐ Obligatorischer Auftrag

▨ Wahlpflicht-Auftrag (mind. 2 davon)

☐ Zusätzlicher Autrag (freiwillig)

Mathematik: Auftrag 1	AB Orientierung im Tausenderraum • Material: Ziffernkarten, Plättchen, Stellentafel • Löse dieses AB mit Bleistift	☺ ᕲ
Mathematik: Auftrag 2	Karteikarten «Wie viele?» • Rechnet abwechslungsweise mit den Karteikarten 10 Minuten lang	☺☺
Mathematik: Auftrag 3	Karteikarten «Welche Zahlen?» • Rechnet abwechslungsweise mit den Karteikarten 10 Minuten lang	☺☺
Deutsch: Auftrag 1	Nomen-Netz • Nimm ein weisses Blatt und loche es • Schreibe den Titel «Nomen-Netz» • Studiere im D-Buch die S. 76 / 77 • Mache selber ein Nomen-Netz auf das Blatt (mindestens 6 neue Nomen) und zeichne Bilder dazu.	☺ ᕲ
Deutsch: Auftrag 2	D – AH S. 68 • Löse diese Seite mit Tinte.	☺ ᕲ

Deutsch: Auftrag 3	Lernwörter	☺☺ ↝
	• Lerne deine Lernwörter 1 + 2.	
	• Nimm dein D – Heft. Schreibe einen ge-eigneten Titel.	
	• Dein Partner diktiert dir deine Wörter. Schreibe ins Deutschheft mit Tinte.	
Realien: Auftrag 1	Obligatorische Posten Igelwerkstatt	☺ ↝
	• Löse alle noch nicht erledigten obligato-rischen Posten von der Igelwerkstatt.	
Realien: Auftrag 2	Igeltest	☺ ✐
	• Material: Test in Sichthülle, Folienstift	
	• Löse den Test. Es können keine, eine, zwei, oder drei Antworten richtig sein. Setze die Kreuze direkt auf die Sichthülle.	
	• Hole die Lösung und schiebe sie vorsichtig in die Hülle. Jetzt siehst du, was du richtig / falsch beantwortet hast.	
	• Bring die Lösung zurück.	
	• Putze mit einem feuchten Lappen die Sichthülle und trockne sie mit einem Tuch nach.	
Realien: Auftrag 3	Fragen und Antworten zum Igel	☺
	• Schreibe ins Notizheft 8 – 10 Fragen zum Igel.	
	• Schreibe dazu die Lösung.	
	• Am Donnerstag kannst du die Fragen in der Klasse stellen.	

Symbole und Abkürzungen	AB	= Arbeitsblatt	☺	= Einzelarbeit
	D-Buch	= Buch «die Sprachstarken»	☺☺	= Partnerarbeit
	D-AH	= Arbeits-Heft	✐	= selber korrigieren mit Lösungsblatt
	D-Heft	= Deutsch-Heft	↝	= Korrektur durch die Lehrperson
				= Lösung in der Gruppe besprechen

Abbildung 23: Wochenplan

7 Beispiel verordneter Lernplan für die Oberstufe

Wochenplan Klasse 8

Deutsch	
Pflicht Diktatvorbereitung!	1. Lies den Diktattext. 2. Schneide den ersten Teil aus und klebe ihn ins Heft. 3. Übe auf verschiedene Arten, so lange bis du glaubst, den Text fehlerlos schreiben zu können (schwierige Wörter unterstreichen, mehrmals abschreiben, Laufdiktat ...). 4. Lass dir den Text von einem Partner diktieren. 5. Bearbeite die beiden Übngsblätter. Damit bereitest du dich gut vor! *Achtung:* Du hast 2 Wochen Zeit, um alle Textteile zu üben, dann schreiben wir das Diktat.

Wahl
Schreibe ausführlich über eines deiner Hobbys. Du kannst auch ein Cluster dazu anfertigen!

Englisch	

Pflicht
Free time activities/
hobbies
	• Make a list of free time activities:
	  I like _____
	  I don't like _____
	  I've never tried _____
	• Write 10 sentences:
	  My favourite meal/drink/colour/pet/hobby/subject /singer/pop group/car/movie ...
	• Fill in the 3worksheets!

Wahl: An interview	• Make an interview with one of your teachers and find out, what he/she likes, doesn't like and what her/his favourite meal/drink ... is. Start like this: Hello, wha's your name? Where are you from? What is your favourite ...? Is there something at school/at home/in your freetime you don't like? What do you like most? ... Find more questions.

Projekt: Klima- und Vegetationszonen der Erde
Recherchiere für dein Themenheft im Internet und mit Encarta. *Beachte bei deiner Wochenplanung die Raumbelegungszeiten für den Computerraum!*

Abbildung 24: Wochenplan

8 Legekarten: Schritte zum verordneten Lernplan

Die folgenden Karten beschreiben mögliche Schritte zum Unterricht mit verordneten, teilweise geöffneten Lernplänen. Nicht jeder Schritt muss befolgt werden, dafür sind durchaus andere und weitere möglich.

Diese Seite kopieren, die Karten ausschneiden und in eine sinnvolle Reihenfolge bringen.

Die Lernenden führen ein Arbeitsprotokoll, Lerntagebuch. Mögliche Rubriken sind: • Erledigungszeitpunkt und Auswahlkriterium • Dauer der Arbeit • offene Fragen • Lernerkenntnis	Die Erfahrungen mit der Arbeitseinteilung in den Stillarbeitsphasen und mit der Selbstkontrolle werden bewusst gemacht und ausgetauscht. Ich bereite mich dafür methodisch vor!	Während 2 Doppelstunden wöchentlich richte ich fächerübergreifende Stillarbeitsphasen ein (z.B. Deutsch und Mathematik).
Ich baue im normalen Fachunterricht ca. zweimal wöchentlich eine 1-stündige Stillarbeitsphase ein.	Die Arbeiten aus den Stillarbeitsphasen kontrollieren die Schülerinnen und Schüler selber. (Sind die Hausaufgaben ins Arbeitspensum miteinbezogen, steht für deren Kontrolle am nächsten Tag kurze Zeit zur Verfügung).	Die Arbeitsaufträge der Stillarbeitsphasen enthalten neben den Pflichtaufträgen auch Zusatzaufgaben auf anspruchsvollerem Niveau.
Strategien zur erfolgreichen Planung der Arbeit werden bewusst gemacht, gesammelt, ausgetauscht und gezielt angewendet. → z.B. Wochenmotto oder Wochenziele definieren → wiederum Erfahrungen austauschen.	Die Zusammenarbeit in den Lernpartnerschaften wird ausgewertet und überprüft. Positive Strategien der Zusammenarbeit werden gesammelt und gezielt angewendet. → Weiterarbeit in den gleichen Partnerschaften. Ich bereite mich darauf speziell vor!	Ich führe Wochen-Hausaufgaben ein. Diese werden am Montag eingeführt und erläutert, am Freitag im Klassenunterricht zusammengeführt und ausgewertet.
Die Aufträge für die Stillarbeitsphasen mit integrierten Hausaufgaben erteile ich bereits zum Wochenbeginn.	Für die Stillarbeitsphasen führe ich Lernpartnerschaften ein. Meine Arbeitsaufträge nutzen vermehrt die Chancen der Arbeit zu zweit.	Die Lernpartnerschaften werden erneut evaluiert. Die Partnerschaften werden grundsätzlich neu gebildet. (Nach welchen Kriterien?)

Ein regelmässiger «Klassenrat» wird eingeführt.
→ Wöchentliche Gesprächsrunden, Arbeits- und Erfahrungsaustausch. Mit der Zeit erarbeiten wir Gesprächsregeln.

Ein Teil der Hausaufgaben sind in die Arbeitsaufträge integriert.

Neben den Pflichtaufträgen und evt. Zusatzaufgaben führe ich Freie Tätigkeiten im Plan ein. Die Schülerinnen und Schüler legen sich zu Beginn der Woche auf eine Tätigkeit fest und schreiben dies in ihren Plan. (z.B. freie Texte, freie Lektüre, kleine Projekte, Trainingsmöglichkeiten, …)

Ich weite das Arbeitspensum der Stillarbeit auf 6 oder mehr Stunden aus.
→ Ich habe nun einen richtigen Wochenplan realisiert!

Neben Übungs- und Durcharbeitungsaufgaben integriere ich auch Problemlöse- und Erarbeitungsaufträge in die Stillarbeitsphasen, resp. in den Wochenplan!

Ich formuliere für den Wochenplan Hauptlernziele, die die Schülerinnen und Schüler erreichen müssen. Zur Verfügung stehen Basis-, Trainings- und Erweiterungsaufgaben. Die Schülerinnen und Schüler wählen ihr Programm zur Erreichung des Lernziels.

Zur Evaluation des neuen Unterrichtskonzepts aus Elternsicht führe ich eine Elternbefragung, einen Elternabend, … durch. (Vor allem angezeigt, wenn mit integrierten Hausaufgaben gearbeitet wird!) Zur Beratung und Auswertung ziehe ich _____ bei.

Zusammen mit Kolleginnen, einer befreundeten Architektin, … mit den Schülerinnen und Schülern plane ich die Einrichtung des Schulzimmers neu.
Den Hauswart informiere ich vor der grossen Umstellung.

Zu Beginn der Lernplan-Sequenz planen die Schülerinnen und Schüler ihre Arbeit in einer Wochenübersicht und verteilen auch die Hausaufgaben.
Einige Kinder unterstütze ich dabei. Die Eltern können diese Planung einsehen.

Zur individuellen Überprüfung der Lernziele stehen den Schülerinnen und Schülern Tests zur Verfügung. Sie dienen der Selbstkontrolle und der Steuerung des Lernens.
→ Weiter trainieren, abschliessen oder Erweiterungsaufgaben losen.

Ich freue mich riesig über mein neues Unterrichtskonzept und bin auch ein wenig stolz auf mich. Vielleicht feiern wir das auch in der Klasse: Ein Quartal erfolgreicher Wochenplanunterricht!

Ich führe zum Thema Lernplan-Unterricht einen Elternabend durch. Dazu dokumentiere ich mich.

Zusammenstellung: Thomas Birri

9 Beispiel offener Lernplan für die Unterstufe

Lernplan für die ___ Woche vom _____ bis _____

Das nehme ich mir vor:	Das habe ich erreicht:	So habe ich gearbeitet:
Schreiben:		
Lesen:		
Mathematik: 1+4		
Forschen:		
Meine Ideen:		

Diese Aufgaben sind mir gut gelungen:

Dabei hatte ich Probleme:

Das will ich nächste Woche tun:

Ideen / Wünsche / Anregungen für den Unterricht:

Bemerkungen der Lehrerin:	Bemerkungen der Eltern :

Unterschriften:

_____   _____   _____
Schüler/Schülerin   Lehrerin   Eltern

Abbildung 25: Lehrplan

10 Beispiel offener Lernplan für die Mittel- und Oberstufe

Arbeitsplan   von ....   bis ....

Ich führe folgende Arbeiten aus:	geplante Zeit
1	
2	
3	

Das habe ich gelernt
aus den Arbeitsthemen, neues Wissen, neues Können, ... Mach ein Beispiel

Das habe ich gelernt
darüber wie ich arbeite, mein Vorgehen, meine Arbeitsfähigkeit, ... Mach ein Beispiel

Bemerkungen

Selber geplant und einverstanden.	Miteinander abgesprochen.
Unterschrift Schülerin/Schüler	Unterschrift Lehrerin/Lehrer

Abbildung 26: Arbeitsplan

11 Beispiel Planungsanleitung offener Lernplan für die Mittel- und Oberstufe

Die Arbeit abschliessen und neu planen

Bevor du zur Planungsbesprechung kommst:

- Als erstes musst du *alle Arbeiten* zum Zeigen *zusammenstellen* und alles *korrigieren*!
- Du lässt dir nun die Arbeitszeit in einem Film durch den Kopf laufen: *Was* habe ich alles gemacht? *Wie* habe ich es gemacht?

Und vor allem:

- **Was habe ich gelernt dabei ?**

Nun schreibst du auf:

«Das habe ich gelernt»

- zuerst über deine Arbeitsthemen, über Inhalte, neues Wissen, neues Können,
- dann über deine Arbeitstechnik, dein Vorgehen, deine Arbeitsfähigkeit.

Beschreibe das möglichst konkret, praktisch, wenns geht mit einem Beispiel.

- Entscheide jetzt, woran du weiterarbeiten willst, was du lernen willst: Fülle die *Planung* mit Bleistift aus.
- Jetzt kommst du zur *Planungsbesprechung.*

Zusammenstellung: Thomas Birri

12 Legekarten: Schritte zum selbstbestimmten Lernplan

Die folgenden Karten beschreiben mögliche Schritte zum Unterricht mit selbstbestimmten, offenen Lernplänen. Nicht jeder Schritt muss befolgt werden, dafür sind durchaus andere und weitere möglich.

Diese Seite kopieren, die Karten ausschneiden und in eine sinnvolle Reihenfolge bringen.

Die Schüler/innen führen ein Arbeitsprotokoll, Lerntagebuch. Mögliche Rubriken sind:
• Kriterien der Auswahl
• Strategien für Konzentration und Erfolg
• Lerngewinn ....

Die Erfahrungen mit der selbstständigen Arbeit in den Ateliers und mit der Selbstkontrolle werden bewusst gemacht und ausgetauscht. Ich bereite mich dafür methodisch vor!

Während einer Doppelstunde pro Woche richte ich im Halbklassenunterricht ein Lernangebot ein, das 6–8 verschiedene Arbeiten umfasst.
(«Atelier-Unterricht», «Workshops», ...)

Ich durchforste das Schulzimmer, meine Unterlagen, das Schulhaus, ... nach Lernmaterialien, die sich für individualisierten Unterricht in Ateliers eignen.

Die Arbeiten aus den Ateliers kontrollieren die Schülerinnen und Schüler selber.

Ein Teil der Arbeiten aus dem Lernplan-Unterricht fliesst in die Beurteilung und somit in das Zeugnis ein.

Strategien zur erfolgreichen Planung der Arbeit werden bewusst gemacht, gesammelt, ausgetauscht und gezielt angewendet.
→ z.B. Wochenmotto oder Wochenziele definieren
→ wiederum Erfahrungen austauschen

Die Zusammenarbeit in den Lernpartnerschaften wird ausgewertet und überprüft. Positive Strategien der Zusammenarbeit werden gesammelt und gezielt angewendet.
→ Weiterarbeit in den gleichen Partnerschaften. Ich bereite mich darauf speziell vor!

Ich führe Wochen-Hausaufgaben ein. Diese werden am Montag eingeführt und erläutert, am Freitag im Klassenunterricht zusammengeführt und ausgewertet

---

Ich erweitere den Atelierbetrieb auf 2 Doppelstunden pro Woche. Die Schülerinnen und Schüler planen ihre Arbeit aber immer noch für jede Doppelstunde separat.

Für den Atelier-Unterricht führe ich Lernpartnerschaften ein. Die einzelnen Ateliers nutzen vermehrt die Chancen der Arbeit zu zweit.

Die Lernpartnerschaften werden erneut evaluiert. Die Partnerschaften werden grundsätzlich neu gebildet. (Nach welchen Kriterien?)

Ein regelmässiger «Klassenrat» wird eingeführt.
→ Wöchentliche Gesprächsrunden, Arbeits- und Erfahrungsaustausch. Mit der Zeit erarbeiten wir Gesprächsregeln.

Ich erweitere die Lernangebote in den Fachbereichen so, dass eine Binnendifferenzierung möglich ist.
→ Aufträge auf verschiedenem Niveau.

Neben den frei gewählten Lern-Tätigkeiten gebe ich 1–2 gemeinsame Aufträge pro Woche vor. Oder: Ich gebe den Schülerinnen und Schülern Minimallernziele vor, die sie in einem vorgeschriebenen Zeitraum erfüllen müssen.
→ Verbindlichkeiten herstellen!

Ich verändere die zeitliche Struktur. Zum Beispiel 1 Stunde Halbklasse + 1 Doppelstunde + 1 weitere Einzelstunde. Die Schülerinnen und Schüler planen ihre Arbeit über die ganze Zeit.
→ Ich habe einen individualisierten Wochenplan-Unterricht!!!

Ich überprüfe das Atelier-Angebot und strukturiere es neu klarer nach Fachbereichen.
Ich setze mir bewusst Ziele und prüfe, ob das Angebot diese erfüllt. In jedem Fachbereich gibt es mehrere Lernangebote.

Ich erweitere den Lernplan-Unterricht auf ca. 6 Lektionen pro Woche. Ein Teil davon findet im Halbklassenunterricht statt.

Zur Evaluation des neuen Unterrichtskonzepts aus Elternsicht führe ich eine Elternbefragung, einen Elternabend, … durch.
Zur Beratung und Auswertung ziehe ich _____ bei.

Zusammen mit Kolleginnen, einer befreundeten Architektin, … mit den Schülerinnen und Schülern plane ich die Einrichtung des Schulzimmers neu.
Den Hauswart informiere ich vor der grossen Umstellung.

Zur Planung der Arbeiten steht den Schülerinnen und Schülern ein einfaches und wirkungsvolles Planungsformular zur Verfügung.

Ich freue mich riesig über mein neues Unterrichtskonzept und bin auch ein wenig stolz auf mich. Vielleicht feiern wir das auch in der Klasse: Ein Quartal erfolgreichen Lernplanunterrichts!

Ich führe zum Thema Lernplan-Unterricht einen Elternabend durch. Dazu dokumentiere ich mich.

Ich führe ein System ein, in dem auch eine zeitliche Individualisierung möglich ist.
→ Nicht mehr alle Schülerinnen und Schüler planen über eine Woche.

Zusammenstellung: Thomas Birri

Kommentierte Literaturhinweise

Morgenthau, Lena
Eller, Ursula &
Grimm, Wendelin

Wochenplan und Freie Arbeit organisieren. Mülheim: Verlag an der Ruhr. (2003)
Individuelle Lernpläne für Kinder. Weinheim: Beltz. (2008)
Beide Bücher bieten Grundlagen, Hinweise zur Lernorganisation und Beispiele für den Aufbau von Planunterricht in der Primarschule. In den Grundprinzipien weitgehend auch auf die Oberstufe übertragbar.

Bauer, Roland (Hrsg.)

Offenes Arbeiten in der Sekundarstufe I. Berlin: Cornelsen. (2003)
Neben Begründungszusammenhängen für offenen Unterricht umfasst diese Publikation eine Fülle von Konzepten und konkreten Hinweisen zu Methoden des individualisierten Lernens, auch aus der Sicht von Fachlehrpersonen. Ein Kapitel ist speziell der Planarbeit gewidmet.

Kapitel 4.3 Atelierunterricht resp. Freiwahlarbeit

Im Atelierunterricht resp. in der Freiwahlarbeit können die Schülerinnen und Schüler während 2 bis 4 Stunden pro Woche ihre Tätigkeit aus einem längerfristig bestehenden Angebot frei wählen. Diese Lernform eignet sich besonders gut für den Einstieg in offenen Unterricht.

| Basics | Seite 153 | Materialien | Seite 161 |

THOMAS BIRRI

Was ist Atelierunterricht resp. Freiwahlarbeit?

Definition

Ateliers sind längerfristig bestehende «Lernorte» resp. Lernangebote, die sich in Inhalt, Tätigkeit, Wahrnehmung, Ausdruck und Sozialform unterscheiden. Die Lehrperson steuert den Unterricht inhaltlich, indem sie konzeptionell entscheidet, welche Fächer die Arbeitsstationen abdecken. Jedes Atelier hat bewusst eine begrenzte Anzahl Arbeitsplätze.

Die Schülerinnen und Schüler können für eine bestimmte Zeit im Laufe der Schulwoche, zum Beispiel während 2 bis 4 Stunden, im Rahmen des Angebots ihre Tätigkeit frei wählen. Die Lerngruppe einigt sich auf die Belegung der Ateliers.

In der Unterstufe lehnen sich Ateliers an das Freispiel im Kindergarten an, greifen damit bereits aufgebaute Kompetenzen der Kinder auf und ermöglichen auch einen nahtloseren Übergang zwischen Kindergarten und Schule.

Historisch gesehen weist der Atelierunterricht Bezüge zu den Arbeitsateliers aus der Freinetpädagogik auf. In der aktuellen didaktischen Landschaft sind u. a. Verwandtschaften zu selbstbestimmten, offenen Lernplänen, zum Werkstattunterricht, zum Workshopbetrieb in Konzentrationswochen und zur Projektarbeit auszumachen.

Ziele und Nutzen

Atelierunterricht ist ein didaktisches Konzept, welches eine partielle Öffnung des Unterrichts erlaubt. Dies ermöglicht der Lehrperson den vorerst beschränkten und schrittweisen Einstieg in offenen Unterricht.

Ateliers sind insofern eine adaptive Lernumgebung, als sie neben dem eher instruktiven Klassenunterricht ein Lernfeld mit vermehrter Eigensteuerung der Lernenden öffnen. Die Schülerinnen und Schüler können je nach inhaltlicher Gestaltung sowohl Themen aus dem instruktiven Unterricht erweitert bearbeiten als auch Lernziele unabhängig vom Klassenunterricht verfolgen. Atelierunterricht fördert sowohl das Lernen im Bereich der Sachkompetenz als auch die Selbst- und Sozialkompetenz und stärkt durch die Wahlmöglichkeit die Motivation.

Grad der Offenheit

Nach den «Dimensionen der Öffnung von Unterricht» nach Bohl & Kucharz (siehe Kapitel 6) kann die Arbeit in Ateliers als offener und selbstbestimmter Unterricht bezeichnet werden. Können die Lernenden eigene Atelierangebote entwickeln und/oder in selbstbestimmten Projekten arbeiten, wird auch die partizipative Dimension erreicht.

Mögliche Inhalte der Ateliers

Über die Inhalte der einzelnen Ateliers steuert die Lehrperson das Lernen im Bereich der Sachkompetenz. Die Schwerpunktsetzung richtet sich nach den Zielen, welche die Lehrperson mit ihren Schülerinnen und Schülern in diesem Lernangebot erreichen will. Zu Beginn ist dieses vielleicht konzeptionell noch nicht durchwegs ausgereift, sondern richtet sich eher nach den Möglichkeiten der Lehrperson und der Schule.

Mögliche Inhalte sind:

	Deutsch	*Mathematik*	*Realien, M&U*	*Weitere …*
eher eng geführte Angebote	• gezieltes Rechtschreibtraining • gezieltes Grammatiktraining • Diktattraining • Texte lesen und verstehen	• Trainingsaufgaben • Vertiefungsaufgaben	• Leitprogramme • Werkstätten • Forscherateliers mit Forscherkisten, Physikkästen, Legotechnik, …	• Kochatelier • Erlernen verschiedener Gestaltungstechniken nach Anleitung
in Vorgehen und Ergebnis offenere Angebote	• Leseecke • Geschichtenwerkstatt • Druckatelier • ein Buch schreiben	• mathematisches Knobeln und Erforschen	• experimnetieren und erforschen • freie Lernprojekte (freies Forschen)	• Malatelier • Videolabor • Tonstudio • Töpferei

Weitere Ideen finden sich in den Materialien. Die Inhalte der Ateliers können auch auf ein Fach beschränkt sein.

Abbildung 27: Bücher lesen. Die Erstleserin liest und hört den Text

Abbildung 28: Schuldruckerei

Abbildung 29: Das Malhaus, zwei Gestelle auf Rollen

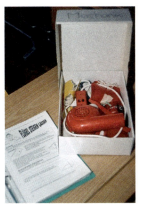

Abbildung 30: Forscherkiste

Abbildung 31: Kochatelier Buchstaben-suppe

Abbildung 32: Kinder schreiben und zeichnen selber ihr Bilderbuch

Abbildung 33: Trainings- und Lernma-terial Deutsch

Abbildung 34: Forschen zum Thema Wärmelehre

Abbildung 35: Forschen zum Thema Zeit

Abbildung 36: Töpferei

Organisation

Raumstruktur

Die Ateliers müssen so aufgebaut sein, dass sie schnell eingerichtet und abgebaut sind (z.B. auf fahrbaren Gestellen, die gleichzeitig als Raumteiler dienen). Die einzelnen Ateliers sollten optisch durch einfache Faltwände und Gestelle etwas getrennt sein. In Klassenzimmern, die bereits in verschiedene Arbeitsbereiche gegliedert sind, fällt das leichter.

Zeit

Für den Atelier-Betrieb muss ein Zeitraum von wöchentlich 2 bis 4 Lektionen zur Verfügung stehen, in grossen Klassen mit Vorteil im Halbklassenunterricht.

Arbeitsplätze

Es besteht im Gesamten ein Überangebot an Arbeitsplätzen, damit eine echte Wahl möglich ist. Gleichzeitig sind die Arbeitsplätze pro Atelier beschränkt, damit Einigungsprozesse notwendig sind (soziales Lernen). Zu Beginn oder besser am Halbtag vorher reservieren sich die Schülerinnen und Schüler ihren Atelier-platz. Dazu braucht es eine Planungshilfe z.B. in Form eines Plakats. Die Zahlen in Klammern bezeichnen die maximale Zahl der Arbeitsplätze.

Die Lernenden klemmen zur Reservation eine Wäscheklammer mit ihrem Namen neben das gewünschte Atelier. Hat es mehr Interessierte als Arbeits-plätze, ist eine Einigung in der Planungsrunde nötig.

Die definitive Belegung wird in die mit Datum versehenen Felder eingetragen. So kann über längere Zeit verfolgt werden, wer wie oft in welchem Atelier war.

		10.1.	17.1.	24.1.
Freies Malen	(2)			
Zeichnen	(4)			
Kochen	(2)			
1x1 Training	(4)			
...				

Abbildung 37: Organisation eines Atelierunterrichts

Klare und attraktive Aufträge motivieren

Jedes Atelier verfügt über eine klare Anleitung. Diese deklariert das Lernziel, beschreibt kurz den Inhalt, führt bei eher «geschlossenen» Aufträgen leitprogrammartig durch die Aufgabe und listet das benötigte Material auf. Die Materialien sind ansprechend gestaltet, «unverwüstlich» und übersichtlich aufbewahrt.

Arbeitsweise klären

Falls Partner- und Gruppenarbeiten eingesetzt werden, braucht es jeweils Zeit und wohl auch Moderation der Lehrperson, um jene zu organisieren. Die Lernenden reflektieren den Arbeits- und Lernprozess einzeln (Lerntagebuch, Atelierportfolio, metakognitive Aufträge an jeder Lernstation, ...) und auch im Austausch mit andern, moderiert von der Lehrperson. Schlüsse aus dieser Reflexion fliessen allenfalls in die Organisations- und Verhaltensregeln, sicher aber in die Gestaltung des weiteren Lernprozesses ein.

Der Unterricht konkret

Planung

Nach der vorgängigen Reservation werden die Atelierplätze in einer Planungsrunde verteilt. Bei Uneinigkeit ist das Belegungsplakat eine Hilfe. Soweit möglich suchen die Schülerinnen und Schüler selber nach Lösungen resp. sie suchen selber nach Argumenten, weshalb gerade sie heute diesen Atelierplatz belegen können: «Ich war schon lange nicht mehr im Kochatelier», «Ich will den angefangenen Text auf dem Computer fertig schreiben», «Ich möchte mit Regula arbeiten» usw.

Verlauf

Damit vertiefte Arbeits- und Lernprozesse möglich sind, arbeiten die Lernenden in der Regel die ganze Atelierzeit in ihrem Atelier. Die Ateliers müssen so angelegt sein, dass dies möglich ist. Werden Einzelne trotzdem früher fertig, können sie sich mit kleineren Arbeiten beschäftigen, anderen Kindern helfen oder die nächste Ateliersequenz planen.

Ausstellung und Vorstellrunde

Die in den Ateliers entstandenen Arbeiten können auf einem speziellen Tisch oder Gestell ausgestellt werden. Regelmässig findet auch eine Austauschrunde statt, in der Geschichten vorgelesen, Tondokumente gehört, Produkte gezeigt, Rollenspiele vorgeführt werden usw.

Klassenrat

Arbeitet eine Klasse regelmässig in Ateliers, werden durch den offeneren Betrieb auch Reibungsflächen und Konflikte sichtbar. Das ist nicht etwa eine negative Nebenerscheinung, sondern sogar ein gewünschter Effekt, weil dies immer wieder Anlass für Lernen im Bereich der Sozialkompetenz bietet.

Im regelmässig zusammenkommenden Klassenrat werden auftauchende Probleme miteinander besprochen, Lösungen gesucht und Regeln vereinbart. Die Lernenden und die Lehrperson notieren ihre «Traktanden» auf einer Klassenratstafel. Der Klassenrat dient auch dem Austausch von Arbeitsergebnissen.

Planung und Vorbereitung

Vorbereitung

Zu Beginn kann ganz einfach die Frage stehen: Über welche Materialien verfüge ich oder andere im Schulhaus, aus denen ich mit wenig Aufwand ein Atelier aufbauen kann? Eine Schminkkiste für das Schminkatelier, eine Herdplatte und/oder ein mobiler Backofen ergeben das Kochatelier, der Brennofen im Keller dient der Töpferei, die Lego Educational-Bausätze oder der Chemiekasten ergeben ein Forschungslabor, zwei Gestelle auf Rollen und ein Vorhang bilden das Malatelier, Lernkarteien und Lernsoftware heissen Mathe-Fitness, ...

Mit der Zeit kann das Angebot zielgerichteter und konzeptioneller gestaltet werden. Folgende Aspekte können dabei leitend sein:
• Lernziele in den verschiedenen Kompetenzbereichen, die mit dem Atelierunterricht erreicht werden sollen.
• Berücksichtigung verschiedener Sinne und Ausdrucksformen.
• Klar lernzielorientierte Aufträge und eher prozessorientierte Ateliers.
• Eher geführte Aufgaben und offene Problemstellungen oder Aufträge.
• Ateliers im kognitiven und gestalterischen, musischen Bereich
• Räumliche Möglichkeiten
• ...
Auch die Lernenden können mit der Zeit Ideen für neue Ateliers beisteuern!

Verschiebung der Arbeitszeit

Wie im Werkstattunterricht und bei der Arbeit mit selbstbestimmten Lernplänen muss die Unterrichtsanlage im Atelierunterricht längerfristig vorbereitet sein. Dies kann gut in den Schulferien geschehen, dafür ergibt sich eine Entlastung in den Unterrichtswochen.

Zusammenarbeit

Der Aufbau von Ateliers ist je nach Inhalt recht (material-)aufwändig. Der Atelierunterricht führt zu ungewohnten Erfahrungen auch auf der Seite der Lehrperson und zu neuen pädagogischen Herausforderungen. Die Zusammenarbeit mit anderen Lehrkräften macht die Vorbereitung vielfältiger und effizienter. Im regelmässigen Gespräch können Erfahrungen ausgetauscht und Problemlösungen diskutiert werden.

Ab der Mittelstufe können die Ateliers auch gemeinsam mit den Schülerinnen und Schülern aufgebaut werden, bestenfalls in Zusammenarbeit mit der Werklehrperson: Gestelle und Kisten bauen, Faltwände herstellen und bemalen, Materialien herstellen etc.

Weiterentwicklung

Vom Atelierunterricht zum individuellen Lernplan

Der zeitliche Rahmen wird ausgedehnt. Die Lernenden arbeiten z.B. 4 Stunden pro Woche in den Ateliers und nehmen sich zwei bis mehrere Aufgaben vor. Dies ist bereits eine Vorstufe selbstbestimmter, offener Planarbeit. Dehnt man die Zeit noch etwas mehr und ändert den Planungsmodus, schon ist die individuelle Planarbeit verwirklicht!

Fenster zum projektorientierten Unterricht

Es gibt ein Joker-Atelier, in dem die Lernenden sich selbst ein Ziel setzen, eine Arbeit vornehmen, eine Forschungsfrage stellen können: Das will ich wissen, lernen, herstellen, ... Es ist wichtig, dabei Verbindlichkeiten über das (Produkt-)Ziel, die Arbeitsschritte und die zeitliche Planung herzustellen. Dazu dient ein Arbeitsresp. Projektvertrag.

Wertung des Konzepts

Die Schülerinnen und Schüler lernen mehr

Atelierunterricht ist ein didaktisches Konzept, mit dem eine gleichzeitige und ausgewogene Förderung der Sach-, Selbst- und Sozialkompetenz erreicht wird.

Das Lernen wird durch folgende Faktoren gestärkt:

Selbstkompetenz	*Sozialkompetenz*	*Sachkompetenz*
• hoher Anteil an Selbststeuerung • wählen, entscheiden, planen • Mitverantwortung • an einer Arbeit dranbleiben • sich im offenen Betrieb konzentrieren können • Frustration aushalten, wenn das Wunschatelier nicht besucht werden kann	• sich einfügen • sich argumentativ durchsetzen • gemeinsam Lösungen finden • mit anderen arbeiten • Rücksicht nehmen • Konflikte lösen • gemeinsam Regeln entwickeln • sich an Regeln halten	• Hohe Motivation durch Beteiligung, Autonomie- und Kompetenzerfahrungen • Binnendifferenzierung bezüglich Interesse, Inhalt und Anforderung • Lernen als aktiver, selbstgesteuerter, situativer, konstruktiver und interaktiver Prozess

Binnendifferenzierung

Atelier-Unterricht ist ein Mittel zur echten Binnendifferenzierung. Er ermöglicht ein auf die Interessen, Bedürfnisse und Möglichkeiten der Schülerinnen und Schüler abgestimmtes Lernen.

Sanfter Einstieg für die Lehrperson

Ähnlich wie der Einsatz von Werkstätten bietet der Atelierunterricht die Möglichkeit, punktuell mit erweiterten Lernformen zu arbeiten. Parallel dazu findet der gewohnte Unterricht statt. Mit zunehmender Erfahrung im individualisierenden Unterricht können andere Elemente wie selbstbestimmte Planarbeit oder Projektarbeit nach und nach ins Gesamtkonzept des Unterrichts eingebaut werden.

Nachteile und Risiken

Eigentlich keine. Ausser dass die produktive Arbeit in den Ateliers bald nach mehr ruft und die Zeitbeschränkung dies verunmöglicht. Aber das eröffnet ja eine neue, attraktive Perspektive!

1 Eine unvollständige und unstrukturierte Sammlung erprobter und bewährter Ateliers

Die Ateliers können beliebig variiert und erweitert werden.
(2 x 2 bedeutet 2 identische Ateliers mit je 2 Arbeitsplätzen)

Atelier	Plätze	SJ	Beschreibung	Material
Freies Malen	2 x 1	Kiga–9	Freies Malen im Sinne des freien Aus- drucks auf grossformatigem Papier in etwas abgeschirmtem Raum	Weichpavatexwände z.B. auf Gestellrück- seiten, Gouache-Farben, grosse Pinsel, Papiere A2 bis A1, Bodenabdeckung
Zeichnen	4 x 1	Kiga–9	Einführung und Vertiefung spezieller Arbeitstechniken. Gleichzeitig stehen jeweils 2 Techniken zur Auswahl	Einführungen in die Techniken mit Leitprogrammen
Werken	2 x 1	Kiga–3	Mit verschiedenen Materialien einer Idee Ausdruck geben. Alleine oder zu zweit.	Karton, Papier, Styropor, Nägel, Kork- zapfen, WC-Rollen, Schachteln, Moos- gummi, Zahnstocher, Spiesschen, Becher, Federn, Rondellen, Leim, Klebband, Schnur, Klammern, Scheren, Hammer, Zange, Stoffresten, Wolle, Perlen, Faden, Nadeln. Zum Beispiel: Bastelbücher von Sabine Lohf.
Geom. Zeichnen	4 x 1	7–9	Ergänzende und weiterführende Auf- gaben aus dem Bereich geometrisch- technisches Zeichnen. Im 9. SJ gezielte Vorbereitung auf Berufslehre	4 kompl. GZ-Ausrüstungen, Ideen- sammlung, Leitprogramme
ICT-Labor	1 x 1–2	Kiga–9	Auf das Alter abgestimmte Tätigkeiten im Bereich ICT: Programmanwendungen, Verbindung mit dem Audio- und Videolabor, Gestalten, Layout, Lego-Technik, ...	Computer und entsprechende Peripheriegeräte
Portrait 1 Schminken	2 x 2	2–9	Sich gegenseitig mit Theaterschminke das Gesicht verändern aufgrund von Vorlagen oder eigener Ideen. Auf Foto festhalten	Div. Theaterschminke, Lippenstifte, Kajalstifte, ..., Waschtüchlein, Seife, Schminkbuch, Digitalkamera
Portrait 2 Masken	2 x 2	5–9	Sich gegenseitig eine Maske aus Gips- binden anfertigen. Evt. weiterbearbeiten: Abguss, Tonauflagen, verfremdete Masken aus Gips, ...	Gipsbinden, Vaseline, Plastik-Becken
Portrait 3 Fotografie	1 x 2	6–9	Über Veränderungen der Frisur und der Oberbekleidung sich auf neue Art und in Vielfalt entdecken. Eine Reihe von Foto- grafien herstellen	Haar-Gel, versch. Kleider, Kamera, evt. Fotolampen
Kochen, Backen	1 x 2	Kiga–9	Kochen oder backen von kleinen Zwischenverpflegungen (div. Teigtaschen, Buchstabensuppe, Kuchen, Guetzli, Desserts, Brot, Grittibänz, ...)	Kochplatte, Pfannen, evt. Backofen, Geschirr, Besteck. Spülbecken, Geschirr- tücher, benötigte Zutaten, Rezept- sammlung, Kochbücher
Papier falten	4 x 1	Kiga–7	Papier falten nach Vorlage (z.B. Papier- flieger, Sterne, Origami, ...)	Geeignete (Falt-)Papiere, Vorlagen (Bücher zu Papierflieger, Origami usw.)

Technik 1 Lego Education	2 x 1–2	2–7	Spielen, forschen, experimentieren, lernen, … mit Lego Education. Ergebnissicherung in einem Forschungsbericht	Baukasten Lego-Technik, Lego Education, …
Technik 2 Physik	2 x 1–2	7–9	Selbstständiges Erarbeiten klassischer Physikthemen wie Elektrik, Elektronik, Mechanik, Wärmelehre, Optik mit Hilfe von Auftragskarten und Physik-Übungskasten	Jeweils Übungskasten aus 2 versch. Gebieten. Schüler/innengerechte Auftragskarten
Audiolabor	1 x 2–3	5–8	Spiel, Experimente, Arbeiten mit dem Aufnahmegerät aufgrund von wechselnden Auftragskarten. Mögliche Aufträge: Geräusche sammeln, Geräuschequiz, Geräusche künstlich erzeugen, Musik erfinden, Text vertonen, Hörspiel, …	Aufnahmegerät, Mikrofone, evt. Mischpult, Auftragskarten
Videolabor	1 x 2–3	7–9	Spiel, Experimente, Arbeiten mit der Videokamera aufgrund von wechselnden Auftragskarten. Mögliche Aufträge: Bilderrätsel, Film vertonen, Tonspur (Musik) bebildern, thematische Kürzestfilme, …	Videokamera, Stativ, Auftragskarten
Pflanzenecke	1 x 2–3	Kiga–9	Säen, beobachten, untersuchen und pflegen von Pflanzen	Blumentöpfe, Kästen, Erde, Sand, Watte, Giesskanne, Lupe, Mikroskop, Pflanzenpresse, verschiedene Samen, Pflanzenbuch
Schulgarten	1 x 2	Kiga–9	Säen, beobachten, untersuchen und pflegen von Pflanzen, ernten, kochen, essen …	Schulgarten, Gartengeräte, …
Mathematik	bel.	Kiga–9	Training Aufarbeiten von Lerndefiziten	Lernkarteien, Arbeitsblätter, Trainingssoftware, …
Mathematik	bel.	Kiga–9	Abgestimmt auf den Klassenunterricht Repetitions- oder Weiterführungsaufgaben, mathematisches Erkunden und Forschen	Abgestimmte Aufgabensammlung
Druckerei	1 x 1–2	Kiga–5	Setzen und Drucken von eigenen Texten mit Hilfe von ausgedienten Bleibuchstaben aus einer Druckerei. Bezugsquellen über Freinet-Vereinigungen	Setzkasten mit Bleibuchstaben, Druckpresse, Setzrahmen, Einfärbwalze, Farbe, Papier, Putzmittel
Textlayout am Computer	2 x 1	Kiga–9	Eigene Texte mit Layoutprogramm gestalten, drucken	Computer, Layoutprogramm
Bauen	2–4	Kiga–3	Bauen, frei oder mit Vorschriften (z.B. Kinder planen und zeichnen ihr Bauvorhaben vorgängig)	Holzbauklötze oder viele Legosteine oder Legomaterial von Legosystem oder Legotechnik mit den Plänen in Ordnern, Farbplättchen, Teppichstückchen, Tücher, Seile, Röhren, Reifen. (Bilder von Bauten als Impuls). Das Material ist in Behältern sortiert.
Verkleiden	2–3	Kiga–4	Sich verkleiden, Rollenspiel einstudieren, vorführen, sich fotografieren, Texte schreiben dazu: Wie fühle ich mich als …, mein Leben als …	alte Kleider, Hüte, Perücken, Modeschmuck, alte Vorhänge, Masken, Spiegel, Krepppapier, Kamera Bildergeschichten als Anregung

Forschen	1–2	Kiga–9	Freies Forschen oder Aufträge aus Experimentierbüchern	Magnete, Kompass, Waage und Gewichte, Lupen, Mikroskop, Pinzette, Messbänder, alte Uhren, Thermometer, Bechergläser, Reagenzgläser, Filter, Trichter, Siebe, Sand, Kies, Erde, Zucker, Oel, Essig, Batterien, Draht, Birnen, Schalter für einfache elektrische Versuche, … einfach alles, was zum Forschen anregt. Sachkarteien, Sachbücher, Nachschlagewerke
Leseecke	1–3	1–9	Lesen in der Schulzimmerbibliothek und das Gelesene in frei gewählter oder vorgeschriebener Art verarbeiten (zusammenfassen, Zeichnung, Vortrag, Collage, …) 1. Schuljahr: Lehrperson spricht Text eines Bilderbuches auf Audiogerät. Kinder hören die Aufnahme, lesen mit und schauen dazu die Bilder an. Wenn eine Seite fertig ist, ertönt ein akustisches Zeichen auf der Aufnahme	Bilderbücher, Kinderbücher, Jugendbücher, Sachbücher, Lexika, Atlanten, Zeitschriften, …
Sprache	2–4	1–9	Bearbeiten von Auftragskarten aus bestehenden Lese- oder Lernkarteien, Selbstkontrolle	Bilderbücher mit aufgenommenem Text
Eigenes Büchlein schreiben	2–4	Kiga–3	Eigenes Bilderbüchlein schreiben und zeichnen	Lesekartei, Lernkartei, Mäppchen, Kontrollvorlage, Filzer, …
Texte schaffen	2–4	1–9	Texte schaffen z.B. für den Geschichtenordner, fürs Klassenbuch, eine Krimisammlung, Märchenbuch, …	Papier auf A6 zugeschnitten, Bostitch
Freie Texte	bel.	1–9	Freie Texte Weiterführung → Druckerei → Klassenbuch → Lesetexte im Klassenunterricht → Schreibkonferenzen → …	1001 Ideen
Post	bel.	Kiga–3	Kinder schreiben Briefe für andere	Mechanische Schreibmaschine, verschiedene Papiere, Schreibutensilien, Briefumschläge, Briefkasten, Briefmarken …

Zusammenstellung: Thomas Birri und Karin Groth-Gamper

Abbildung 38/39: Zwei Bauvorhaben aus dem Kindergarten

2 Bezug zum Ansatz der Arbeitsateliers nach Célestin Freinet

Atelierunterricht in der vorgängig dargestellten Form nimmt konzeptionelle Ansätze der Arbeitsateliers in der Freinet-Pädagogik auf. Der nachfolgende Text stellt den Hintergrund und die Umsetzung der Idee der Arbeitsateliers nach Freinet dar.

❰ Freinet selbst spricht bei seiner Pädagogik nicht von Methoden, sondern von Erziehungs- und Arbeitstechniken (Freinet 1980). Dies wird von der konstruktivistischen Didaktik kritisch gesehen, weil im Technischen, wie Kersten Reich in seiner «Systemisch-konstruktivistischen Pädagogik» im Kapitel über Freinet argumentierte, nicht grundständig eine Idee des Fortschritts (im Sinne einer stets positiv gedeuteten Produktivkraft) gesehen werden kann. Gegenüber Freinet haben wir heute eine Technikeuphorie verloren bzw. sehen Techniken immer auch als Ausdruck möglicher Risiken in einer «Risikogesellschaft».

Freinets stark auf die Praxis bezogene Pädagogik formuliert sich in einer Sammlung von Techniken, die sinnvoll ineinander greifen und in ihrem Zusammenspiel die Umsetzung seiner Ideen verwirklichen sollen. Die Atelierarbeit ist hierbei als ein Teil der klassischen Freinet-Pädagogik zu verstehen und steht in engem Zusammenhang mit den anderen von ihm beschriebenen Techniken.

Ein Problem beim Umsetzen der Atelierarbeit nach Freinet in der heutigen Zeit ist der mittlerweile gross gewordene kulturelle und historische Abstand zu seinen Ursprungsideen. Einige Inhalte der Freinet-Pädagogik sind zwar von anderen Pädagogen aufgegriffen und bis in die heutige Zeit weiterentwickelt worden, wie z.B. die Klassenkorrespondenz oder die Schreibwerkstatt, aber gerade die Atelierarbeit existiert eher in der idealtypischen Form, wie sie Freinet beschreibt. Die umfassende Form der Atelierarbeit, die ihm vorschwebte, hat auch er in der Praxis nicht herstellen können. Andere Methoden wie Werkstattarbeit oder Lernwerkstatt lehnen sich zwar in vielen Bereichen an Freinet an, können aber nicht als eine direkte Weiterentwicklung der Technik von Freinet gesehen werden. Sie stellen vielmehr eigenständige Methoden dar. Daher müssen wir selbst die Beschreibungen Freinets auf die aktuellen Bedingungen in der Schule übertragen und entsprechend verändern, wenn wir die Atelierarbeit nach der Idee von Freinet umsetzen möchten. Es wird in der Praxis darauf hinauslaufen, dass wir uns anregen lassen können, Teile aus der Atelierarbeit zu übernehmen und für die heutige Zeit und spezifische Lernsituationen neu zu konstruieren.

Freinet wendet sich mit der Atelierarbeit gegen eine Schule, die vorgefertigtes Wissen vermitteln will und gegen die Arbeit mit Schulbüchern, welche die Wirklichkeit zu sehr vereinfachen und damit verfälschen. Die Ateliers sollen dagegen mit einer durchdachten schüler- und lebensweltorientierten Sammlung von Arbeitsmaterialien ausgestattet sein. Die Atelierarbeit steht für spontanes, phantasievolles, offenes, erfahrungs- und handlungsorientiertes Arbeiten und Lernen.

Bei der Einrichtung von Arbeitsateliers ging es Freinet nicht um die überstürzte Umsetzung eines pädagogischen Ideals, sondern um die schrittweise Erweiterung technischer und räumlicher Möglichkeiten. Im Idealfall sind die Ateliers in verschiedenen Räumen untergebracht, wesentlich ist aber die Abtrennung von bestimmten Bereichen ggf. auch in einem Raum (z.B. dem Klassenzimmer). In einem Klassenraum kann dies schon durch spezielle Tische, Regale oder abgetrennte Ecken verwirklicht werden. Die Neuentstehung von Arbeitsateliers kann nach und nach erfolgen. Es kann mit einem Atelier zu einem bestimmten Thema begonnen werden, z.B. durch die Materialbestückung eines Regals oder eines Tisches. Dieses Atelier kann schrittweise erweitert werden und weitere Ateliers können hinzukommen, abhängig von den vorhandenen Möglichkeiten und Bedingungen, aber auch den gewünschten Zielen und Methoden. …

Die Beschreibungen der Arbeitsateliers von Freinet sind nicht immer einheitlich. Er schlägt aber grundsätzlich die Einrichtung von acht Arbeitsateliers zu folgenden Oberthemen vor:

Vier Ateliers für elementare Arbeiten:
1. Feldarbeit, Tierzucht;
2. Schmiede und Schreinerei;
3. Spinnerei, Weberei, Nähwerkstatt, Küche, Hauswirtschaft;
4. Bau, Mechanik, Handel;

Weitere vier Ateliers für differenzierte, soziale und intellektuelle Aktivitäten
5. Forschung, Wissen, Dokumentation;
6. Experimentieren;
7. Kreativität, graphischer Ausdruck und Kommunikation;
8. Kreativität, künstlerischer Ausdruck und Kommunikation;
(vgl. ebenda, S. 40–46)

Die *Ateliers für das elementare Arbeiten* (1–4) sollen mit «echten» und qualitativ hochwertigen Werkzeugen ausgestattet werden. Die Materialien und Werkzeuge werden so ausgewählt, dass die Schüler/-innen sinnvoll und eigenständig in den genannten Arbeitsfeldern arbeiten können.

Für das *Atelier Forschung, Wissen und Dokumentation* (5) schlägt Freinet folgende Ausstattung vor: eine Sammlung von Dokumenten, Lexika und Nachschlagewerken, eine Arbeitsbibliothek, Landkarten und einen Globus, Platten und Filme. «Um den ganzen Reichtum zu ordnen und einen praktischen und methodischen Gebrauch zu gewährleisten, müssten wir ein allgemeines Verzeichnis besitzen, das sorgfältig auf dem laufenden gehalten wird. Es soll den Kindern erlauben, unter der Anleitung der für das Atelier zuständigen und besonders angewiesenen Schüler in diesen angehäuften Schätzen selbst sofort das zu finden, was sie brauchen, um ihrer Arbeit neue, soziale und kulturelle Züge zu verleihen.» (ebenda, S. 43)

Im *Atelier Experimentieren* (6) finden sich nach Freinets Vorstellungen Material und Richtlinien für naturwissenschaftliche Experimente. Die Experimente sollten so angelegt sein, dass die Schüler/-innen diese selbstständig durchführen können. Weiterhin soll den Schülerinnen und Schülern hier Material zur Dokumentation der Erfahrungen und Ergebnisse an die Hand gegeben werden.

Das *Atelier Kreativität, graphischer Ausdruck und Kommunikation* (7) «erlaubt den Kindern, ihre eigenen Gefühle und Gedanken auszudrücken, sich nach aussen zu wenden, in Verbindung zu treten mit entfernten Personen» (ebenda, S. 44), z.B. durch Briefkontakte mit Schülern/-innen aus anderen Schulen oder anderen Ländern. Für die Ausstattung schlägt Freinet vor: Verschiedenes Schreib- und Lesematerial, ein Abzugsgerät, eine Schuldruckerei und Material zum Heften und Binden sowie eine Lesebibliothek.

Das *Atelier Kreativität, künstlerischer Ausdruck und Kommunikation* (8) sollte für folgende Aktivitätsbereiche ausgestattet sein: Musik, Tanz und Rhythmik, Zeichnen, Malerei, Gravieren, Modellieren, Theater, Puppenspiel und Marionetten. (Vgl. ebenda, S. 40–46)

Die Darstellung dieser Arbeitsateliers kann allerdings je nach der Bedürfnislage für das Lernen verändert werden. Speziell für eine seiner Klassen beschreibt Freinet folgende Kombination von Arbeitsateliers. Er richtete sechs Ateliers in einem an das Klassenzimmer angrenzenden Raum ein:

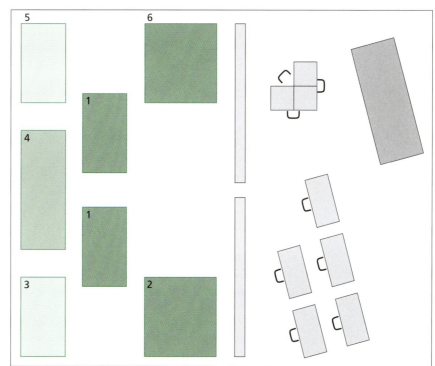

1 Druckerei, Abzugsgeräte
2 Audiovisuelles Atelier
　(Radio, Fernsehen)
3 Elektrisches Atelier (Arbeits-
　kästchen für Versuche)
4 Kunstwerkstatt: Zeichnung,
　Keramiken, Dekorations-
　mittel, Bilderbücher
5 Wissenschaftliches Atelier:
　Versuchsmaterial,
　Aquarium, Terrarium,
　verschiedene Sammlungen
6 Tischlerei und Schlosserei
　und Schneiderei und Küche

Die Beschreibungen Freinets zeigen, dass es ihm nicht um verbindliche Vorgaben für die Einrichtung von Arbeitsateliers geht, sondern um eine situative Orientierung an der Lebens- und Erfahrungswelt der jeweiligen Schüler/-innen. In der heutigen Zeit sollten unter anderem z.B. neue Medien und moderne Kommunikationstechniken in einem Atelier vertreten sein. Weiterhin hängt die Einrichtung und materielle Ausstattung der Arbeitsateliers von äusseren Bedingungen ab, wie den räumlichen Möglichkeiten oder der Organisation der Schule.

　　Nach Freinet ist die Atelierarbeit so organisiert, dass der stereotype Stundenrhythmus des Unterrichts weitgehend aufgelöst wird. Die Schüler/-innen arbeiten alleine oder in Gruppen nach individuellen Arbeitsplänen oder auch mal in freier Arbeit entsprechend ihrer Eigenzeiten. Die Arbeitspläne werden einmal wöchentlich für die jeweils kommende Woche im Klassenrat erstellt. Solche Pläne können individuell für einzelne Schüler/-innen, für Schülergruppen oder eine gesamte Klasse entwickelt werden. Ziel für die Schüler/-innen ist dabei, sich selber realisierbare Aufgaben zu stellen, diese in der Woche zu erfüllen und die eigenen Kräfte dabei richtig einzuteilen.

Die Atelierarbeit kann aber auch in einen Unterricht mit 45-Minutenrhythmus integriert werden, wenn die Organisation der Schule kein anderes Vorgehen zulässt. Gerade am Anfang können besondere Stundenpläne notwendig sein, wenn die Schüler/-innen durch mangelnde Vorerfahrungen mit offenen Unterrichtsformen auf ihnen bereits bekannte Strukturen angewiesen sind.

Es sollte immer das grundlegende Ziel verfolgt werden, Schule mehr in das Leben der Schüler/-innen zu integrieren und die Schaffung einer künstlichen Welt so weit wie möglich zu vermeiden. Im Mittelpunkt sollen das Lösen echter Probleme und Aufgaben und der Umgang mit gutem und echtem Material stehen. Es geht in der Atelierarbeit nicht um frontales Unterrichten, sondern um «Lebenlassen» und ein schülerorientiertes Organisieren von Arbeit. Ein wichtiges Grundprinzip ist hierbei vorrangig der freie Ausdruck auf allen Ebenen. Der freie Ausdruck schliesst ein, dass die Lernenden in bildlicher, verbaler, gestalterischer, kreativer Weise körperlich und geistig ihre Lebenswirklichkeit und ihren Alltag in die künstliche Lebenswelt Schule bzw. Unterricht einbringen und diesen damit verlebendigen. Eine Erziehung zur Selbstständigkeit und zu einer kritischen Haltung steht dabei im Vordergrund. ❭

Zitiert mit der freundlichen Genehmigung von Prof. Dr. Kersten Reich, Humanwissenschaftliche Fakultät, Universität zu Köln: http://methodenpool.uni-koeln.de/arbeitsatelier/arbeitsatelier_darstellung.html (Datum des Zugriffs: 29.07.2011).

Kommentierte Literaturhinweise

Jürgens, Eiko

Lebendiges Lernen in der Grundschule. Weinheim: Beltz. (2006)
In einer Einführung wird schüleraktiver Unterricht in einen erweiterten Begründungszusammenhang gestellt. In der Folge stellt der Autor die geöffneten Unterrichtsformen Arbeitspläne, Freiwahlarbeit, Projektarbeit und Stationenarbeit (Werkstatt-Unterricht) vor. Die Konzepte werden je definiert und mit Hinweisen zur Umsetzung ausgeführt. Die im Buch skizzierte Form der «Freiarbeit» entspricht nicht ganz dem hier vorgestellten Konzept des Atelierunterrichts, zeigt aber hohe Verwandtschaft.

Bauer, Roland (Hrsg.)

Offenes Arbeiten in der Sekundarstufe I. Berlin: Cornelsen. (2003)
Neben Begründungszusammenhängen für offenen Unterricht umfasst diese Publikation eine Fülle von Konzepten und konkreten Hinweisen zu Methoden des individualisierten Lernens auch aus der Sicht von Fachlehrpersonen. Verschiedene Formen der Freiwahlarbeit werden vorgestellt.

Klein, Lothar

Freinet-Pädagogik im Kindergarten. Freiburg im Breisgau: Herder. (2002)
In einem Überblick werden die Grundideen der Freinet-Pädagogik dargestellt und praktische Umsetzungen für den Kindergarten aufgezeigt

Kapitel 4.4   Dialogisches Lernen

Das natürliche kindliche Lernen weist im Ansatz des Dialogischen Lernens dem schulischen Lernen den Weg. Die einzelnen Schülerinnen und Schüler sollen sich von Anfang an mit dem Ganzen auseinandersetzen können. Die Lehrpersonen sollen zuerst geduldig zuhören, ihr didaktisches Konzept anpassen und sich von den Lernenden zeigen lassen, wie und wo sie am wirksamsten unterstützen können und sollen.

Bei dieser Unterrichtskonzeption sind die persönlichen Standortbestimmungen der einzelnen Schülerinnen und Schüler von entscheidender Bedeutung. Die Lehrmeisterin dieses didaktischen Ansatzes ist die Kunst: Ein Kunstwerk – ein Bild, ein Film oder ein Gedicht – verlangt durch seine Einzigartigkeit eine ganz persönliche Antwort und vermag berührende Begegnungen auszulösen. Analog muss beim schulischen Lernen die Möglichkeit geschaffen werden, dass die ausgewählten Inhalte in einem ganz persönlichen Begegnungsprozess als attraktives Gegenüber wahrgenommen werden und dass Funken der Faszination sprühen können. Die Inhalte sollen von den Schülerinnen und Schülern zuerst einmal betrachtet und beschnuppert werden dürfen, es soll ein offenes und unvoreingenommenes Gegenübertreten stattfinden, bei dem der Fluss der Gedanken und Ideen durch kein richtig/falsch oder brauchbar/unbrauchbar gelenkt und gehemmt wird. Entscheidend ist, was sich in der Welt der einzelnen Schülerin und des einzelnen Schülers abspielt: Das Ich muss in der Sache Fuss fassen können – und die Sache muss zu einem wirklichen Gegenüber werden können.

Basics	Seite 171	Materialien	Seite 179

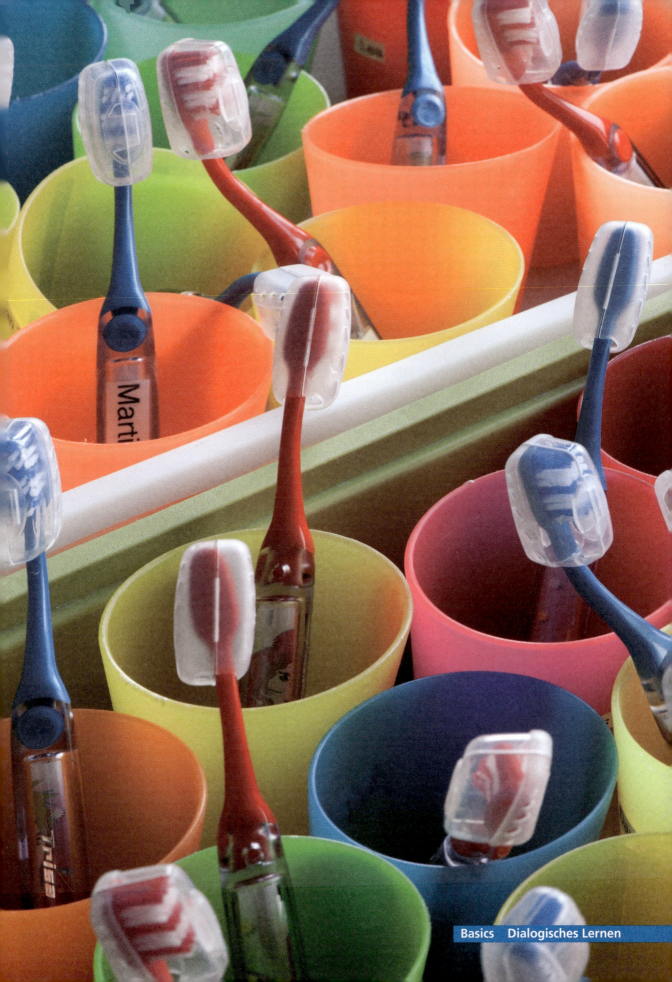

*→ Fachbegriff im Kt. Zürich
geprägt von Ruf + Gallin
(Bsp. Reisetagebuch)
Lernen im Dialog
wenn man etwas lernt indem
man sich mit jemandem unterhält*

HANS BERNER

Unterschiedliche Unterrichts- und Lehrerbilder

Ein vertrautes Bild ...

Abbildung 40

Die Karikatur des Unterrichtsbildes, in dem sich die alleinverantwortliche Lehrperson an für alle Schülerinnen und Schüler verbindlichen stofflichen Zielen ausrichtet, gibt ihr alle Hände voll zu tun. Die Vorteile für die Lehrperson sind offensichtlich: Sie hat die Sache und die Schüler jederzeit voll im Griff. Schritt für Schritt werden die Schüler der Klasse in die vorbestimmte Richtung geführt. Aufforderungen wie «Mach ein bisschen vorwärts!», «Wart noch!» oder «Macht das mal alle nach!» erinnern an Exkursionen im Klassenverbund und garantieren der Lehrperson im «Idealfall» jederzeit den totalen Überblick und die Kontrolle über die Klasse und das Stoffgebiet. Dieses vielen vertraute Unterrichtsbild wird aus der Perspektive des Dialogischen Lernens als «segmentierende Wissensvermittlung» charakterisiert: Das ganze Stoffgebiet wird durch die Lehrperson – oder durch das Lehrmittel – in Segmente unterteilt und in einzelnen Lektionen portionenweise vermittelt mit der Erwartung, dass sich die Lernenden das «Durchgenommene» einprägen und die einzelnen Elemente zusammenfügen. Das tönt beruhigend vertraut. (vgl. Berner 2005, S. 62, 63)

... und ein ungewohntes

Abbildung 41

Das Unterrichtsbild, das Peter Gallin und Urs Ruf in ihrem Ansatz eines Dialogischen Lernens fordern, sieht ganz anders aus und erfordert eine Neudefinition der Lehrer- und Schüler-Rollen. (vgl. Ruf/Gallin 1990, S. 156, 157) Die Maxime lautet nicht «Alle schön mir nach!», sondern «Geh ruhig voraus!». Dieses Bild orientiert sich am ausserschulischen, kindlichen Lernen. Ein Kind, das etwas lernen will, kümmert sich nicht um traditionelle Fachgrenzen. Neugierde und Wissensdurst richten sich nicht auf ganz bestimmte einzelne Inhalte, sondern auf das «Ganze». Die beharrliche Aufforderung «Erklär mir die Welt!» ist ein Ausdruck dieses kindlichen Wissens- und Erkenntnisdurstes. Es ist dieses natürliche kindliche Lernen, das im Ansatz des Dialogischen Lernens dem schulischen Lernen den Weg weisen soll. Der einzelne Schüler und die einzelne Schülerin sollen sich von Anfang an mit «dem Ganzen» auseinandersetzen können und sich nicht ständig von Teilaspekten aufhalten lassen müssen. Die Lehrperson soll zuerst geduldig zuhören, ihr didaktisches Konzept anpassen und sich von den Lernenden zeigen lassen, wie und wo sie am wirksamsten unterstützen kann und soll. Das tönt interessant und ungewohnt – ist aber ohne Zweifel nicht ganz einfach umzusetzen. (vgl. Berner 2005, S. 63)

Viele Jahre früher hat Martin Wagenschein, der mit seiner Unterrichtskonzeption des Exemplarischen Lehrens und Lernens eine wichtige Quelle des Dialogischen Lernens bildet, mit einprägsamen Bildern drei ganz verschiedene Unterrichtsbilder charakterisiert: ein in den eigenen Erkenntnis-Wolken dozierender Unterrichtsstil, bei dem die Lehrperson von oben herab zu den mehr oder weniger aufmerksamen Schülerinnen und Schülern spricht und sagt, was sie oben sieht; ein an der Hand führender Stil, bei dem die Lehrperson die Schülerinnen und Schüler auf dem mehr oder weniger gut vorbereiteten Weg zum Gipfel der Erkenntnis führt; ein auf Selbsterkenntnis und -tätigkeit basierender Stil, bei dem alle gemeinsam beginnen, den besten Weg zu suchen, zu finden und auszubauen. Beim dritten Stil ist die Lehrperson kaum zu sehen. Sie kennt jedoch das

Abbildung 42

Gelände gut und will aufgrund der Ortskenntnis den Schülerinnen und Schülern ermöglichen, dass sie ihren Berg ganz allein besteigen können – ihn überwinden lernen. Wichtig ist die Wahl des Berges und die Wahl der Route: Am gewählten Ort muss man das Bergsteigen lernen und den Verlauf der ganzen Gebirgskette gut überschauen können. (vgl. Wagenschein 1975, S. 16–19)

Kernideen als ungewohnter Lernauftakt

Kernidee als Witz der Sache

Im Ansatz des Dialogischen Lernens hat die Lehrperson die Aufgabe, den «Witz der Sache» in Form von Kernideen zu formulieren. Diese eröffnen allen Beteiligten einen Blick auf das Ganze des Faches oder eines grösseren Stoffgebietes. Die Kinder und Jugendlichen sind aber nicht verpflichtet, die Kernidee der Lehrperson zu übernehmen. Sie dürfen und müssen – im konstruktiven Dialog mit den Kernideen der Lehrperson und denen der Mitschüler – eigene, auch widersprechende Kernideen entwickeln. Das dialogische Entwickeln und Aushandeln von Kernideen soll nicht nur den Lernenden zugute kommen, sondern auch die Lehrenden zu ungewohnten Neuinterpretationen von Bekanntem und Altvertrautem führen. Die Generierung von Kernideen und die Darlegung des Kerns der Sache lässt den Stoff in einem neuen, spannenderen Licht erscheinen. Bei dieser Arbeit kommt der Aufteilung des Stoffes eine ganz andere Aufgabe zu als bei der segmentierenden Wissensvermittlung: Die Lehrperson braucht sie für eine private Klärung und nicht als Lerninhalt für die Schüler. Die Kernideen werden den Schülerinnen und Schülern in den Lektionen vorgestellt. Diese Kernideen sind aber nicht die Inhalte des Lernens, sondern Auftakte für die individuellen Lernprozesse. Aus den Kernideen entsteht der Stoff, den die einzelnen Schülerinnen und Schüler auf individuelle Art und Weise entfalten und ausdifferenzieren. Das Entscheidende ist, dass die Sache als Ganzes den Lernenden von Anfang an in Form der Kernidee gegenübersteht und dass die Grundlage für einen Dialog der Einzelnen mit der Sache geschaffen ist. Bei diesem Lernprozess tritt die Tätigkeit des Probens an die Stelle des Übens. Die Ergebnisse der individuellen Dialoge mit der Sache werden in einem intensiven Reflexionsprozess geordnet. Diese Lernprozesse sollen die Lernenden lehrerunabhängig machen: In einem ganz persönlichen Lernprozess können die Lernenden nicht nur der Sache, sondern auch sich selber begegnen. (vgl. Ruf/Gallin 1990, S. 88, 89)

Kernidee: Geteilt durch ½ gibt mehr!

Ein gelungenes Beispiel einer Kernidee betrifft das Thema Geschwindigkeit. Als kleiner Junge durfte Peter Gallin in einem Sportwagen mitfahren – in rasantem Tempo. Auf die Frage des Jungen «War da hinten nicht eine 60er-Tafel?» antwortete der Fahrer: «Damit sind aber 60 Kilometer in einer halben Stunde gemeint!» Dieser Scherz eröffnete dem Jungen eine völlig neue, unvergessliche Erkenntnis: Geteilt durch ½ gibt mehr!

Kernidee: Wie wirkt mein Spruch auf dem T-Shirt?

Mit ihrem Unterrichtsthema «Sprüche auf T-Shirts» hatte eine Fachlehrerin für textiles Werken unbefriedigende Erfahrungen gesammelt: Die Schülerinnen und Schüler hatten jeweils, ohne lange zu überlegen, irgendeinen aktuellen Spruch auf ihr T-Shirt gemalt. Aufgrund ihrer negativen Erfahrungen lautete die Kernidee der Lehrerin ganz trivial: Nicht mehr so wie das letzte Mal! Ihre Wunschkernidee war: Ein eigener Spruch ist viel mehr wert als irgendein fremder – lieber holprig und original als kopiert. Die Lehrerin hatte also ganz klare Vorstellungen: Auf den einzelnen T-Shirts ihrer Schülerinnen und Schüler sollte etwas Gehaltvolles – ein Satz mit Niveau – stehen. Diese unausgesprochene Erwartungshaltung der Lehrerin führte zu einem grundsätzlichen Problem: Die Schülerinnen und Schüler hätten die Aufgabe gehabt, Sprüche zu erfinden, die ihrer Lehrerin gefallen. Durch die Zusammenarbeit mit der Lehrperson für Deutsch entstand eine neue Kernidee für ein fächerübergreifendes Thema: Wie wirkt mein Spruch auf dem T-Shirt? Wie komme ich damit bei anderen Menschen an? Die Zielsetzung war, Sprüche zu erfinden und diese in der Begegnung mit anderen Menschen zu testen. Bei dieser Kernidee ging es um zentrale Fachanliegen: Kleider entwerfen und Stoffe, Farben, Formen auswählen geschieht immer im Blick auf eine Wirkung bei anderen Menschen. (vgl. Ruf 2003, S. 82, 83)

Merkmale von Kernideen

Durch drei Aspekte können Kernideen charakterisiert werden:

- Biografischer Aspekt: Eine Kernidee ist eine pointiert formulierte persönlich gefärbte Aussage über einen komplexen Sachverhalt, die den Gesprächspartnerinnen und -partnern klarmacht, was für mich der Witz der Sache ist.
- Wirkungsaspekt: Kernideen sollen das Gegenüber herausfordern, ein persönliches Verhältnis zum Stoff zu klären. Sie offerieren Sicherheit und Orientierung, ohne die Eigentätigkeit einzuschränken.
- Sachaspekt: Als Auftakt zum Lernen auf eigenen Wegen fangen Kernideen ganze Stoffgebiete in vagen Umrissen ein. Sie rücken eine provozierende Eigenheit in den Vordergrund und laden zu einem partnerschaftlichen Dialog ein. (vgl. Online-Text http://www.lerndialog.uzh.ch/model/instruments.html)

Kernideen kreieren ist eine herausfordernd-kreative Aufgabe

Die Entwicklung von Kernideen ist zweierlei: eine faszinierende kreative Arbeit und eine schwierige. Zündende Ideen für die Darstellung des Kerns der Sache entstehen, wenn man in seiner eigenen Lernbiografie nach authentischen Begegnungen und Schlüsselerlebnissen sucht und im Dialog mit Partnern aus anderen Disziplinen, die einen fremden Blick einnehmen können, steht. (vgl. Material 6: Anleitung zum Aufspüren von Kernideen)

Die Auseinandersetzung mit Kernideen in Lernjournalen

Die individuellen Lernprozesse im Zusammenhang mit der Auseinandersetzung mit den Kernideen formulieren die Schülerinnen und Schüler in Lernjournalen oder Reisetagebüchern. Der generelle Auftrag lautet: Dokumentiere deinen Lernweg. Dialogisches Lernen misst der Schriftlichkeit eine sehr wichtige Rolle bei, weil sich beim Schreiben Gefühle und Gedanken verlangsamen und klären, Gestalt annehmen und zur Stellungnahme herausfordern. Ruf und Gallin sind überzeugt: «Wer schreibt, übernimmt in besonderer Weise Verantwortung für seine Position und öffnet sich der Kritik. Individualisierung ohne Aufbau einer schriftlichen Sprachkompetenz, die es dem Lernenden erlaubt, seine im Moment verfügbare Sprache als Medium des Lernens selbstständig zu nutzen, ist undenkbar.» (Ruf/Gallin 1991, S. 20) Lernjournale müssen drei Anforderungen genügen: Chronologisch (alles wird genau so dokumentiert, wie es sich in der Auseinandersetzung mit dem Stoff und den Lernpartnern abgespielt hat); ausformuliert (Stichwörter genügen nicht, weil sich auch die Lernpartner und Lehrpersonen zurechtfinden können müssen); unzensiert. (vgl. Online-Text http://www.lerndialog.uzh.ch/model/instruments.html)

Leitfragen für die Dokumentation des Lernweges

Die Schülerinnen und Schüler haben die Aufgabe, ihren persönlichen Lernweg anhand von vier Leitfragen zu dokumentieren: Wie wirkt dieser Stoff auf mich? Wie verhalte ich mich beim Problemlösen? Kann ich mit meinem Wissen und Können vor anderen bestehen? Was habe ich erreicht? Diese von der Klassenstufe und den individuellen Fähigkeiten unabhängigen Aufgaben zielen auf fächerübergreifende Sach- und Sprachkompetenzen und orientieren sich an übergeordneten Bildungszielen. Die Leitfragen, die Registern des selbstständigen Arbeitens entsprechen, beleuchten die vier Aspekte Vorschau (Wie wirkt dieser Stoff auf mich?), Weg (Wie verhalte ich mich beim Problemlösen?), Produkt (Kann ich mit meinem Wissen und Können vor anderen bestehen?) und Rückschau (Was habe ich erreicht?). (vgl. Berner 2005, S. 70)

Echte Begegnungen mit Themen statt traumatische Misserfolgserlebnisse

Traumatische Schul-Erinnerungen

Es gibt Menschen, bei denen ein Blick auf ein Gedicht genügt, um fast schon traumatische Reaktionen oder Erinnerungen auszulösen. Bei anderen braucht es schon mehr: die Aufforderung, ein Gedicht oder ein Lied vorzutragen oder einen Text zu schreiben oder zu veröffentlichen. In seinem Buch «Schulkummer» beschreibt Daniel Pennac die Qual der Gedichte: «Ach, diese wöchentlichen Gedichte, von denen wir nichts begriffen und deren eines das nächste unter sich begrub, als sollten wir in Wahrheit das Vergessen lernen! Gaben sie uns diese Gedichte eigentlich auf, weil sie sie mochten oder weil ihnen von ihren Lehrern eingetrichtert worden war, dass sie zum ewig-unantastbaren Kanon der unvergänglich-grossen Toten gehörten?» (Pennac 2010, S. 140, 141) Literatur-, schreib-, Mathematik-, Physik- oder durch andere Schulfächer geschädigte Menschen sind nicht nur (aber auch) ein Resultat gut oder weniger gut gemeinter schulischer Bemühungen. Für dieses Leiden sind aber nicht die Sachen verantwortlich, sondern der angstbesetzte Umgang mit ihnen. Ein Grund solcher «Beschädigungen» liegt darin, dass viele Lehrpersonen den Unterrichtsstoff nicht «freigeben», bevor sie ihn didaktisch zergliedert präsentiert, das heisst, portionenweise Schritt für Schritt vom Einfachen zum Schwierigen eingeführt haben. (vgl. Berner 2005, S. 71, 72)

Unvoreingenommene erste Begegnungen

Der Schlüssel zu einer authentischen Begegnung mit schulischen Inhalten liegt in einer ersten Phase des Lernprozesses im vollständigen Verzicht auf fachbezogene Erwartungen an die Lernenden. Die Inhalte sollen zuerst einmal betrachtet und beschnuppert werden dürfen, es soll ein offenes und unvoreingenommenes Gegenübertreten stattfinden, bei dem der Fluss der Assoziationen durch keine Vorstellungen von richtig und falsch oder brauchbar und unbrauchbar gelenkt und gehemmt wird. Entscheidend ist, was sich in der singulären Welt des Einzelnen abspielt: Das Ich muss in der Sache Fuss fassen können, die Sache muss zu einem wirklichen Gegenüber werden. Unabhängig von Fach und Schulstufe lautet der Auftrag in der ersten Lernphase:

••

Achte beim Lesen dieses Gedichtes, dieser Gleichung etc. auf deine Gedanken und Gefühle. Schreibe alles auf, was dir durch den Kopf geht.

••

In dieser Phase finden alle Schülerinnen und Schüler eine Beziehung zur Sache. Es kann keine Misserfolgserlebnisse im Sinne von «Ich habe keine Ahnung» geben. Verunsicherungen und Verärgerung haben Platz. Wesentlich ist, dass diese Gefühle aufgespürt und entschlüsselt und anderen zugänglich gemacht werden können. (vgl. Ruf/Gallin 2002, S. 154–164)

Verschiedene Sprachen und eine didaktische Neuorientierung

Die Sprache des Verstehens

Die persönlichen Gespräche mit dem Stoff und der erzählende Austausch dieser Erfahrungen mit anderen sind die Quellen des Verstehens; ihre Sprache ist im Fluss, sie wird erschaffen und weiterentwickelt. Dieser interne Sprachgebrauch – die Sprache des Verstehens – hat einen Werkstattcharakter; er dient der singulären Standortbestimmung und dem divergierenden Austausch. Das Gefäss ist das Reisetagebuch.

Die Sprache des Verstandenen

Die Sprache des Verstandenen ist dagegen etwas ganz anderes: Sie ist gewissermassen die ökonomische, effiziente Schnellstrasse auf dem Weg von Fragen zu Lösungen. Der Unterricht, der nur diese Strasse benutzt, riskiert Unfälle mit gravierenden Sach- und Personenschäden. Eine Kultur des internen Sprachgebrauchs bildet das Fundament für überzeugende Auftritte vor Publikum. Schriftliche und mündliche Formen wie Referate, szenische Darstellungen oder Prüfungen, die den Charakter von Publikumsauftritten haben, werden Produkte genannt und orientieren sich an der Sprache des Verstandenen. Im gelungenen Produkt ist das Singuläre ins Reguläre eingebunden: Im Wir findet das Ich zu sich selbst und kann vom Du verstanden werden. (vgl. Ruf/Gallin 1996, S. 160–175)

Eine grundlegende didaktische Neuorientierung

Der Ansatz des Dialogischen Lernens verlangt wesentlich mehr als einige methodische Retouchen («Das wäre doch jetzt so etwas wie eine Kernidee!») und die Einführung einiger neuer Instrumentarien («Ab heute könntet ihr doch mal ein Reisetagebuch führen!»). Gefordert ist eine umfassende didaktische Neuorientierung des Unterrichts, die nicht zu unterschätzende Konsequenzen für die Unterrichtsgestaltung und die Rolle der Lehrpersonen hat. Beim Ansatz des Dialogischen Lernens dreht sich alles um authentische Begegnungen: Das streng

dialogische Unterrichtskonzept basiert auf den Grundbewegungen der singulären Standortbestimmung, des divergierenden Austausches und des regularisie-
renden Problemlösens. Sich auf das dialogische Unterrichtsprinzip einzulassen,
verlangt von den Lehrenden, sich auf eine Reise mit unbekanntem Verlauf einzulassen. Im Unterschied zu einem Unterrichtskonzept, das sich auf eine Instruktion und Einübung des Regulären beschränkt, will der dialogische Ansatz, dass
das Reguläre aus Dialogen zwischen einem Ich und einem Du herauswachsen
kann. (vgl. Berner 2005, S. 74, 75)

1 einzigartigen
2 in entgegegesetzter Richtung verlaufend
3 in eine bestimmte Ordnung bringen

Literatur

Berner, H. (2005): Dialogisches Lernen – Persönliche authentische Begegnungen statt «So ist
es recht und richtig!» In: Berner, H. & Zimmermann, Th.: Unvergessliche Lehr-Lern-Arrangements. Theoretisch geklärt, praktisch umgesetzt. Zürich: Pestalozzianum 2005. S. 61–
83.

Pennac, D. (2010): Schulkummer. Köln: Kiepenheuer & Witsch.

Ruf, U. & Gallin, P. (1990): Sprache und Mathematik in der Schule. Auf eigenen Wegen zur
Fachkompetenz. Zürich: Verlag Lehrerinnen und Lehrer Schweiz (LCH).

Ruf, U. & Gallin, P. (1991): Aufbau von Sprach- und Fachkompetenz beim Lernen mit Kernideen und Reisetagebüchern. In: schweizer schule. Nr. 9.

Gallin, P. & Ruf, U. (1999). Ich mache das so! Wie machst du es? Das machen wir ab. Sprache
und Mathematik für das 1.–3. Schuljahr. Zürich: Lehrmittelverlag des Kantons Zürich.

Ruf, U. & Gallin, P. (1999). Ich mache das so! Wie machst du es? Das machen wir ab. Sprache
und Mathematik für das 4.–6. Schuljahr. Zürich: Lehrmittelverlag des Kantons Zürich.

Ruf, U. & Gallin, P. (2002): Sich einlassen und eine Sprache finden. Merkmale einer interaktiven und fächerübergreifenden Didaktik. In R. Voss (Hrsg.), Die Schule neu erfinden, Sys-
temisch-konstruktivistische Annäherungen an Schule und Pädagogik (4., überarbeitete
Auflage) S. 154–178. Berlin: Luchterhand.

Ruf, U. (2003): «Wie wirkt mein Spruch auf dem T-Shirt?» In: Friedrich Jahresheft. 2003.
S. 82, 83.

Ruf, U. & Gallin, P. (2005): Dialogisches Lernen in Sprache und Mathematik. Band 1: Austausch unter Ungleichen. Grundzüge einer interaktiven und fächerübergreifenden Didaktik. Seelze-Velber: Kallmeyer. 3., überarbeitete Auflage.

Wagenschein, M. (1975): Natur physikalisch gesehen. Didaktische Beiträge zum Vorgang des
Verstehens. Braunschweig: Westermann.

Online-Text
http://www.lerndialog.uzh.ch/model/instruments.html

Bei diesem Text handelt es sich um eine aktualisierte, überarbeitete und gekürzte Fassung
von: Berner, H. (2005): Dialogisches Lernen – Persönliche authentische Begegnungen statt
«So ist es recht und richtig!» In: Berner, H. & Zimmermann, Th.: Unvergessliche Lehr-Lern-
Arrangements. Theoretisch geklärt, praktisch umgesetzt. Zürich: Pestalozzianum 2005.
S. 61–83.

1 Schülerinnen und Schüler können mehr, als sie denken

Für den Abschluss des 3. Schuljahres werden die Schülerinnen und Schüler im Lehrmittel «Sprache und Mathematik» für das 1.–3. Schuljahr von Peter Gallin und Urs Ruf aufgefordert, ihre in der Sprache des Verstehens geschriebenen Texte für einen Auftritt vor einem Publikum in die Sprache des Verstandenen umzuschreiben.

〈 In deinem Reisetagebuch sieht es aus wie in einer Werkstatt. In einer Werkstatt steht dies und das herum. Es gibt Unfertiges, und es gibt auch Abfälle. Es ist nicht besonders aufgeräumt. Im Gewirr der Werkzeuge und Maschinen findet sich ein Besucher kaum zurecht. So ist es auch in deinem Reisetagebuch. Es gibt Texte und Bilder, die noch gar nicht fertig sind. Viele Fehler sind nicht korrigiert. Bestimmt findest du aber einiges, was für andere interessant sein könnte.

Wähle etwas aus, was du einem grösseren Publikum zeigen möchtest. Überleg dir genau, wie du es herrichten musst, damit die Besucher sich darüber freuen können. Beschränke dich auf wenig. Zaubere viel hervor.

Auftritt vor einem Publikum

- Was möchtest du den Eltern und Bekannten zeigen?
- Was könnte sie interessieren?
- Wähle etwas aus deinem Reisetagebuch aus.

Das Ausgewählte muss für das Publikum hergerichtet werden.
- Wie willst du dich auf deinen Auftritt vorbereiten?
- Was macht deinem Publikum Freude? Was erwartet es von dir?
- Schreibe auf, woran du bei der Vorbereitung denken musst.

Vielleicht hast du in deinem Reisetagebuch eine Geschichte entdeckt, die du gern vorlesen möchtest. Ist sie schon perfekt? Dann musst du nur noch das Vorlesen proben. Vielleicht hast du damals aber beim Schreiben noch gar nicht an ein Publikum gedacht. Dann musst du die Geschichte überarbeiten. Wie man das macht, weisst du ja schon.

Testen und Überarbeiten

Teste deine Geschichte mit den folgenden Fragen:
- Steht das Interessante und Besondere im Vordergrund?
- Ist es spannend erzählt?
- Macht der erste Satz neugierig?
- Gibt es Überflüssiges, das man wegstreichen könnte?
- Hat die Geschichte einen guten Schluss?
- Hast du viele treffende Wörter gewählt?
- Könnte man die Sätze durch Umstellen der Wörter verbessern?

Zeig deine überarbeitete Geschichte andern Kindern.
- Kommt sie gut an?
- Was kannst du aus den Rückmeldungen lernen?

Wenn du deine Geschichte überarbeitet hast, kannst du dir überlegen, wie du sie deinem Publikum vortragen willst. Nicht nur das Erzählen, auch das Vorlesen ist eine Kunst. Wenn die Schauspieler ihre Rollen proben, stellen sie sich manchmal vor den Spiegel. Und sie überlegen sich bei jedem Wort und bei jedem Satz, wie es tönen soll. Wenn ihnen die Melodie gefällt, schreiben sie alles genau in den Text hinein. Sie machen ein Zeichen, wenn die Stimme steigt oder fällt, wenn es schneller oder langsamer geht, wenn etwas betont wird, wenn sie bei Pausen den Atem anhalten, um die Spannung zu erhöhen, oder wenn sie ausatmen und die Spannung lösen. ❯

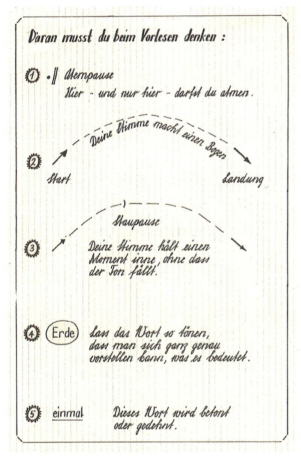

Wenn du diese fünf Ratschläge beim Vorlesen beachtest, hören dir alle gerne zu.

Niels hat seinen Text mit Hilfe der fünf Zeichen zum Vorlesen vorbereitet.

Auszug aus: Gallin, P. & Ruf, U. (1995): Sprache und Mathematik. Ich mache das so! Wie machst du es? Das machen wir ab. 1.–3. Schuljahr. Zürich: Lehrmittelverlag. S. 188–190.

2 Umgang mit dem Reisetagebuch

Im Lehrmittel «Sprache und Mathematik» für das 1.–3. Schuljahr von Peter Gallin und Urs Ruf wird der Umgang der Schülerinnen und Schüler mit dem Reisetagebuch vorgestellt. Wichtig sind auch die klärenden Erläuterungen für die Eltern.

Dewi hat die Nummer an ihrem Haus abgezeichnet.

1494   1495   1496

Albrecht Dürer hat die Ziffer 4 dreimal verschieden geschrieben.

❬ Dominik hat seinen ganzen Schulweg gezeichnet und alle Zahlen, die er gefunden hat, dazugeschrieben. Eine richtige Zahlenspur!

Angela hat ihre Hausnummer abgezeichnet, Esther hat eine Zahl auf dem Schulhausbrunnen entdeckt. Sie ist aus vier Ziffern zusammengesetzt. Weisst du, was Esthers Zahl bedeutet?

Spuren legen ist schön. Oft ist es auch anstrengend. Manchmal sind die Menschen sehr stolz auf ihre Spuren. Dann schreiben sie ihren Namen und das Datum dazu.

So hat es auch ein berühmter Maler gemacht. Er heisst Albrecht Dürer. Vor 500 Jahren war man sich noch nicht so recht einig, wie man die Ziffern schreiben sollte. Darum hat Dürer ein bisschen herumprobiert. Schau einmal die Jahreszahlen *1494*, *1495* und *1496* an.
Siehst du, was damals mit der Ziffer 4 passiert ist?

Zum Glück schreiben wir heute die Buchstaben und Ziffern immer gleich. So können wir sie rasch und bequem lesen. Hast du schon ausprobiert, wie das mit deiner Handschrift ist? Können die andern Kinder gut lesen, was du geschrieben hast?

Du musst viel schreiben, bis deine Buchstaben und Ziffern eine schöne Form gefunden haben. Am Anfang ist alles noch etwas wacklig. Trotzdem darfst du stolz sein auf deine Spuren im Reisetagebuch. Vorne auf dem Heft steht dein Name. Von Tag zu Tag machst du Fortschritte. Darum musst du jedesmal das Datum aufschreiben, wenn du am Morgen frisch anfängst. So lernst du bald einmal, die Ziffern schön und regelmässig zu schreiben.

Vielleicht sind die Erwachsenen noch ein wenig ungeduldig, wenn sie lesen, was du im Reisetagebuch geschrieben hast. Vielleicht haben sie vergessen, wie lange man herumprobieren muss, bis etwas wirklich gelingt. Für sie haben wir aufgeschrieben, was ein Reisetagebuch ist und wie man darin lesen muss. Du kannst diesen Text kopieren und ins Reisetagebuch kleben. Zeig ihn den Erwachsenen, die sich für deine Spuren interessieren.

Erklärungen für die Eltern   Liebe Erwachsene

Ob sich beim Lesen Befriedigung oder gar Vergnügen einstellt, liegt nicht zuletzt auch an den Erwartungen, die man an den Text heranträgt. Suchen Sie beispielsweise spannende Unterhaltung, werden Sie ziemlich sicher enttäuscht sein, wenn Sie das Telefonbuch aufschlagen. Ähnlich könnte es Ihnen ergehen, wenn Sie im Reisetagebuch eines Kindes fehlerfreie Texte suchen, die übersichtlich gestaltet und sauber geschrieben sind. Das Reisetagebuch ist kein Reinheft: Es dokumentiert private Spuren des Lernens und orientiert sich nicht an den Erwartungen eines anonymen Publikums. Trotzdem herrscht im Reisetagebuch eine subtile

Ordnung: die geheimnisvolle Logik einer persönlichen Entwicklung. Darum ist das Reisetagebuch auch nicht nach Fächern und Themen gegliedert, sondern nach den zeitlich aufeinanderfolgenden Stadien des Lernens. Jeder Eintrag ist mit einem Datum versehen. Dann kommen Angaben zum Sachgebiet und zu den Fragestellungen, mit denen das Kind sich beschäftigt. Im Zentrum stehen die Spuren einer singulären Auseinandersetzung mit Wörtern, Zahlen und Vorstellungen. Dazwischen tauchen auch immer wieder Rückmeldungen von Kindern und Lehrkräften auf, die sich in den privaten Dialog mit den Stoffen einmischen und die Welt des Regulären ins Spiel bringen.

Können fremde Leserinnen und Leser Texte aus dem Reisetagebuch überhaupt verstehen? Sicher stehen sie vor einer schwierigen Aufgabe. Sie kennen ja die Situation nicht, in der die Texte entstanden sind, und auch das Kind und seine Partner sind ihnen fremd. Trotzdem kann die Lektüre eines Reisetagebuchs sehr reizvoll sein. Man darf allerdings nicht in der Rolle des geladenen Gastes verharren, der im aufgeräumten Wohnzimmer empfangen werden will. Als Leserin oder als Leser eines Reisetagebuchs betreten Sie unangemeldet und unerwartet die Werkstatt eines lernenden Menschen. Unfertige Werkstücke versperren den Weg, darunter auch Fehlerhaftes oder Misslungenes. Leicht kann der Gast stolpern, sich an einem fremdartigen Werkzeug verletzen oder durch Rauch und Dämpfe gereizt werden; leicht übersieht er Kostbarkeiten, die da und dort unauffällig und vielleicht schon ein bisschen verstaubt herumstehen, und stösst sie achtlos um.

Wer sich in der Werkstatt eines Lernenden umsieht, kann Zeuge einmaliger Ereignisse werden. Altbekannte Tatsachen erscheinen oft sogar für Fachleute in einem neuen Licht, wenn sie bei der Geburt der Erkenntnis dabei sind. Man darf allerdings über die Begleiterscheinungen des Gebärens nicht erschrecken. Und man darf auch elementare Regeln des Respekts nicht missachten. Die Lektüre von Reisetagebüchern kann anregend und aufschlussreich sein. Man muss sich nur richtig darauf einstellen:

- Betrachten Sie das Reisetagebuch als privates Dokument eines persönlichen Lernwegs und nicht als öffentliche Ausstellung von Schulwissen.
- Versuchen Sie sich dem Problem, an dem das Kind arbeitet, so zu nähern, wie wenn es auch für Sie das erste Mal wäre.
- Erschrecken Sie nicht über Fehler, Irrtümer und Eigenheiten in der Darstellung. Solange das Kind noch mit Sachproblemen kämpft, treten sprachliche Normen und Vorschriften der Textgestaltung in den Hintergrund.
- Orientieren Sie sich an dem, was das Kind kann, und lassen Sie sich nicht irritieren durch das, was noch fehlt.
- Verfolgen Sie ein Thema über Wochen und Monate: Machen Sie sich ein Bild von der Entwicklung des Kindes.
- Unterscheiden Sie zwischen Irrtümern, die den Lernprozess behindern, und Irrtümern, die nur Sie als Leserin oder Leser stören.
- Vergessen Sie nicht: Wer lernen will, muss Fehler machen dürfen. Darum werden Fehler und Irrtümer im Reisetagebuch weder getilgt noch angeprangert. Die Korrektur erfolgt durch das Kind selbst: Sie ist aus seinem Verhalten in den späteren Phasen des Lernprozesses ablesbar. ❯

Auszug aus: Gallin, P. & Ruf, U. (1995): Sprache und Mathematik. Ich mache das so! Wie machst du es? Das machen wir ab. 1.–3. Schuljahr. Zürich. Lehrmittelverlag. S. 41–43.

3 Ausschnitte aus einem Reisetagebuch

Luisa, Viertklässlerin aus Windisch, schreibt ihre Ideen, Gedanken und Argumentationen zu Sachverhalten mehrmals wöchentlich aufgrund von Kernideen in ihr Reisetagebuch. Ihre Texte werden von ihren Lehrpersonen oder ihren Mitschülerinnen gelesen und kommentiert.

Abbildung 43: Reisetagebuch

4 Ihre ganz persönliche Begegnung mit einem Gedicht

Achten Sie beim Lesen des folgenden Gedichtes auf Ihre Gedanken und Gefühle.
Wagen Sie den Selbstversuch: Schreiben Sie alles auf, was Ihnen durch den Kopf
geht, und vergleichen Sie anschliessend Ihre Gedanken und Gefühle mit anderen.

Marie Luise Kaschnitz   ❮ **Hiroshima**

Der den Tod auf Hiroshima warf
ging ins Kloster, läutet dort die Glocken.
Der den Tod auf Hiroshima warf
sprang vom Stuhl in die Schlinge, erwürgte sich.
Der den Tod auf Hiroshima warf
fiel in Wahnsinn, wehrt Gespenster ab
hunderttausend, die ihn angehen, nächtlich
Auferstandene aus Staub für ihn.

Nichts von alledem ist wahr.
Erst vor kurzem sah ich ihn
im Garten seines Hauses vor der Stadt.
Die Hecken waren noch jung und die Rosenbüsche zierlich.
Das wächst nicht so schnell, dass sich einer verbergen könnte.
Im Wald des Vergessens. Gut zu sehen war
das nackte Vorstadthaus, die junge Frau
die neben ihm stand im Blumenkleid
das kleine Mädchen an ihrer Hand
der Knabe der auf seinem Rücken sass
und über seinem Kopf die Peitsche schwang.
Sehr gut erkennbar war er selbst
vierbeinig auf dem Grasplatz, das Gesicht
verzerrt von Lachen, weil der Photograph
hinter der Hecke stand, das Auge der Welt. ❯

Auszug aus: Kaschnitz, Marie Luise (1965): Überallnie. © Berlin: Claassen Verlag in der
Ullstein Buchverlage GmbH.

5 Andere Reaktionen auf dieses Gedicht

Im Folgenden wird anhand des gleichen Gedichtes ein Einblick in die drei verschiedenen Phasen eines dialogischen Lernprozesses vermittelt: Im ersten Text
sehen Sie, was eine Schülerin der 3. Sekundarklasse geschrieben hat (singuläre
Phase), im zweiten die Rückmeldung eines Mitschülers (divergierende Phase), im
dritten die Rückmeldung des Lehrers. Spannend ist der Vergleich zu Ihrer ersten
Reaktion auf das Gedicht.

Text einer Schülerin

HIROSHIMA

Ich finde dieses Gedicht wird zu fest umschrieben, man sollte es hinaus sagen können, was man denkt oder fühlt!

Was will die Dichterin damit sagen: Der den Tod auf Hiroshima warf. Was bedeutet warf?

Den ersten Teil des Gedichtes schreibt Kaschnitz über den, der die Verantwortung für den Tod in Hiroshima tragen muss, wie er sich fühlen muss, was mit ihm geschehen könnte. Doch im zweiten Teil stellt sich heraus, dass nichts von alldem wahr ist, denn er führt ein "glückliches" Leben. Er hat eine junge Frau und zwei Kinder.

Ob er glücklich ist, ist eine andere Frage. Wenn ich mir diese Person vorstelle, mit Haus und Familie, denke ich, der hat überhaupt kein schlechtes Gewissen. Was ist das für ein Mensch? Doch wie es ihm wirklich geht, das weiss nur er selbst. Was sicher auch noch wichtig ist, der Fotograf. Fotografen sind Leute, die ihre Opfer kennen, sie wissen, wie sie sich fühlen müssen. Ein Foto sagt manchmal sehr viel mehr über eine Person aus, wie sie sich bewegt, das Lachen (Ist es echt oder künstlich?) das Verhalten der Person.

Es ist schwer für mich einen sinnvollen Zusammenhang zu finden, weshalb sie in diesem Gedicht einen Fotograf erwähnt.

Die Rückmeldung eines
Mitschülers

Ich denke etwa das Gleiche über das Gedicht wie du. Der erste Teil des Gedichts sind für mich einfach Möglichkeiten, wie er sich fühlen könnte. Ich habe den Mann einmal in einem Interview gesehen. Er konnte frei über das Geschehen reden und hatte keine Hemmungen. Darum denke ich geht es ihm gut. Ich habe Mühe mit dem Satz: "Das wächst nicht so schnell, dass sich einer verbergen könnte." Ist damit einfach die Hecke gemeint, von der vorher die Rede war oder hat der Satz einen tieferen Sinn? Ich finde auch, dass das Gedicht sehr verschlüsselt ist. Aber das sind die meisten Gedichte. Du fragst was "warf" bedeutet. Ich denke es bedeutet einfach werfen. Der Mann warf die Bombe ab.

Ranco

Der Kommentar des
Lehrers

Carina, mir gefällt sehr gut, wie du dich mit dem Gedicht auseinandergesetzt hast. Am Stärksten wirkt für mich die Passage, wo du sein glückliches Leben mit " " entlarvst. Interessant finde ich auch, wie du bei seinem lachenden Wangen bleibst und es hinterfragst. Ich bin überrascht, wie klar du diese trügerische Idylle auszweifelst. Die Frage nach der Funktion des Fotografen ist eine ganz entscheidende. Das hast du selber gemerkt. Stellst du dir den Fotografen als Person vor? Als eine Person, die hinter der Hecke steht? Marco äussert in seiner Rückmeldung, dass ihm der Satz 'Das wächst nicht so schnell, dass sich einer verbergen könnte' Mühe mache. Weiter fragt es, ob damit die Hecke gemeint sein könnte. Kommst du dem Fotografen jetzt auf die Spur? Denke nochmals darüber nach und lies das Gedicht ganz genau durch. Du findest im Text selber Erklärungen, die dir bei deiner Frage weiterhelfen.

✓✓✓

Auszug aus: Zimmermann, Th. (2005): Dialogisches Lernen – Unvergessliche Gedichte, bewegende Bilder. In: Berner, H. & Zimmermann, Th.: Unvergessliche Lehr-Lern-Arrangements. Theoretisch geklärt, praktisch umgesetzt. Zürich: Pestalozzianum 2005. S. 132–138.

6 Anleitung für das Aufspüren von Kernideen

Die folgende Anleitung in 8 Schritten dient als Hilfestellung für Lehrerinnen und Lehrer für die nicht ganz einfache Aufgabe des Aufspürens von Kernideen.

❰ 1. Stellen Sie sich in Ihrem Fach ein verhältnismässig grosses Stoffgebiet vor, das Sie mögen (Grammatik, Bruchrechnen, Rechtschreibung, Multiplikation, Lyrik, Flächen- und Volumenmessung, Kurzgeschichten, Kommunikation, Schätzen usw.).

2. Blenden Sie alles aus, was Sie nur dann interessiert, wenn Sie an Ihre Schülerinnen und Schüler denken.

3. Versuchen Sie sich an den Moment zu erinnern, wo Ihr Interesse an diesem Gebiet wach geworden ist: an die Quelle Ihrer Faszination, an ein Schlüsselerlebnis, das Ihnen die Augen geöffnet hat.

4. Erinnern Sie sich an kein persönliches Schlüsselerlebnis? Dann müssen Sie sich auf die Suche nach einem Dialogpartner machen, der in einem andern Fachgebiet zu Hause ist als Sie. Erklären Sie ihm in möglichst einfachen Worten, was Sie persönlich über Ihr Fachgebiet denken und was für Sie der Witz der Sache ist. Achten Sie auf die Reaktionen ihres Partners und lassen Sie sich von seinen Zweifeln und Rückfragen inspirieren.

5. Üben Sie sich jetzt im Erzählen! Stoff ist Ihr Schlüsselerlebnis oder die Begegnung mit Ihrem Dialogpartner. Geben Sie dem Erlebten die Gestalt einer Anekdote.

6. Hat Ihre Anekdote eine attraktive Pointe? Können Sie den Witz der Sache auf den Punkt bringen? Vielleicht mit einer herausfordernden Frage, einer simplen Geste, einer kühnen Behauptung, einem anregenden Spielangebot, einem ausbaufähigen Denkanstoss, einem animierenden Bild, einer dynamisierenden Handlungsanweisung? Gelingt Ihnen das, dann haben Sie eine keimfähige Kernidee geboren.

7. Vielleicht brauchen Sie jetzt noch ein Schlüsselobjekt, um Ihre Kernidee wirkungsvoll in Szene zu setzen, etwas, was stellvertretend für das Ganze stehen kann; eine repräsentative Aufgabe, einen exemplarischen Text, einen charakteristischen Gegenstand.

8. Testen Sie Ihre Anekdote und Ihr Schlüsselobjekt im Freundeskreis, bevor Sie sie in die Klasse tragen. Wirkt die Kernidee? ❱

Auszug aus: Ruf, U. & Gallin, P. (1999): Dialogisches Lernen in Sprache und Mathematik. Band 2. Seelze-Velber: Kallmeyer. S. 18.

7 Zur schwierigen Frage der Beurteilung

Der Ansatz des Dialogischen Lernens erfordert eine andere Form der Beurteilung. Es braucht ein nicht-lineares, zweidimensionales Leistungsbewertungsmodell mit zwei gleichberechtigten Bewertungssystemen (traditionelles lernzielorientiertes Herstellen von Produkten und lernwegorientiertes Generieren des Wissens). Im Folgenden wird gezeigt, wie die Beurteilung der Qualität der Lernprozessdokumentation praktisch gelöst werden kann.

Wegbewertung mit Häkchen

❰ Wenn die Schülerhefte von der Lehrperson eingesehen und kommentiert wurden, erfolgt eine Wegbewertung. Im Blick des Beurteilenden liegt also weniger ein Produkt (das typischerweise aus der Defizitperspektive gemessen wird), sondern der individuelle Entwicklungsprozess und der Intensitätsgrad der Beschäftigung jedes einzelnen Schülers/jeder einzelnen Schülerin.

Die Schüler/innen erhalten zu Beginn jedes Schuljahres eine Übersicht über die Häkchen, mit denen die mathematischen Notizen bewertet werden. Dabei geht es weniger um Korrektheit aus einem regulären Blickwinkel als vielmehr um die Chancen der singulären Spuren der Schüler/innen.

Die Arbeit im Reisetagebuch wird mit Häkchen bewertet. Jede Häkchenzahl hat eine Bedeutung:

✓✓✓✓ wird nur im Falle einer unerwarteten, ganz überraschenden Leistung vergeben, die weit über die Erwartungen zur vorgegebenen Aufgabenstellung hinausgeht. Das kann auch etwas Kleines sein: Ein kühner Vorgriff, eine originelle Idee (z.B. die «Entdeckung der Winkelfunktionen» bei der Beschäftigung mit dem Flächeninhalt von Parallelogrammen), ein interessantes Verfahren, ein ungewöhnliches Problembewusstsein, ein geistreicher Irrtum, ein erstaunlicher Überblick usw. Entspricht unserer Notenstufe «sehr gut».

✓✓✓ wird vergeben, wenn aus der subjektiven Sicht der Leser/innen eine Passage im Aufschrieb enthalten ist, die einen guten eigenen Gedanken zum Auftrag enthält. Das kann ein interessanter Einfall sein, ein erfolgversprechender Ansatz, eine originelle Denkbewegung, ein mutiger Versuch usw.; entspricht einer Note, die etwas besser ist als «gut».

✓✓ wird erteilt, wenn der Schüler oder die Schülerin sich intensiv genug mit der Sache befasst und im gegebenen Rahmen eine befriedigende Leistung erbracht hat bzw. die Lehrperson die Prognose wagt, dass er/sie in absehbarer Zeit zu einer befriedigenden Leistung kommen wird, wenn er/sie sich weiter so mit der Sache befasst; entspricht einer Note, die etwas besser ist als «befriedigend».

✓ sollte vergeben werden, wenn erkennbar ist, dass der Schüler oder die Schülerin die Grundidee des Auftrages verstanden hat und sich einigermassen sinnvoll mit einem Teil des Auftrages befasst hat. Entspricht einer Note, die etwas schlechter ist als «ausreichend».

✗ sollte vergeben werden, wenn der Text keinerlei verwertbare Ergebnisse oder Entwicklungen enthält, oder die Sorgfalt zu wünschen übrig liess. Damit fordern Sie den Schüler oder die Schülerin auf, sich nochmals mit dem Thema zu beschäftigen. Entspricht unserer Notenstufe «ungenügend».

Wer verspätet abgibt, kann höchstens einen Haken erhalten. ❱

Auszug aus: Hettrich, M. (2005): M69 Entdecken, erleben und beschreiben – Dialogischer Mathematikunterricht in der Unterstufe. Handreichung publiziert beim Landesinstitut für Schulentwicklung Stuttgart.

Kommentierte Literaturhinweise

Berner, Hans &
Zimmermann, Thomas

Unvergessliche Lehr-Lern-Arrangements. Theoretisch geklärt – praktisch umgesetzt. Zürich: Pestalozzianum. (2005)
In diesem Buch wird die Unterrichtskonzeption des Dialogischen Lernens in einem theoretischen Kapitel in einer komprimierten Form dargestellt. Aufgrund dieser theoretischen Zusammenfassung präsentiert ein Sekundarlehrer die auf seine schulische Situation passende Adaption des Dialogischen Lernens anhand aussagekräftiger in seinem Unterricht realisierter Beispielen.

Gallin, Peter & Ruf, Urs

Sprache und Mathematik in der Schule. Auf eigenen Wegen zur Fachkompetenz. Zürich: Verlag Lehrerinnen und Lehrer Schweiz (LCH). (1990)
In diesem ersten Buch präsentieren der Mathematiker Peter Gallin und der Germanist Urs Ruf die Früchte ihrer zehnjährigen Zusammenarbeit als Gymnasiallehrer für Mathematik und Deutsch. Im Zentrum des Buches stehen Unterrichtsszenen: Die beiden Autoren beobachten minutiös Schülerinnen und Schüler beim Lernen und begleiten sie auf ihren verschlungenen individuellen Wegen und Irrwegen ihres Lern- und Erkenntnisprozesses. Ein wichtiges Ziel der Autoren ist es zu erfahren, wie und wo sie als Lehrende in diese Prozesse eingreifen dürfen – und müssen.

Gallin, Peter & Ruf, Urs

Ich mache das so! Wie machst du es? Das machen wir ab. Sprache und Mathematik. 1.–3. Schuljahr/4.–5. Schuljahr/5.–6. Schuljahr. Zürich: Lehrmittelverlag des Kantons Zürich. (1999)
Die beiden Autoren charakterisieren ihr fächerübergreifendes Lehrmittel für die 1. bis 6. Klasse der Primarstufe wie folgt: «Das ist ein Buch für Buben und Mädchen, die lesen, schreiben und rechnen lernen wollen. Es ist ein Buch für Lehrerinnen und Lehrer, die ihren Kindern Erfindungen zutrauen und sie auf Entdeckungsreisen schicken. Es ist auch ein Buch für Mütter und Väter, die erfahren möchten, was für Schätze sich in den Schulfächern verbergen. Ein Buch für alle, die sich von den Anfängen faszinieren lassen. Ein Schulbuch neben andern Schulbüchern, ein Lesebuch, ein Arbeitsbuch, ein Sachbuch, ein Sprachbuch, ein Mathematikbuch, ein Geschichtsbuch, ein Bilderbuch, ein Buch für dich.» (Gallin, P./Ruf, U. [1999]. Ich mache das so! Wie machst du es? Das machen wir ab. Sprache und Mathematik. 1.–3. Schuljahr. S. 5)

Ruf, Urs & Gallin, Peter

Dialogisches Lernen in Sprache und Mathematik. Band 1: Austausch unter Ungleichen. Grundzüge einer interaktiven und fächerübergreifenden Didaktik. Band 2: Spuren legen – Spuren lesen. Unterricht mit Kernideen und Reisetagebüchern. Seelze-Velber: Kallmeyer. 3., überarbeitete Auflage. (2005)
Im ersten Band stellen die Autoren die Grundzüge einer interaktiven und fächerübergreifenden Didaktik vor. In den verschiedenen Teilen zeigen sie, wie im Unterricht authentische Begegnungen zwischen Inhalten und Schülerinnen und Schülern stattfinden können und wie sich Lernprozesse auslösen, begleiten und beurteilen lassen. Weiter wird der Vorrang des Erzählens vor dem Erklären postuliert und gezeigt, wie Lernkompetenz Fachkompetenz erzeugen kann. Mit dem zweiten Band wenden sich die Autoren vor allem an Lehrpersonen in der Praxis. Sie präsentieren Unterrichtsepisoden, die zu eigenen Versuchen anregen sollen, und lassen Lehrpersonen zu Wort kommen, die sie bei der Entwicklung ihres didaktischen Ansatzes begleitet und unterstützt haben.

Kapitel 4.5 Projekt-Unterricht

Projekt-Unterricht ist in den vergangenen Jahren in den meisten Schulen und auf allen Stufen zu einem attraktiven Bestandteil des schulischen Unterrichts geworden. Mit dieser faszinierenden Unterrichtskonzeption verbinden viele Schülerinnen und Schüler schöne Erinnerungen an Tage und Wochen, in denen sie sich selbstbestimmt mit für sie wichtigen Themen auseinandersetzen konnten und ihre Resultate voller Stolz präsentieren durften.

Projekt-Unterricht verfolgt ein ambitioniertes Ziel: Die selbstverantwortliche handlungsorientierte Auseinandersetzung der Schülerinnen und Schüler mit einer für sie wichtigen gesellschaftsrelevanten Sache soll zu Produkten führen, die einer interessierten Öffentlichkeit mit dem Ziel der Einwirkung und der Chance für echte Rückmeldung präsentiert werden. Das planvolle, selbstgesteuerte, in einer sozialen Umgebung stattfindende Handeln will die Trennung von Schule und Leben durch eine mehrfache Neuorientierung korrigieren: Lebensweltorientierung – Problemorientierung – Produktorientierung – Prozessorientierung – Gesellschaftsorientierung.

Gelungener Projekt-Unterricht, der Lernende zum Lösen komplexer Problemstellungen befähigt und die Lernenden die Ziele im Lernprozess weitgehend selbst finden lässt, leistet einen wichtigen Beitrag zur Bewältigung gegenwärtiger und zukünftiger Entwicklungs- und Bildungsaufgaben.

| Basics | Seite 195 | Materialien | Seite 203 |

HANS BERNER

Eine faszinierende und irritierende Unterrichts-konzeption

Unvergesslich positive Erinnerungen und tiefe Befriedigung

Mit Projekt-Unterricht verbinden viele Schülerinnen und Schüler unvergesslich positive Erinnerungen an Tage und Wochen, in denen sie sich selbstbestimmt mit spannenden und für sie wichtigen Themen auseinandersetzen konnten – und an Präsentationen voller Stolz über das Erreichte vor einem grösseren Publikum. Lehrerinnen und Lehrer beschreiben ihre tiefe Befriedigung über gelungene Projekte und freuen sich über Feedbacks von Schülerinnen und Schülern, die sich noch Jahre nach ihrer obligatorischen Volksschulzeit an diese ganz besonderen Lernerlebnisse zurückerinnern.

Gelungener Projekt-Unterricht kann einen wichtigen Beitrag für den schulischen Bildungsauftrag leisten: Autonomie- und Kooperationsfähigkeit kann gefördert werden. Selbststeuerung und Selbstverantwortung einerseits und Teamwork, Toleranz und Solidarität anderseits können gestärkt werden. Aktuelles, interessantes Wissen wird erworben, und lebenswichtige Fertigkeiten können angewendet werden. Lernen kann als aktiver, selbstgesteuerter, situativer, konstruktiver, interaktiver, sozialer und emotionaler Prozess erfahren werden. Die Bedürfnisse der Schülerinnen und Schüler nach Kompetenzerleben und Selbstwirksamkeit, Autonomieerleben und sozialer Eingebundenheit können in gelungenen Projekten optimal erfüllt werden.

Fragwürdige und irritierende Projekte

Abbildung 44

Projekt-Unterricht ist aber auch mit negativen Erinnerungen verbunden und sorgt immer wieder für gewisse Irritationen: Schülerinnen und Schüler einer Berufsschule haben im Rahmen ihres allgemeinbildenden Unterrichts ein Projekt durchgeführt, das einen Weltrekord im Rolltreppenfahren und den Eintrag ins Guinness-Buch der Rekorde anstrebte. Ein im Rahmen einer Projektarbeit realisierter Film einer Sekundarklasse entpuppte sich bei der öffentlichen Filmvorstellung als ein exklusives Lehrer-Projekt: Der Lehrer war Produzent, Regisseur und Kameramann in einem – nur die verschiedenen Rollen konnte er – aus naheliegenden Gründen – nicht alle selbst übernehmen! In diesem sogenannten handlungsorientierten medienpädagogischen Projekt bestanden die Leistungen der Schülerinnen und Schüler darin, die ihnen zugewiesenen Rollen gemäss den Regieanweisungen ihres Lehrers zu spielen. (vgl. Berner 2005, S. 87, 88) Anhand von zwei merkwürdigen Projektarbeitsthemen hat Fritz Osterwalder auf die Grenzen des selbstgesteuerten Lernens im Projekt-Unterricht aufmerksam gemacht: Ein Schüler wollte im Zusammenhang mit dem umfassenden Projektauftrag «Pausenplatzgestaltung als Biotop» eine Haschischpflanzung anlegen. In einem anderen Projekt wollte jemand, um das Schulzimmer und seine Schreibkunst zu üben, eine Wand des Schulzimmers mit kalligrafisch gestalteten rassistischen Sprüchen «verschönern». (vgl. Osterwalder 1998, S. 34)

Vor Kurzem hat ein schulisches Projekt für grosses Aufsehen gesorgt: In Appenzell lösten sechs 15- bis 16-jährige Schüler einen Grosseinsatz der Polizei aus. Sie hielten sich im Rahmen eines Auftrags aus dem Gestaltungsunterricht maskiert und mit Softairwaffen ausgerüstet in der Nähe einer Bank auf. «Das Thema der Reportage sei frei wählbar und den Lehrern nicht bekannt gewesen», heisst es in der Pressemitteilung. (vgl. Tages-Anzeiger vom 3.9.2009; vgl. Material 8: Ein weniger gelungenes Projekt)

Verschiedene Projekt-Unterricht-Verständnisse

Projekt-Unterricht verstanden als Methode

In seinem 1982 erstmals veröffentlichten Buch «Die Projektmethode» präsentierte Karl Frey sein mehrfach zitiertes und dabei oft mehr oder weniger modifiziertes Grundmuster der Projektmethode, das für beliebige Institutionen Geltung beansprucht. Als Ausgangspunkt eines Projektes im Sinne von Frey ist ganz Verschiedenes möglich: eine Idee, eine Anregung, eine Aufgabe, eine besondere Stimmung, ein Problem, ein bemerkenswertes Erlebnis, ein Betätigungswunsch. Die Initiative des Projektes kann durch den Lehrplan, die Lehrenden oder durch ein Gruppenmitglied ergriffen werden: «Grundsätzlich kann jeder Ausgangspunkt zu einem Projekt werden, die Rokoko-Häuserfront gegenüber dem Schulhaus genauso wie das Gefühl des Gruppenmitgliedes M., stets ein Aussenseiter zu sein. Auch das Lehrplanthema ‹Eiweiss› ist kein Hindernis, die Projektmethode einzusetzen. Selbst das klassische Kulturgut, zu dem die Kommentare schon Bibliotheken füllen, schliesst die Projektmethode nicht aus.» (Frey 1993, S. 149) Die wesentlichen Lernprozesse – die sogenannten bildenden Elemente der Projektmethode – liegen für Frey in der Auseinandersetzung mit der Projektinitiative, das heisst in der Auswahl des Gebietes und in der gemeinsamen Entwicklung des Betätigungsgebietes. Das Wort Methode verwendet Frey im Sinne des altgriechischen Ursprunges als den Weg, das anzugehen, was man sich vornimmt oder vorgenommen hat. Diese Auffassung des «Weges der Untersuchung» soll zu einem über das Formale hinausführenden auch inhaltlichen Verständnis führen; die Konzeption des ganzen Vorhabens und die Fragestellung soll mit eingeschlossen sein. Frey betont, dass dieses Zurückgreifen auf das ursprüngliche Methoden-Verständnis die Trennung von Was und Wie überwinden wolle. (vgl. Berner 2005, S. 91–93; vgl. Material 1: Die Projekt-Methode)

Abbildung 45

Umfassendes Projekt-Unterricht-Verständnis

In seinem 1986 erstmals veröffentlichten Buch «Handlungsorientiert lehren und lernen» hat Herbert Gudjons die Frage «Was ist Projektunterricht?» im Sinne einer «einkreisenden Definition» anhand von vier Schritten und neun Merkmalen beantwortet. (Gudjons 2001) Die folgende grafische Darstellung stellt dieses für den schulischen Projekt-Unterricht geeignete Projektverständnis dar, wobei anstatt von Schritten von Phasen gesprochen wird, um anzudeuten, dass es sich weniger um ein Schritt-für-Schritt-Vorgehen, sondern um Abschnitte in einem stetigen Entwicklungsprozess handelt.

Phasen und Merkmale eines Projekts

Phase 1   Auswahl einer für den Erwerb von Erfahrungen geeigneten
          problemhaltigen Sachlage
          Merkmale:
          1. Situationsbezug
          2. Orientierung an den Interessen der Beteiligten
          3. Gesellschaftliche Praxisrelevanz

Phase 2   Gemeinsame Entwicklung eines Plans zur Problemlösung
          Merkmale:
          4. Zielgerichtete Projektplanung
          5. Selbstorganisation und Selbstverantwortung

Phase 3   Handlungsorientierte Auseinandersetzung mit dem Problem
          Merkmale:
          6. Einbeziehen vieler Sinne
          7. Soziales Lernen

Phase 4   Überprüfung der erarbeiteten Problemlösung an der Wirklichkeit
          Merkmale:
          8. Produktorientierung
          9. Interdisziplinarität

Die Vorteile dieses Projektverständnisses sind offensichtlich: Die Themenfrage erhält – und behält – eine entscheidende Bedeutung. In der ersten Phase der Projektarbeit geht es um die entscheidende Aufgabe, eine geeignete problemhaltige Sachlage auszuwählen. Es gilt, ein an den Interessen der Beteiligten orientiertes Problem, das eine Fülle von Aspekten umfasst und eine gesellschaftliche Praxisrelevanz aufweist, zum Thema der Projektarbeit «reifen» zu lassen. Das Vorgehen wird durch drei Fragen gesteuert: «Welches ist mein (respektive unser) Thema?»; «Wie gehen wir bei der Planung der Problemlösung und bei der Auseinandersetzung mit dem Problem vor?»; «Welche Ergebnisse werden wem wie präsentiert?». (vgl. Berner 2005, S. 94, 95)

Soziales Lernen als Zielsetzung

Die Merkmale «Selbstorganisation und Selbstverantwortung» sowie «Soziales Lernen» weisen auf den wichtigen Stellenwert der Lehr-/Lernprozess-Struktur hin. Eine wichtige Zielsetzung schulischer Projektarbeit ist es, soziale Lernprozesse im Sinne eines Voneinander- und Miteinanderlernens sowie Selbstorganisation und Selbstverantwortung in den einzelnen Projektteams und in der ganzen Projektgruppe erfahrbar, diskutierbar und veränderbar werden zu lassen. Die Lehrpersonen sind sich in der Regel der Bedeutung dieser Projektzielsetzungen sehr wohl bewusst. Die Freude und Genugtuung angesichts erfolgreicher selbstgesteuerter Prozesse ist ebenso gross wie die Verunsicherung, Irritation und Schuldgefühle angesichts misslingender sozialer Prozesse. Dass soziales Lernen primär praktiziert und erst allenfalls später thematisiert werden soll, gehört seit der lehrerbildnerischen Verbreitung von Pestalozzis «Stanser Brief» zum pädagogischen Alltagswissen. (vgl. Berner 2005, S. 95)

Die Lehrerrolle im Projekt-Unterricht

Lehrpersonen in der Rolle als Projekt-Leitende

Mit der provozierenden Behauptung «Der Projekt-Unterricht drängt sich als Insel der ‹Lehrer-Schüler-Symmetrie-Sehnsucht› geradezu auf!» gelingt es Johannes Bastian, ein marginalisiertes Problem des Projekt-Unterrichts ins Bewusstsein zu rücken. Die im Folgenden vorgestellten vier pointierten Thesen zur Lehrerrolle im Projekt-Unterricht und die kurzen Begründungen sind geeignet, das Problembewusstsein im Zusammenhang mit der Rolle als Projektverantwortlicher zu schärfen.

1. Projekte, die von der Lehrer-Sehnsucht nach Symmetrie im Lehrer-Schüler-Verhältnis gesteuert werden, scheitern oft!
   Die unreflektierte Hingabe an die Hoffnung auf gleichberechtigte Interaktion im Projekt-Unterricht überfordert sowohl die Lehrperson als auch die Schülerinnen und Schüler!
2. Projekt-Unterricht hat die Überwindung der Subjekt-Objekt-Beziehung im Lehrer-Schüler-Verhältnis zum Ziel!
   Die Suche nach einer Neubestimmung der Rollen macht unsicher. Es sind idealistische Postulate von Gemeinsamkeit und Partnerschaft, die ein Problem verniedlichen, das bei dieser Wortwahl nicht einmal als Frage auftaucht!
3. Lehrer und Schüler befinden sich auch im Projekt-Unterricht in grundsätzlich unterschiedlichen Rollen – das heisst in einer klar komplementären Beziehungsstruktur!
   Komplementarität hat einen institutionellen und einen qualifikationsbedingten Anteil. Eine genauere Bestimmung des Lehrer-Schüler-Verhältnisses mithilfe dieser Begriffe hilft, die Möglichkeiten des Projekt-Unterrichtes von den Wünschen zu trennen. Gefordert ist eine Analyse der Beziehungsstruktur und als Konsequenz daraus eine klar definierte Lehrerrolle.
4. Das Subjekt-Objekt-Verhältnis kann nur überwunden werden, wenn auch im Projekt-Unterricht die komplementären Rollen erkannt und von beiden Seiten akzeptiert werden!
   Schülerinnen und Schüler als Subjekte des Lernprozesses ernst zu nehmen, heisst, als Lehrpersonen nicht so zu tun, als gäbe es die institutionelle Macht der Lehrerrolle nicht mehr. (Die Schülerinnen und Schüler sind für dieses Missverständnis oft viel sensibler als ihre von einem oft gutmütigen Symmetriewunsch beseelten Lehrpersonen.) Zur komplementären Rolle gehört, die qualifikationsbedingten Vorsprünge als Lehrperson so weit zur Verfügung zu stellen, wie sie die Schülerinnen und Schüler brauchen.

(vgl. Bastian & Gudjons 1991, S. 28–34)

Abbildung 46

Lehrpersonen sind im Projekt-Unterricht Mehr-Wissende

Ein Nachdenken über die Rollenverteilung im Projekt-Unterricht ist unentbehrlich! Zur Phase der Projektinitiative gehört zwingend eine Phase der Rollenfindung und -klärung sowie die Transparenz in Bezug auf die definierte Projektleiterrolle. Die Forderung einer Übernahme der Verantwortung für die Projektarbeit und ein Selbstverständnis als Projektleiterin oder Projektleiter ist eine notwendige Reaktion gegenüber dem Missverständnis einer bequemen «Laisser-faire-Haltung», die mit einem Verweis auf die Schüler-Selbstorganisation und -verantwortung ein totales oder weitgehendes Sichraushalten aus der Schülerprojektarbeit postuliert. Ein Rollenverständnis als Projektleitende, das die Verantwortung für die Projektgruppe beansprucht, darf aber auf keinen Fall zu dem am Anfang erwähnten Projekt-Missverständnis des allmächtigen schulischen «Film-Regisseurs» führen. Projektleitende sind keine Alles- oder Besserwissende, die über die inhaltlich richtigen Lösungen verfügen und für jede Situation das richtige Verhalten kennen, sondern Mehr-Wissende, die ihr Mehrwissen in inhaltlicher und formaler Hinsicht den Mitgliedern der Schüler-Projektteams im geeigneten Zeitpunkt in geeigneter Form zur Verfügung stellen. (vgl. Berner 2005, S. 100, 101)

Ein komplexes Projekt-Unterricht-Verständnis

Beschränkung auf Projekt-Methode

Ein grundlegendes Problem einer primär methodisch verstandenen Konzeption eines Projekt-Unterrichts besteht darin, dass die Lehrerinnen und Lehrer sich zielgerichtet der sieben Projektkomponenten Projektinitiative, Projektskizze, Projektplan, Projektdurchführung, Fixpunkte, Metainteraktion und Projektabschluss und deren Hilfsmittel bedienen und dabei die Themenfrage weitgehend ausklammern. Dadurch wird nicht nur die schwierige Was-Frage, sondern auch die ebenso schwierige Warum-Frage im Sinne einer entlastenden Komplexitätsreduktion eliminiert. In noch stärkerem Masse gilt das für die komplexe didaktische Frage des «Was und Warum nicht?» (vgl. Berner 1999, S. 277, 278) Aufgrund einer verbreiteten Methodik-Lastigkeit des Projekt-Unterrichts können im schulischen Projektalltag Rolltreppen-Projekte ihren unwidersprochenen oder zögerlich und mit schlechtem Gewissen gewährten Platz beanspruchen.

Grundlegende Fragen als Legitimations- und Reflexionshilfen

Klar ist: Schulische Projekte müssen mehreren Kriterien genügen: Sie müssen Wirklichkeit repräsentieren und subjektiv bedeutsam sein; sie müssen Selbstständigkeit fordern und gesellschaftliches Handeln herausfordern; sie müssen Produkte ermöglichen und Öffentlichkeit herstellen. Es geht um eine Aneignung, Verarbeitung und Veröffentlichung von grundlegenden Erfahrungen. Um diesen Anforderungen gerecht zu werden, darf sich der Projekt-Unterricht den wesentlichen didaktischen Fragen nach dem Was und Warum und der Bildungsfrage nicht entziehen! Bei der Planung, Durchführung und Reflexion der Projektarbeit müssen grundlegende Fragen als Legitimations- und Reflexionshilfe gestellt und beantwortet werden. Der Projekt-Unterricht bedarf in besonderem Masse einer kompetenten detaillierten Planung anhand der Klärungs- und Entscheidungsfelder. (vgl. Zumsteg et al. 2009)

Fragen zum Projekt-Unterricht

- In welchem Masse ist unser Projekt schülerorientiert?
- Wer ist in welchen Phasen für was verantwortlich?
- In welchem Masse ist unser Projekt produktorientiert?
- In welchem Masse ist unser Projekt prozessorientiert?
- In welchem Masse ist unser Projekt kooperationsorientiert?

Projekt-Unterricht ist ein komplexes Lehr-Lern-Arrangement

Dass es sich beim Projekt-Unterricht um ein komplexes und kompliziertes Lehr-Lern-Arrangement handelt, ist deutlich geworden. Dass sich bei dieser Unterrichtskonzeption offensichtliche – und auch verborgene – widersprüchliche Ansprüche zeigen, ist klar. Dass sich Selbstorganisation und Selbstverantwortung per Definition schlecht mit noch so guten (oder gut gemeinten) Ratschlägen und Vorgaben vertragen, ist irritierend. Die paradoxen Züge sind unverkennbar: Die Lehrperson übernimmt die Verantwortung für die Selbstverantwortung der Schülerinnen und Schüler. Dieses grundlegende pädagogische Problem lässt sich nicht mit ein paar beschönigenden Worten aus der Welt schaffen. Gefordert sind persönliche Erfahrungen und eine differenzierte Reflexion dieser Erfahrungen im Sinne des leicht veränderten Sprichwortes: Durch reflektierte Erfahrungen kann man klüger werden!

(→ vgl. Band 1: Kapitel 2 Unterricht beobachten – Feedback geben – reflektieren)

Projekt-Unterricht ist antinomisch zu verstehen

Für die Darstellung der unvereinbaren Gegensätze, die sich nicht in einem harmonistischen Sinne überwinden lassen, ist die Form eines Wertequadrates geeignet. (Berner 2005, S. 105) Ein grundsätzliches antinomisches Verhältnis, das sich im Projekt-Unterricht in besonderer Akzentuierung zeigt, ist das Verhältnis von Selbst- und Fremdverantwortung. Für Lehrpersonen geht es beim Projekt-Unterricht darum, in einem antinomischen Sinne sowohl Selbstverantwortung zu fördern als auch Fremdsteuerung zu übernehmen. Die ganz einfachen Entweder-oder-Lösungen der totalen Lehrer- resp. Schülerverantwortung sind höchst problematische simplifizierende «Patent-Lösungen».

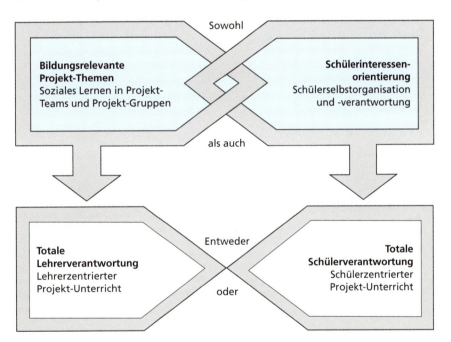

Projekt-Unterricht erfreut sich grosser Beliebtheit

Die faszinierende Unterrichtskonzeption des Projekt-Unterrichts ist in den vergangenen Jahren in den meisten Schulen und auf allen Stufen Bestandteil des schulischen Unterrichts geworden. Grosse Unterschiede bestehen bezüglich einer überlegten und konsequenten Anwendung des Projekt-Unterrichts. Während gewisse Projekt-Verantwortliche ein Unbehagen spüren und es vorziehen, von projektorientiertem Unterricht oder Kurswochen zu sprechen, scheuen sich andere nicht, unterschiedlichsten schulischen Aktivitäten (vom Surf- bis zum Biokochkurs) mit der allseits beliebten Etikette Projekt-Unterricht einen Attraktivitätsschub zu vermitteln.

Projekt-Unterricht bleibt Sand im Getriebe

In einer sozialreformatorisch-politischen Projekttradition mit dem Fokus auf Demokratisierung und Humanisierung der Gesellschaft hat der Projekt-Unterricht auch eine hinterfragende Wirkung, die Herbert Gudjons pointiert als «unversöhnliche Kritik am System der traditionellen Schule» (Gudjons 2008, S. 10) charakterisiert hat. Durch die Merkmale gesellschaftliche Praxisrelevanz, Interdisziplinarität, Selbstorganisation und Selbstverantwortung geprägter Projekt-Unterricht bleibt «Sand im Getriebe» des gewohnten und gewöhnlichen Unterrichts. Deshalb ist es verständlich, dass es Schülerinnen und Schüler gibt, denen nach einem Projekt-Unterricht-Highlight der schulische Alltag banaler und trister erscheint. Was ja nicht gegen den Projekt-Unterricht mit seinem riesigen Potenzial für aktives, selbstgesteuertes, situatives, konstruktives, interaktives, soziales und emotionales Lernen spricht.

Literatur

Bastian, J. & Gudjons, H. (Hrsg.) (1991): Das Projektbuch. Hamburg: Bergmann und Helbig (3. Auflage).

Bastian, J. et al. (1997): Theorie des Projektunterrichts. Hamburg: Bergmann und Helbig.

Berner, H. (1999): Didaktische Kompetenz. Bern: Haupt.

Berner, H. (2005): Bildungsorientierter Projektunterricht – Schüler- und handlungsorientierte Auseinandersetzung mit gesellschaftlich relevanten Fragen statt «Immer schön nach Lehrmittel!» In: Berner, H./Zimmermann, Th. (2005): Unvergessliche Lehr-Lern-Arrangements. Theoretisch geklärt, praktisch umgesetzt. Zürich: Pestalozzianum.

Frey, K. (1993): Die Projektmethode. Weinheim: Beltz (5. Auflage).

Gudjons, H. (2001): Handlungsorientiert lehren und lernen. Bad Heilbrunn: Julius Klinkhardt (6. Auflage).

Gudjons, H. (2008): Projektunterricht. Ein Thema zwischen Ignoranz und Inflation. In: Pädagogik. Nr. 1. 2008. S. 6–10.

Klafki, W. (1995): Neue Studien zur Bildungstheorie und Didaktik. Zeitgemässe Allgemeinbildung und kritisch-konstruktive Didaktik. Weinheim: Beltz (5. Auflage).

Osterwalder, F. (1998): «Lehrer sye von dem Guten der Fryheit überzeugt». Freiheit in der Erziehung – ein historischer Exkurs. In: Pädagogik Nr. 7/8.

Tages-Anzeiger vom 3.9.2009. Online-Ausgabe.

Dieser Text ist eine überarbeitete und aktualisierte Fassung von: Berner, H. (2005): Bildungsorientierter Projektunterricht – Schüler- und handlungsorientierte Auseinandersetzung mit gesellschaftlich relevanten Fragen statt «Immer schön nach Lehrmittel!» In: Berner, H. & Zimmermann, Th. (2005): Unvergessliche Lehr-Lern-Arrangements. Theoretisch geklärt, praktisch umgesetzt. Zürich: Pestalozzianum. S. 85–106.

Schach
Brettspiele

Lego

Fussball
spielen

Spielfiguren
Playmobil

Puppen
Puppen-
stube

draussen
sein
Wald
Sand

Bauen
Bauklötze
Meccano
Stokys

Rollschuhe
Rollbrett
Skateboard

Schach · Lego · Fussball · Papa Fussball spielen · Mama Barbie Noah · Grossmami · Gross: Bauen · Grossmami

EILE MIT WEILE · DOROTHEE LEGO · LONA Fussball · Soldaten · DIANA BABI STOBEN · Zelten · PAPA HOLZ BASTEL · Hannah Rollschuh fahren

Schach · MAMA Lego · LEON Fussball SPIELEN · BARBI · WANDERN · Leon Kugelbahn · PAPA ROLLER FAHREN

NOAH · GEGI Lego · NOAH Fussball · PUPPEN · FRAU HURNI BAUKL. · Anja · NOAH ROLLBRETT

MONOPOLI · MAMA Lego · PUPPEN · OMA Puppen · ONKEL E. WANDERN · PAPA WELT VAR

ESKIMO SPIL · DANIEL LEGO · NOAH Fussball · Puppen · Reiten · DIANA WELT VAR

MÜHLE · FRAU HURNI LEGO · PAPA LEGO · Puppen · Oma Schlitten

MAMA · PUPPEN LEGO · Lego Anja · PUPEN · Puppen · PuPen

1 Projekt-Unterricht verstanden als Methode

In seinem 1982 erstmals veröffentlichten Buch «Die Projektmethode» (der Titel ist eine bewusste Erinnerung an den 1918 veröffentlichten Aufsatz «The Project Method» von William H. Kilpatrick) präsentierte Karl Frey sein mehrfach zitiertes und dabei oft mehr oder weniger modifiziertes Modell der Projektmethode, das für beliebige Institutionen Geltung beansprucht.

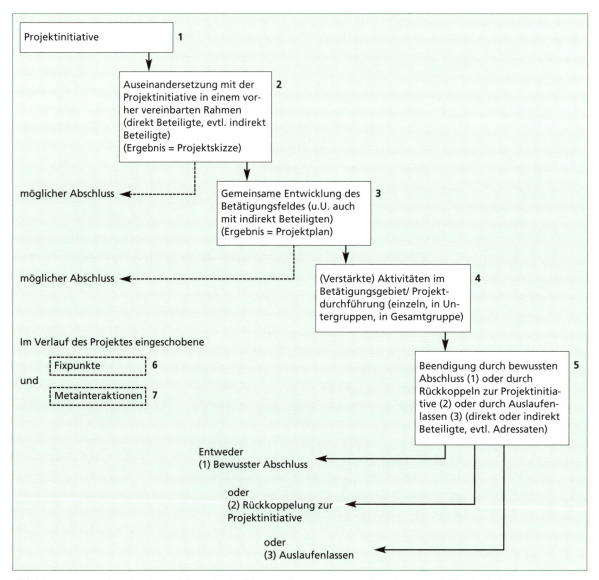

Abbildung 47: Grundmuster der Projektmethode (dargestellt anhand eines idealisierten Projektablaufes)

2 Wichtigkeit der konkreten Planung des Projekt-Unterrichts

Von der Qualität der Planung hängt der Erfolg eines schulischen Projektes weitgehend ab. Im folgenden Textausschnitt von Wolfgang Emer und Felix Rengstorf (beide Lehrer am Oberstufen-Kolleg der Universität Bielefeld) wird die konkrete Planung in sechs Schritten vorgestellt.

❰ Die Projektarbeit konkret zu planen, ist eine der entscheidendsten Aufgaben im Projektprozess und mit die wichtigste methodische Schaltstelle. Diese Phase muss gemeinsam mit allen Projektteilnehmern gestaltet werden, wobei die Vorplanungsgruppe – falls vorhanden – ihre Arbeit der ganzen Gruppe zur Verfügung stellt. Bei dem kooperativen Planungsprozess hat der Lehrende ‹die Verantwortung für die Planung der Selbstplanung› (Bastian/Combe 2004, S. 250) mit z.T. manchmal unbehaglich offenen Planungsdetails zu übernehmen. D.h., er hat im Sinne Deweys die ‹vorausgehende Planung› geschmeidig genug zu machen, ‹um noch ein freies Spiel der Individualität zu ermöglichen, und doch fest genug, um die Richtung auf fortgesetzte Entwicklung der Kräfte anzugehen› (Dewey 1963, S. 87). Dabei lassen sich sechs methodische Schritte erkennen, deren Reihenfolge nicht festlegt, da sie miteinander verzahnt sind: Themenstellung und -aspekte präzisieren; individuelle Forschungsfragen sammeln und gemeinsam eine zentrale Forschungsfrage formulieren; Arbeitsmethoden und -orte bestimmen und Kontakte knüpfen; Rollen in der Gruppe bestimmen und übernehmen; Produkt und Adressaten festlegen; Projektplan erstellen.

1. Themenstellung und -aspekte präzisieren
Die Präzisierung des Themas und seiner Aspekte geschieht vor dem Hintergrund der Interessenszugänge, die die Teilnehmer in der Einstiegsphase geäussert haben. Ausserdem sollte der Entwurf der Planungsgruppe mit eventuellen Ergänzungen hinzugezogen werden. Dazu kann eine Mindmap erstellt werden, um die Aspekte und ihre Bezüge zu verdeutlichen (Vaupel 1995, S. 17ff.) und zu entscheiden, ob und welche Arbeitsgruppen daraus entstehen sollen. Dies geschieht in enger Verzahnung mit dem nächsten Schritt.

2. Individuelle Forschungsfragen sammeln und gemeinsam eine zentrale Forschungsfrage formulieren
Für die Projektarbeit reicht es nicht, sich ein bestimmtes Handlungsziel zu setzen, wie z.B. bestimmte Tanzschritte zu lernen. Es geht darum, mit dem eigenen Handeln etwas zu erforschen: z.B. Bewegungsabläufe, Bedeutung des Tanzens in der Gesellschaft etc. Damit entsteht für das Projekt auch ein ‹roter Faden› für die inhaltliche Auseinandersetzung. So klärt sich ausserdem, aus welchen Fächern für die Erforschung des gewählten Themas Wissen und Methoden hinzugezogen werden müssen.

3. Arbeitsmethoden und -orte bestimmen und Kontakte knüpfen
Bei der Entscheidung über Arbeitsmethoden und -orte (Lernorte vgl. Emer/Horst/Ohly 1994, S. 40) können Vorgaben oder Informationshilfen des Lehrenden die Entscheidungsbasis erweitern. So wissen Lernende z.B. für ein historisch orientiertes Projekt nicht unbedingt, was ‹Oral History› ist. Projekte wer-

den spannender durch Kontakte zu Gruppen oder Institutionen ausserhalb der Schule, die mit dem zu untersuchenden Problem zu tun haben. Sie bieten oftmals wertvolle Informationen, Material sowie Gesprächspartner. Die Arbeit bekommt dadurch mehr Lebensnähe.

4. Rollen in der Gruppe bestimmen und übernehmen

Die Planung kann auch durch die Bestimmung notwendiger Rollen und vorhandener Kompetenzen vorangebracht werden: So werden z.B. in einem bestimmten Projekt Journalisten, EDV-Textarbeiter, Archivare, Bastler gebraucht. Das Bewusstmachen und Übernehmen dieser Rollen lässt Lernende zu Experten werden und fördert den allgemeinen Rollenwechsel, weil es Kompetenz und Verantwortung verteilt.

5. Produkt und Adressaten festlegen

Bei den Überlegungen zum Produkt und den möglichen Adressaten müssen folgende Fragen beantwortet werden: Wofür ist das Produkt nützlich? Wer interessiert sich dafür, wessen Interesse kann geweckt werden? Die echte Auseinandersetzung mit diesen Fragen ist ein entscheidendes Kriterium für den Aneignungsprozess des notwendigen thematischen Wissens und der Methoden. Die Vorstellung möglicher Produktformen (vgl. Emer/Lenzen 2005, S. 103 und Pädagogik Heft 3/2004) kann die Planungsfantasie anregen.

6. Projektplan erstellen

Die Planung von Zeit und Material schafft realistische Grundlagen: Wie viel Zeit hat die Projektgruppe? Wer hilft? Eltern, andere Lehrende, ausserschulische Experten? Welche technischen Hilfsmittel und Werkstoffe sind nötig? Wie soll das Projekt finanziert werden? Alle Planungsdaten fliessen schliesslich in einem ‹Projektplan› zusammen, der in optisch übersichtlicher Form eine Zeitleiste mit Arbeitsteams, -schritten, -methoden, Materialhinweisen etc. verbindet und der während des Projekts fortgeschrieben wird. Um den Ernstcharakter zu erhöhen, können Vereinbarungen auch in einem ‹Projektvertrag› festgelegt werden (Duncker /Götz 1988, S. 79). ❯

Auszug aus: Emer, W. & Rengstorf, F. (2008): Projektmethodik I: Planung. In: Pädagogik Nr. 1. 2008. S. 21, 22.

3 Durchführung von Projekten in fünf methodischen Schritten

Die folgende grafische Darstellung von Dieter Vaupel soll allen am Projekt Beteiligten eine klare und nachvollziehbare Struktur vermitteln. Wichtig ist eine Einschränkung: Ein solches Modell darf nicht schematisch genutzt werden, sondern muss in jeder Unterrichtssituation neu überdacht und kreativ angewandt werden.

| **Vorläufige Entscheidung über ein Arbeitsthema** |

| **Vorbereitungsphase** |

Lehrer	Schüler
• strukturiert das Thema vor	• bekommen eine vorläufige Programmvorschau
• berücksichtigt Vorgaben/Richtlinien, Fachkonferenzen, Fachwissenschaften	• gewinnen ersten Einblick in das Thema
• beachtet organisatorische Voraussetzungen	• tragen Material zum Thema zusammen
• formuliert Hypothesen über die Voraussetzungen und Interessen der Schüler	• entwickeln Fragen, Ideen, Fantasien zum Thema
• legt Check-Listen/Mindmap an: Was ist zu berücksichtigen?	• Methoden: Brainstorming, Mindmapping, Clustering…

Festlegen der Projektziele – Aufstellen einer Projektstruktur – Erstellen eines vorläufigen Zeitplanes

| **Einstiegsphase** |

• Ein handlungsbezogener Unterrichtseinstieg wird organisiert: Erkundung eines Gewässers, Besichtigung einer Burg, Besuch eines Museums, Interview von Anwohnern, Durchführung eines Versuchs…
• Vereinbarung von Projektergebnissen mit den Schülern

| **Durchführungsphase** |

• Schüler arbeiten allein, mit Partnern, in Gruppen oder im Plenum, planen Arbeitsschritte, beschaffen Material, sichten es, lesen Texte, verarbeiten sie, knüpfen Kontakte, besorgen sich Medien…
• Schüler erledigen die notwendigen Arbeitsschritte, Lehrer unterstützt und berät sie dabei. Einüben von Techniken, Aufbau von Kompetenzen, Erprobung, Produktion, Inszenierung, Dokumentieren/Protokollieren des Arbeitsprozesses
• Bei Bedarf werden durchgeführt: Erkundungen, Verhandlungen, Interviews, Planungskorrekturen, Lehrgänge, Referate, Trainingsphasen…

| **Evaluationsphase** |

• Nachdenken über Arbeitsprozess und Ergebnisse
• Vergleich: Planung und Verlauf, Begründung für Abweichungen
• Reflexion des Verhaltens der Projektteilnehmer (Schüler und Lehrer)
• Überlegungen zur Weiterführung des Projektes

| **Auswertungsphase** |

• Arbeitsergebnisse werden im Klassenplenum vorgestellt, vorgespielt, erprobt, diskutiert, kritisiert, gelobt, überarbeitet
• Schüler arbeiten, spielen, handeln mit den Arbeitsergebnissen, üben und festigen dabei Sozial- und Sprachkompetenzen
• Schüler und Lehrer entscheiden, ob Projektergebnisse veröffentlicht werden sollen, und klären, in welcher Form

Auszug aus: Vaupel, D. (2008): Projektmethodik II: Durchführung. In: Pädagogik Nr. 1. 2008. S. 26.

4 Vom Mini-Projekt zum Gross-Projekt

Die folgende Zusammenstellung zeigt die Wichtigkeit eines Aufbaus von Projekt-erfahrungen. In kleinen Projekten – sogenannten Mini-Projekten – können wert-volle Erfahrungen gesammelt werden, die ausgewertet und für neue komplexere Projekte wie Gruppenprojekte oder Abschlussarbeiten genutzt werden können.

	Miniprojekt	Kleinprojekt	Gruppenprojekt	Abschlussarbeit
Thema, Inhalt	Lehrperson gibt Auftrag	Lehrperson gibt Auftrag, lässt den Lernenden aber Gestaltungsspielräume	Lernende bestimmen das Thema und die Inhalte	Lernende bestimmen das Thema und die Inhalte
Materialien	Materialien werden von der Lehrperson abgegeben	Lernende und Lehrperson beschaffen zusammen Material	Lernende beschaffen die Materialien	Lernende beschaffen die Materialien
Arbeitsziele	Lernende bekommen Ziele	Lernende und Lehrperson legen die Ziele fest	Lernende formulieren Aufgabenstellung und Ziele selbstständig	Lernende formulieren Aufgabenstellung und Ziele selbstständig
Methoden	Vorgegebene Lernwege durch Lehrperson	Lernwegempfehlung durch die Lehrperson	Vorgegebene Lernwege durch Lehrperson sowie Wahl des Lernweges durch Lernende. Arbeit auch ausserhalb der Schule	Freie Wahl des Lernweges durch Lernende. Arbeit auch ausserhalb der Schule
Lerngruppen, Projektteam	Gruppen werden ausgelost	Gruppen werden ausgelost. Im Kleinprojekt 2 werden Interessen-gruppen auf Vorschlag gebildet	Freie Gruppenwahl nach Interesse und Neigung	Freie Gruppenwahl nach Interesse und Neigung
Rolle des Lernenden	Ausführend, selbst-steuernd, reflektie-rend auf einzelne Phasen	Mitbestimmend, selbst-steuernd, reflektierend auf einzelne Methoden	Selbst- und mitbestim-mend, selbstständig pla-nend und durchführend	Selbst- und mitbe-stimmend, selbst-ständig planend und durchführend
Rolle der Lehrperson	Stark strukturierend, verbindliche Vor-gaben gebend	Strukturierend, koordi-nierend, Vorschläge und Hinweise gebend	Strukturierend, koordi-nierend, auf Wunsch beratend	Integrativ, auf Wunsch beratend, fast ganz zurücktretend
Fächerbezug			Mehrere Fächer, ggf. mehrere Lehrper-sonen beteiligt	Mehrere Fächer, ggf. mehrere Lehrper-sonen beteiligt
Reflexion über den Arbeits-prozess	Lernende reflektie-ren mit der Lehr-person zusammen	Lernende reflektieren mit der Lehrperson zusammen	Lernende reflektieren gemeinsam und alleine	Lernende reflektieren alleine
«Produkt»	Produkt wird vorgegeben	Produkt wird vorgegeben	Im Voraus geplante Lernaktivitäten realisieren sich in einem «Produkt»	Im Voraus geplante Lernaktivitäten reali-sieren sich in einem «Produkt»

Auszug aus: Lipp, E. & Widmer, P. (2006): Projekte und selbstständige Arbeiten. Planungs-hilfe Projekte begleiten. Bern: Schulverlag plus AG. S. 17.

5 Ein Beispiel eines Mini-Projektes

Planung, Durchführung und Reflexion des faszinierenden Mini-Projekts «Ei-Airbag» können Schülerinnen und Schülern wertvolle Erkenntnisse vermitteln.

Miniprojekt «Ein ‹Airbag› für ein Ei»

Gruppenprojekt		Datum
Name	Vorname	Klasse

Projekttitel **«Ein ‹Airbag› für ein Ei»**

Projektleiterin/Projektleiter

Projektziele
Ein Ei muss mit dem zur Verfügung gestellten Material so verstärkt werden, dass es beim Aufprall auf den Boden nicht kaputtgeht.

Kurzbeschrieb
Jede Gruppe hat einen Versuch, das präparierte Ei aus 2 Metern fallen zu lassen, ohne dass es zerbricht. Das bedeutet, die Schale muss vollständig intakt bleiben.
Jedes Gruppenmitglied führt ein persönliches, lückenloses Projektjournal: Ausführung, Analyse des Ergebnisses, Arbeit in der Gruppe ...

Rahmenbedingungen
Material: 1 rohes Ei, 30 Strohhalme, Klebeband, Schere
Arbeitsort: Schulzimmer/Gruppenräume
Zeit: 45 Minuten Ausführung, Experiment im Plenum, 45 Minuten Projektjournal
Diverses:

Risiken/Unsicherheiten
Das Ei könnte kaputtgehen. Stell dir vor, es wäre dein Kopf bei einem Unfall mit dem Velo ohne Helm ...
Gruppen, die den Schlusstest nicht bestehen, werden zum Putzen eingeteilt.

Auszug aus: Lipp, E. & Widmer, P. (2006): Projekte und selbstständige Arbeiten. Planungshilfe Projekte begleiten. Bern: Schulverlag plus AG. S. 21.

6 Die Wichtigkeit klarer Vorgaben für die Projektarbeit

Der Sekundarlehrer Thomas Zimmermann zeigt, welche Vorgaben er zu Beginn des in einer 3. Sekundarklasse durchgeführten Projekts «Alt und Jung – Geschichten und Geschichte aus erster Hand» eingeführt hat.

Aufgabenstellung	• Schreibe eine Biografie. Wähle deine Grossmutter oder deinen Grossvater (oder beide) oder eine andere dir gut bekannte Person ab ca. 60 Jahren aus, um Interessantes und Wissenswertes über ihr Leben und die Lebensumstände von früher zu erfahren. • Sammle passende Gegenstände, Texte und Bilder, die du zur Illustration deines Buches verwenden kannst. Tondokumente und Videoaufnahmen können deine Präsentation unterstützen. • Teile aus deiner fertigen Arbeit präsentierst du anlässlich eines Generationenabends kurz vor den Sommerferien.
Termine	• Erste Kontaktaufnahme (in einer Woche) • Präsentation und Abgabe Grobkonzept (in drei Wochen) • Abgabe der fertigen Arbeit (in neun Wochen) • Hauptprobe Generationenabend (in zehn Wochen)
Arbeit am Thema	• Im letzten Quartal – das sind sieben Wochen – stehen mindestens 50% deiner Lektionen (keine Wahlfachstunden) für dieses Projekt zur Verfügung. Im Zusammenhang mit dieser Arbeit werden auch Hausaufgaben anfallen. • Die fertige Arbeit muss in doppelter Ausführung abgeben werden. Anlässlich eines Generationenabends präsentierst du Teile daraus den Eltern und Grosseltern.
Mögliche Themen	Worüber Menschen mit grosser Lebenserfahrung berichten könnten: • Erlebnisse • Streiche • Besondere Figuren im Dorf/Quartier • Wie hat die Welt damals (vor 50 und mehr Jahren) ausgesehen? • Schulzeit und Lehrerpersönlichkeiten …
Endprodukt	• Eine Dokumentation in doppelter Ausführung (Umfang ca. 40 Seiten, mindestens 70% Text), die zu zwei Büchern gebunden wird. Anlässlich des Generationenabends darfst du den Grosseltern ein Exemplar als Geschenk überreichen. Das andere gehört dir.
Beginn	Unmittelbar nach den Frühlingsferien
Bewertung	• Bewertet werden Inhalt, Aufbau, Layout, Präsentation. Die Bewertung wird im Sommerzeugnis separat vermerkt.
Organisation	• Für jede Woche erhältst du einen neuen Stundenplan, wo die zur Verfügung stehenden Lektionen und die Möglichkeiten zur Benützung des Informatikraums markiert sind. Auf diesem Stundenplan trägst du ein, wann du wo arbeitest und wann du auswärts bist. Eine Kopie davon bekomme ich.
Projektjournal	• Parallel zum entstehenden Buch dokumentierst du in deinem Lernjournal deinen Arbeitsprozess. In diesem Heft gibst du anfangs jeder Woche einen Text ab, worin du dir Gedanken machst über das, was du geleistet hast, was nicht gut gelaufen ist, was du verändern musst. Ebenso hältst du deine weitere Arbeitsplanung fest und formulierst die nächsten Schritte in deiner Arbeit.

Auszug aus: Zimmermann, Th. (2005): Bildungsorientierter Projektunterricht: Oral History – Geschichten und Geschichte aus erster Hand. In: Berner, H. & Zimmermann, Th. (2005): Unvergessliche Lehr-Lern-Arrangements. Zürich: Verlag Pestalozzianum. S. 160, 161.

7 Die Rolle der Lehrperson im Projekt-Unterricht

Ein entscheidender Faktor für gelingende Projekte ist ein reflektierter Umgang mit der Projektleiterrolle. Mit der Maxime «Die Verantwortung für die Selbstverantwortung der Schülerinnen und Schüler übernehmen» fasst Thomas Zimmermann im Buch «Unvergessliche Lehr-Lern-Arrangements» seine Rolle als Lehrer im Projekt-Unterricht zusammen.

❰ Als Erstes muss die Beziehung zwischen mir und der Klasse von Vertrauen geprägt sein. Nur in einem Vertrauensverhältnis sind erfolgreiche Projektarbeiten möglich. Dann stellt sich die zentrale und wohl über Erfolg und Misserfolg entscheidende Frage nach der Lehrer-Schüler-Symmetrie. Für mich existiert auch im Projekt-Unterricht die institutionelle Macht der Lehrerrolle weiter, Lehrer und Schüler befinden sich auch im Projekt-Unterricht in einer klar komplementären Beziehungsstruktur und damit grundsätzlich in unterschiedlichen Rollen. Ich als Lehrperson bin ins Projekt und in die Verantwortung eingebunden und will und muss es auch sein. Projekt-Unterricht bedeutet nicht, dass ich mich vollständig aus der Verantwortung stehlen und diese ganz an die Lernenden delegieren kann, sondern dass ich – so paradox das klingen mag – die Verantwortung für die Selbstverantwortung der Schülerinnen und Schüler zu übernehmen habe.

Als Nächstes heisst es Begrifflichkeiten und somit Kompetenzen und Verantwortlichkeiten zu klären. Dabei halte ich mich an die Bezeichnungen Projekt-Team, Projekt-Gruppe, Projekt-Leiter: Die einzelnen Projekt-Teams, die ihre gewählten Themen bearbeiten, bilden die Projekt-Gruppe, für die ich als Projekt-Leiter die Verantwortung trage. Ich muss fähig und bereit sein, Kompetenzen abzugeben. Ebenso muss ich mit dem Risiko, das der Projekt-Unterricht gerade dadurch zweifellos in sich birgt, umgehen lernen und Spannungen, die sich daraus ergeben, aushalten können. Nach einer intensiven Vorbereitungsphase gilt es, die Schülerinnen und Schüler während des ganzen Lernprozesses aktiv zu begleiten. So bin ich für sie Anlaufstelle und Ansprechpartner in jeder Phase des Projekts und stelle ihnen mein Mehrwissen in inhaltlicher und formaler Hinsicht so weit zur Verfügung, wie sie es brauchen. Eine meiner Aufgaben ist es, die Lernenden so zu unterstützen, dass sie selbstständig, handlungsorientiert und motiviert arbeiten können. Treten Störungen auf, versuche ich, sie rechtzeitig zu erkennen und – wenn nötig – zu reagieren. Neben der Ansetzung und Vorbereitung von nötigen Fixpunkten setze ich mich intensiv mit den Lernjournalen der Schüler auseinander und verfasse persönliche Rückmeldungen, die die Lernenden in ihrer Arbeit unterstützen und ihnen weiterhelfen. Eine weitere Aufgabe ist die Organisation von Korrektur- und Lektoratsarbeiten. Dabei achte ich darauf, dass durch geeignete Gruppenbildung die sprachgewandteren Schüler den etwas unsicheren wichtige Hilfe leisten können. Die erwähnte Korrektur- und Lektoratsarbeit der Klasse entlastet mich zwar, entbindet mich aber nicht davon, in dieser Phase mitzuarbeiten. Neben der wichtigen Aufgabe, die Kommunikation nach aussen mit Kollegium, Eltern und Behörden zu gewährleisten, bin ich verantwortlich dafür, dass die ganze Projektarbeit öffentlich gemacht werden kann. Projekt-Unterricht ist nicht nur ein anspruchsvolles Lehr-Lern-Arrangement, sondern ebenso ein Wagnis, bei dem auch das Risiko des Scheiterns besteht. Meine tiefe Befriedigung über gelungene Projekte sowie Feedbacks von Schülerinnen und Schülern, die sich noch Jahre nach ihrer obligatorischen Volksschulzeit an solche besonderen

Lernerlebnisse zurückerinnern, motivieren mich dazu, mich immer wieder diesem Risiko auszusetzen. Das Risiko lohnt sich, wenn daraus nachhaltige Lernprozesse in Gang gesetzt und unvergessliche Produkte entstehen können. ❯

Auszug aus: Zimmermann, Th. (2005): Bildungsorientierter Projektunterricht: Oral History – Geschichten und Geschichte aus erster Hand. In: Berner, H. & Zimmermann, Th. (2005): Unvergessliche Lehr-Lern-Arrangements. Zürich: Pestalozzianum. S. 174, 175.

8 Einblicke in ein gelungenes Projekt

Der Film über das Projekt «Jung und Alt» vermittelt einen spannenden Einblick in ein Projekt zwischen Schülerinnen und Schülern einer 3. Sekundarklasse und ihren Grosseltern. Er zeigt eindrücklich, wie ein gut geplanter und durchgeführter Projekt-Unterricht zu einem relevanten Thema zu einem unvergesslichen bereichernden Erlebnis für alle werden kann: für die Schülerinnen und Schüler, für die Lehrperson, für die porträtierten älteren Menschen, für die Besucher der Projektpräsentation.

Im folgenden Text fasst eine Hauptperson des Films ihre wichtigsten Erfahrungen zusammen.

❰ Meine Grossmutter war gerührt und hatte Tränen in den Augen, als ich ihr das Buch übergeben habe. Wenn ich das Leben meiner Nonna mit dem meinen vergleiche, merke ich, dass es die Menschen früher nicht einfacher hatten und ich froh sein darf, in der heutigen Zeit zu leben. Ich bin froh, habe ich von ihr all die Dinge erfahren dürfen, die früher halt anders waren als heute. Ich könnte mir nicht vorstellen, in der Zeit zu leben, in der Nonna zur Welt gekommen ist. Einen grossen Unterschied zu früher sehe ich darin, dass man heute alles, was man will, kaufen kann und dass dafür gerade auch bei Jugendlichen das nötige Geld vorhanden ist. In Grossmutters Delikatesswarengeschäft in Lugano verkehrten viele prominente Persönlichkeiten. Mit wichtigen und bekannten Menschen zusammenzukommen, das wäre für mich schon ein Erlebnis, darum beneide ich meine Nonna. In Zukunft werde ich meine Nonna öfter besuchen gehen, weil ich gemerkt habe, dass sie häufig einsam ist und weil sie noch mehr so spannende Geschichten auf Lager hat. Unsere Beziehung ist durch diese Begegnungen viel tiefer geworden, und meine Nonna freut sich richtig, wenn ich zu ihr komme. Eine

Abbildung 48/49: Projektunterricht «Oral History»

weitere Veränderung, die ich festgestellt habe, ist, dass wir jetzt unverkrampft über verschiedene Dinge plaudern können, was vorher kaum möglich war. Ich hoffe, dass ich noch viele solche Momente mir ihr erleben darf.

Gefallen hat mir, dass wir selbstständig arbeiten konnten. Die interessantesten Momente in diesem Projekt waren sicher die Gespräche mit meiner Nonna. Höchst spannend war auch der Moment, als ich zum ersten Mal mein eigenes Buch in Händen hielt, mich daran freuen und auf mich stolz sein konnte. Der Einstieg in die Arbeit war schwierig. Da Nonna so viel erzählte und vieles durcheinander, hatte ich am Anfang Mühe, die Informationen zu ordnen. Das selbstständige Planen des ganzen Arbeitsprozesses und auch das Nachdenken darüber, das Aufbereiten der Informationen, die Zeiteinteilung und die Präsentation vor vollem Haus haben mir sicher viel gebracht und werden für mich in der Berufsschule von grossem Nutzen sein. 》

Auszug aus: Zimmermann, Th. (2005): Bildungsorientierter Projektunterricht: Oral History – Geschichten und Geschichte aus erster Hand. In: Berner, H. & Zimmermann, Th. (2005): Unvergessliche Lehr-Lern-Arrangements. Zürich: Pestalozzianum, S. 172.

9 Ein weniger gelungenes Projekt

Der folgende Zeitungsartikel aus dem Tages-Anzeiger vom 3.9.2009 lässt aufhorchen: Bei diesem Projekt ist gemäss Pressemitteilung ganz offensichtlich einiges schiefgelaufen – und das hat einiges ausgelöst.

《 Appenzeller Schüler spielten Banküberfall – mit Folgen
Ein Schulprojekt einer 3. Klasse des lokalen Gymnasiums hat in Appenzell zu einem Grosseinsatz der Polizei geführt.

Der Vorfall ereignete sich bereits am (gestrigen) Mittwochvormittag, wie die Kantonspolizei Appenzell Innerrhoden am Donnerstag mitteilte. Nachdem bei der Notrufzentrale eine Meldung eingegangen war, wonach sich bewaffnete und maskierte Personen neben einer Bank aufhielten, wurde die Umgebung der Bank sofort umstellt.

Die sechs vermeintlichen Bankräuber, welche mit Softairwaffen ausgerüstet waren, wurden daraufhin von der Polizei angehalten. Mittlerweile dürften sich die 15- bis 16-jährigen Schüler vom Schrecken erholt und «ihre Lehre daraus gezogen haben», hiess es. Die Jugendanwaltschaft Appenzell Innerrhoden leitete eine Untersuchung wegen des Besitzes von Softairwaffen ein.

Beim Schulprojekt handelte es sich um einen Auftrag aus dem Gestaltungsunterricht für eine Fotoreportage, wie Polizeisprecher Roland Koster auf Anfrage sagte. Das Thema der Reportage sei frei wählbar und den Lehrern nicht bekannt gewesen. (cpm/ap) 》

. . . .

Was ist nach Ihrer Einschätzung alles schiefgelaufen – und warum?

. . . .

Auszug aus: Tages-Anzeiger Online vom 3.9.2009. Datum des Zugriffs 3.9.2009 18:53

Kommentierte Literaturhinweise

Berner, Hans &
Zimmermann, Thomas

**Unvergessliche Lehr-Lern-Arrangements. Theoretisch geklärt – praktisch umge-
setzt.** Zürich: Pestalozzianum. (2005)
In diesem Buch wird die Unterrichtskonzeption eines bildungsorientierten Projekt-Unterrichts in einem theoretischen Kapitel in einer komprimierten Form
dargestellt. Aufgrund dieser theoretischen Zusammenfassung präsentiert ein Sekundarlehrer die auf seine schulische Situation passende Adaption des Projekt-
Unterrichts anhand des Projekts «Alt und Jung». In der dem Buch beigefügten
DVD ist die Realisation filmisch festgehalten.

Frey, Karl

Die Projektmethode. Der Weg zum bildenden Tun. Neu ausgestattete Sonderauf-
lage. Weinheim: Beltz. (2007)
In diesem 1982 erstmals veröffentlichten Klassiker der Projektmethode des ehe-
maligen ETH-Professors Karl Frey werden grundlegende Fragen wie «Was ist Projektmethode?» oder «Warum Projektmethode?» geklärt. Der Schwerpunkt des
Buches liegt auf den einzelnen Komponenten der Projektmethode von der Projektinitiative bis zum Projektabschluss. Das Buch setzt sich ein hohes Ziel: «Die
Projektmethode: erprobt vom Kindergarten bis zum Gymnasium, in den meisten
Lehrplänen vorgesehen und dennoch nicht leicht zu verwirklichen. Dieser Band
zeigt, wie's geht.»

Gudjons, Herbert

Projektunterricht. Ein Thema zwischen Ignoranz und Inflation. In: Pädagogik.
Nr. 1. 2008. S. 6–10. (2008)
In seinem 2008 veröffentlichten Einführungsbeitrag zum Schwerpunktthema Projekt-Unterricht in der Zeitschrift Pädagogik vermittelt Herbert Gudjons einen
prägnanten Einblick in die aktuelle Diskussion zum schulischen Projekt-Unterricht. Er zeigt Missverständnisse, Unsicherheiten und Fehlentwicklungen auf und
beleuchtet aus einer historischen Perspektive die Entstehung des Projekt-Unterrichts sowie die Politisierung des Projekt-Unterrichts im Gefolge der 68er-Bewe-
gung. Er bilanziert, dass Projekt-Unterricht einerseits normaler Bestandteil des
schulischen Unterrichtskonzepts ist – und andererseits eine irritierende und hinterfragende Unterrichtsform im gewohnten Unterrichtsverlauf bleibt.

Lipp, Erich &
Widmer, Peter

Projekte und selbstständige Arbeiten. Planungshilfe «Projekte begleiten». In:
Pädagogische Hochschule Zentralschweiz, Institut für Lernen und Lehren (Hrsg.).
Materialien aus der Praxis – für die Praxis, Sekundarstufe I. Bern: Schulverlag plus
AG. (2006)
Die Autoren, beide Sekundarlehrer und Dozenten an der Pädagogischen Hoch-
schule Zentralschweiz, wollen mit ihrer Broschüre und dem Film konkrete
Hilfestellungen für Projektarbeiten geben. Anhand von Beschreibungen der elek-
tronisch vorliegenden Instrumente und von Erfahrungsberichten werden Lehr-
personen bei der Vorbereitung, Begleitung, Beurteilung und Auswertung von
Projektarbeiten unterstützt. Ein Leitfaden führt Schülerinnen und Schüler der
Sekundarstufe durch die verschiedenen Phasen ihres Projekts und ermutigt sie
zum Suchen und Umsetzen eigener Projektideen; auf der zum Leitfaden gehö-
renden CD-ROM finden sich Werkzeuge und Einblicke, die die Schülerinnen und
Schüler von der Themenfindung bis hin zur Selbsteinschätzung unterstützen.

Kapitel 4.6   Kooperatives Lernen

Beim Kooperativen Lernen wird die Interaktion als ein wesentliches konstituierendes Merkmal von Lernprozessen in den Vordergrund gerückt. Dahinter steht die Grundüberzeugung, dass Lernen durch Auseinandersetzung, durch Austausch und Aushandeln sowie im Dialog geschieht. Im Unterricht kann dies erreicht werden, indem die Lehrperson Lernsituationen schafft, die Anlass für Gespräche, Diskussionen und Entscheidungen sind. Ein Lehr-Lern-Arrangement, das Selbstkonstruktion und Selbststeuerung betont, hat zur Folge, dass die Lehrperson die Verantwortung für die Lernprozesse und -produkte an die Gruppe und die einzelnen Schüler und Schülerinnen abgibt und sich nicht direkt einmischt. Ganz allgemein werden mit Kooperativem Lernen verschiedene Unterrichtsstrategien bezeichnet, deren Gemeinsamkeit die Gruppenarbeit ist. Kooperatives Lernen nutzt Heterogenität als Ressource und ermöglicht den Erwerb von Kenntnissen, Kompetenzen und Einstellungen durch Lernen in einer Gruppe oder einer Expertengemeinschaft. Die Zunahme der Beschäftigung mit Kooperativem Lernen innerhalb der letzten Jahre hat stark mit einem veränderten Lehr-Lern-Verständnis zu tun. Es geht neben den zu erlernenden Inhalten darum, wie gelernt wird oder wie Lernen organisiert ist. Die Wirksamkeit von kooperativen Lernprozessen bestätigen zahlreiche Forschungen.

| Basics | Seite 217 | Materialien | Seite 225 |

PETRA HILD

Gruppenarbeit kennen wir doch …

Der Ansatz des Kooperativen Lernens soll sichern, dass die Schülerinnen und Schüler nicht nur zusammenarbeiten, sondern dass sie gemeinsam mehr lernen als
allein. Es handelt sich um eine interaktive und strukturierte Lernform, bei der alle
Lernenden sich und ihre Kompetenzen beim Bearbeiten einer komplexen Aufgabe möglichst eigenverantwortlich und gleichberechtigt einbringen, wobei die
Lehrperson Führung an die Gruppe delegiert. Dadurch entstehen für Lehrerinnen
und Lehrer Räume zur Beobachtung, die im herkömmlichen Unterricht meist fehlen. Das gemeinsame Lernen in heterogenen Gruppen eignet sich dazu, Wissen
zu erarbeiten, Probleme kreativ zu lösen und die Kommunikation zu fördern. Besonders geeignet sind komplexe, herausfordernde Aufträge, die konzeptuelles
Denken erfordern, etwa eine Satzrechnung lösen, die Funktionsweise einer Taschenlampe erkennen, den Stoffwechsel bei Pflanzen begreifen, einen Leserbrief
verfassen oder eine historische Begebenheit szenisch darstellen. Dies alles sind
Aufgaben, die unterschiedlichste Fähigkeiten erfordern. Kooperatives Lernen ist
von unterschiedlichen Bedingungen abhängig, damit es lernwirksam wird.

Definition von Koopera-
tivem Lernen

Zwei oder mehr (höchstens sechs) Personen arbeiten mit dem Ziel zusammen, gemeinsam ein Problem zu lösen oder einen Lernauftrag zu erfüllen. Alle kennen
das Ziel und wollen es erreichen. Die oder der Einzelne erreicht es, wenn die
Gruppe es erreicht hat. Jedes Gruppenmitglied hat eine Rolle und eine Aufgabe,
die seinen Fähigkeiten entspricht. Diese Rolle und diese Fähigkeiten sind notwendig zum Erreichen des Ziels. Das macht die Einzelnen zur Gruppe. Alle Mitglieder
sind somit voneinander abhängig. Sie kooperieren, wenn sie einander ihr Wissen
und ihre Fähigkeiten zur Verfügung stellen. Dazu müssen sie interagieren und
kommunizieren. Sie müssen sich gegenseitig fragen, einander zuhören, eine
Meinung vertreten, Gedanken strukturieren, den Überblick behalten und Arbeits-
teilung organisieren.

Vom Lehren zum Lernen

Kooperatives Lernen ist auch Ausdruck eines Wandels der schulischen Lernkultur.
Weg von der Fremdsteuerung und der Nachkonstruktion durch die Lehrperson,
hin zur Erkenntnis, dass das gelernt wird, was selbst (inter)aktiv angeeignet
wurde. Da Wissen und Handeln kontextgebunden sind, müssen zudem Lernsituationen angeboten werden, in denen nach Konrad & Traub (2001) eigene Kon-
struktionsleistungen möglich sind, in denen kontextgebunden gelernt werden
kann. Je mehr die Lernsituation der Anwendungssituation entspricht, umso mehr
kann dieser Anspruch eingelöst werden.

Es gibt nicht nur unterschiedliche Begründungen, sondern auch verschiedene Zielebenen für Kooperatives Lernen. Aus einer lerntheoretischen Perspektive wird argumentiert, dass beim Lernen durch Austausch- und Aushandlungsprozesse sowohl Wissen als auch Denkstrukturen erworben und erweitert werden. Die Pädagogik und Didaktik argumentiert mit der Mehrdimensionalität von Kooperativem Lernen, da alle drei Lernzieldimensionen in den Fokus geraten. (vgl. Zumsteg et al. 2009) Es wird ein Inhalt gelernt, wobei Wissen (re)konstruiert und damit gefestigt wird. Je nach Aufgabenstellung werden formale Fertigkeiten wie z.B. Plakatgestaltung eingeübt. Über den Lernweg werden soziale Ziele verfolgt – Haltungen wie Respekt oder Verantwortungsübernahme können sich entwickeln. Zudem müssen Lernstrategien angewendet und reflektiert werden, und weil die Lehrperson die Steuerung zu einem grossen Teil abgibt, können Selbstständigkeit, Disziplin und Eigenverantwortung wachsen.

Acht Merkmale von Kooperativem Lernen

Im Vergleich zur herkömmlichen Gruppenarbeit lassen sich acht spezifische Merkmale Kooperativen Lernens beschreiben, die das Potenzial dieses Ansatzes für heterogene Lerngruppen verdeutlichen (vgl. Green & Green 2007; Huber 1993; Johnson & Johnson & Holubec 2002; Konrad & Traub 2001).

Jede/r kann etwas gut – keine/r ist in allem gut

1 Interventionen zum Abbau von Statusunterschieden in der Schulklasse
Die Lehrperson stellt die Aufgabe so, dass es zur Lösung oder für die Erarbeitung eines Produktes die besonderen Fähigkeiten und Fertigkeiten der einzelnen Gruppenmitglieder braucht. Auch weist sie in der Gruppe oder in der Schulklasse auf diesen Zusammenhang hin, dass niemand in der Gruppe über alle, aber jedes Mitglied über unentbehrliche Fähigkeiten und Fertigkeiten verfügt. Deshalb muss zusammengearbeitet werden. Diese Bedingung ist von grösster Wichtigkeit. Es muss im Klassenzimmer ein offenes Gespräch darüber in Gang kommen, wer was gut kann. Ebenso wird offengelegt, dass nicht alle gleich schnell und in der gleichen Weise lernen. Man stellt sich auch grundsätzliche Fragen: Was bedeuten unterschiedliche Kompetenzen für unser Zusammenleben? Für mich persönlich? Was sind überhaupt Kompetenzen? usw. Die Erfahrung zeigt, dass Schülerinnen und Schüler mit niedrigem Status oft besser und erfolgreicher mitarbeiten, wenn die Vielfalt der Kompetenzen in Bezug zur Aufgabenstellung diskutiert wird. Dass Strategien im Umgang mit Vielfalt und Verschiedenheit nur erfolgreich sind, wenn sie Statusprobleme lösen, zeigt die Forschung der Soziologin Elizabeth Cohen. Der Status einzelner Schülerinnen und Schüler in der Lerngruppe wird aus ihrer Sicht v.a. an Leistungsfähigkeit und Beliebtheit festgemacht: «Auf Status begründete Fähigkeitszuschreibungen können zu sich selbst erfüllenden Prophezeiungen werden.» (Cohen 1993, S. 51) Der Status (dazu gehört auch der Peerstatus) einzelner Schüler und Schülerinnen muss von der Lehrperson aufmerksam beobachtet werden. Es braucht gezielte Interventionen, um Fähigkeiten von Kindern und Jugendlichen mit niedrigem Status zu erkennen und für den Lernprozess in der Gruppe attraktiv zu machen. Mit wachsendem Expertenstatus und

Ansehen in der Gruppe können Einfluss- und Interaktionsmöglichkeiten zunehmen. Wirksames Kooperatives Lernen beruht auf einer sorgfältigen Klärung der strukturellen, sozialen und personalen Bedingungen. (vgl. Zumsteg et al. 2009)

Jedes Gruppenmitglied hat eine Stimme

2 Sichere Lernumgebung

Die Grundlage für Kooperative Lernprozesse bildet eine sichere Lernumgebung. Lernende müssen sich sicher, wertgeschätzt und respektiert fühlen, um effektiv zu lernen. (vgl. Gibbs 1995) «Annäherung an einen Zustand, in dem man ohne Angst verschieden sein kann», nennt es Annedore Prengel (2004, S. 44). Für das Lernen heisst dies z.B. ohne Angst seine Erstsprache in den Unterricht einbringen und nutzen dürfen, ohne Angst Fragen stellen, Hypothesen bilden sowie Fehler machen können. Bei der Präsentation der Ergebnisse beteiligt sich jedes Gruppenmitglied. Die zugeteilte Rolle (vgl. Material 2) involviert alle Mitglieder in den Gruppenprozess, sie sichert eine klare Position und ein spezifisches Aufgabenfeld.

Nicht nur die, die sich mögen …

3 Heterogene Gruppen und Ressourcenorientierung

Beim Kooperativen Lernen erfüllen heterogene Gruppen das Hauptziel, der Verschiedenheit der Lernenden gerecht zu werden. Die Aufgabe der Gruppenarbeit muss so gestellt sein, dass unterschiedliche Kompetenzen für die Zielerreichung gefragt sind. Jede/r stellt seine besonderen Ressourcen und Fähigkeiten für das Gruppenergebnis zur Verfügung. Es ist die Aufgabe der Lehrperson, einerseits über die Gruppenzusammensetzung und andererseits über die Rollenverteilung den Zugang zu vorhandenen Ressourcen zu regeln. Je nach Fähigkeiten und Stärken teilt die Lehrperson die einzelnen Lernenden einer Gruppe mit einem bestimmten Endprodukt zu. Die eine Gruppe erstellt ein Plakat, die nächste hat den Auftrag, ein Rollenspiel zu erarbeiten. Ein Schüler, der erst seit ein paar Monaten Deutsch lernt, hat in der Rolle des Materialmanagers bereits die Möglichkeit, Verantwortung zu übernehmen. Die Aufgabenstellung selbst muss dafür sorgen, dass unterschiedliche Fähigkeiten und Fertigkeiten für die Erarbeitung von Lösungen gefragt sind. Zumindest ein Gruppenmitglied sollte die Rolle der Moderation sicher ausfüllen können.

Da bin ich anderer Meinung …

4 Direkte Interaktion

Das Lernen, das Aushandeln, der Austausch stehen im Zentrum, nicht das Lehren. Die Lernsituation muss Möglichkeiten zu vielfältiger Interaktion bieten. Das Ausmass an Interaktivität ist hierbei nicht einfach an der Häufigkeit der Interaktionssequenzen zu messen, sondern der Beitrag der einen sollte auch einen Einfluss auf die folgenden Beiträge der anderen auslösen. Das, was es zu tun gibt, muss ein miteinander und ein voneinander Lernen durch gegenseitiges Verhandeln nötig machen. Die Aushandlungsprozesse über die Art und Weise des Miteinanders im Sinne einer bestimmten Aufgabe wie «Wie wollen wir vorgehen?», «Lasst uns doch erst einmal unsere Fragen zum Text gegenseitig vorstellen, und dann diskutieren wir die für uns zentralen Probleme!» spiegeln dieses Wirkungsanliegen wider. Die direkte Kommunikation und Interaktion hängt wesentlich von der Aufgabenstellung und deren Formulierung ab. Geeignet sind z.B. Aufforderungen wie «vergleicht» oder «beurteilt gemeinsam». Durch Austauschen und Aushandeln erreichen Lernende eine höhere kognitive Ebene. Sie bewerten, analysieren oder führen zusammen. Sie verstehen etwas und können es in neue Zusammenhänge übertragen. Lernende brauchen Zeit, um ihre eigenen Ideen zu formulieren. Sie müssen ihren selbst gefundenen Standpunkt verteidigen, und sie müssen erklären können. Wie aus der Kognitions- und Gedächtnisforschung bekannt, hat dieser Vorgang besonders günstige Effekte für die Erklärenden. Das Klären ungewöhnlicher Begriffe und Gedankengänge eines neuen Konzeptes, z.B. durch ein vorgelagertes Lehrgespräch oder Illustrationen, sowie das Übertragen von Wörtern, Satzgefügen und Textstellen in eine Sprache, die den Schülern und Schülerinnen bekannt und vertraut ist, bieten nötige Grundlagen für nachfolgende Erklärungs- und Aushandlungsprozesse. Mit Kooperativem Lernen können alle Schülerinnen und Schüler einer Klasse gleichzeitig produktive Gedanken haben und Gespräche führen. Ausschlaggebend ist dafür auch eine kommunikationsgerechte Sitzanordnung.

Gemeinsam sind wir stark …

5 Gegenseitige positive Abhängigkeit

Gegenseitige positive Abhängigkeit besteht immer dann, wenn verschiedene Personen gemeinsame Ziele verfolgen und das Ergebnis der Einzelnen vom Handeln der anderen abhängt. Die Lehrperson stellt eine so spannende und komplexe Aufgabe, dass eine positive Abhängigkeit in der Gruppe entsteht, weil alle das Ziel erreichen wollen und dabei aufeinander angewiesen sind. So bekommt z.B. jedes Gruppenmitglied nur einen Teil des Materials oder der Information, damit in direkter Interaktion diskutiert und ausgehandelt werden muss, um die Aufgabe zu erfüllen. Für Schülerinnen und Schüler sind in der Einführungsphase die Fussballmannschaft, das Theaterensemble oder das Orchester anschauliche Beispiele, um sich mit Zusammenarbeit in der Gruppe und all ihren Vorteilen und Herausforderungen zu beschäftigen. Wenn eine Gruppe für eine längere Lerneinheit zusammenbleibt, wie beispielsweise in einer Projektwoche, kann das Zusammengehörigkeitsgefühl auch durch Identitätssymbole (Entwerfen eines Logos oder Namensgebung) oder durch Rituale wie einen Song oder Slogan unterstützt werden.

Eins, zwei, drei, vier – wer drankommt, sagt der Zufall dir

6 Verbindlichkeit

Jede oder jeder kann drankommen, alle müssen ihren Teil beitragen. Die Leistungen der Mitglieder sind verschieden. Im Idealfall sind die Gruppenmitglieder daran interessiert, dass die Lernresultate jedes einzelnen Mitgliedes maximiert werden, dass das erarbeitete Produkt funktioniert und gefällt. Jedes Gruppenmitglied muss den Prozess und das Ergebnis der Gruppe verantworten. Jedes Gruppenmitglied tut, was seinen Möglichkeiten entspricht. Wenn diese Haltung entsteht, gibt es kein «Trittbrettfahren». Für die Präsentation wird bspw. zufällig ein Gruppenmitglied ausgewählt. Die sechs Mitglieder nummerieren sich von 1 bis 6. Dann entscheidet der Würfel darüber, wer für alle stellvertretend präsentiert oder Bericht erstattet. Bei grösseren Produkten und Lerneinheiten gilt, dass alle Teammitglieder für die Präsentation verantwortlich sind. Neben schwerpunktmässig formativen, auf Selbsteinschätzung beruhenden Evaluationsverfahren existieren (vgl. Material 3) auch summative Bewertungsmöglichkeiten beim Kooperativen Lernen. So kann es sein, dass sich das Gruppenergebnis aus individuellen Beiträgen zusammensetzt. Diese sind identifizierbar, indem z.B. unterschiedliche Farben für die einzelnen Mitglieder genutzt werden (vgl. Material 4). Durch eine Lernkontrolle am Ende einer kooperativen Phase können alle Schülerinnen und Schüler zeigen, wie sie die geforderten Lernziele erreicht haben. Und aufgrund der Vergabe von Punkten nach individuellem Leistungszuwachs können individuelle Lernfortschritte Berücksichtigung finden (vgl. Material 7).

Ich habe eine Idee – wie findet ihr die?

7 Lernprozessorientierung: Soziale Kompetenz und Metakognition

Kooperationsfähigkeit, Initiative und Verantwortungsbereitschaft im Team sind einerseits wichtige Kompetenzen, die nur in und mit Gruppen gelernt werden können. Und andererseits verlangt Kooperation von allen Beteiligten erhebliche soziale und kommunikative Fertigkeiten, die entwickelt, angewendet und reflektiert werden müssen. Dazu gehört, Verantwortung für sich selbst und für das Wohl anderer zu übernehmen ebenso wie fair teilen zu können, Führung zu übernehmen oder sich führen zu lassen. Die Schüler und Schülerinnen lernen, wie sie mit Niederlagen umgehen oder wie sie sich angemessene Ziele setzen können. Auch Rollen übernehmen und zuteilen braucht Übung und Anwendung. Soziale Fähigkeiten sind vorwiegend dann Teil der Aufgabenstellung, wenn ihnen im Vor- und Rückblick besondere Aufmerksamkeit geschenkt wird. Durch die Betonung des Lernweges rücken neben sozialen Lernzielen auch metastrategisches Können und Wissen in den Vordergrund. Lehrpersonen unterstützen den Aufbau und die Nutzung von metastrategischem Wissen, indem sie die Aufgaben so stellen, dass die Anwendung bestimmter (meta)kognitiver Strategien nahegelegt wird. So kann bspw. ein Mindmap mit unterschiedlicher Rollenverteilung in der Gruppe diskursiv erstellt werden. Dies ist ein weiterer Grund, weshalb Kooperatives Lernen als tragfähige Brücke ins selbstgesteuerte Lernen bezeichnet werden kann.

Was haben wir getan, um gut zu sein?

8 Reflexion

Die Reflexion, die möglichst nach jedem Gruppenlernen erfolgt, ist eine zentrale Schaltstelle. Hier wird Bewusstheit für das Wie von Lernprozessen geschaffen. Durch das Aufzeigen von Stärken und Schwächen und das Bearbeiten von Problemen wächst die Gewissheit bei Lernenden, selbst etwas bewirken zu können. Die anderen in der Klasse hören zu, fragen und beobachten. Die Lehrperson gibt Feedbacks zur Art und Weise der Zusammenarbeit. Sie kann dabei auf Notizen zurückgreifen, die sie sich während der Gruppenarbeitsphase gemacht hat. Die Reflexionsphase ist auch dazu da, um über die Resultate und Lösungen der Gruppen hinauszugehen und die Ergebnisse in grössere Zusammenhänge einzuordnen sowie Verbindungen zwischen den Gruppenresultaten herzustellen. Der erste Schritt ist meist die individuelle Reflexion der Qualität des eigenen Beitrags zum Gruppenergebnis. Hier muss zwischen individuellen Zielen und Gruppenzielen unterschieden werden. Dann besprechen die Gruppenmitglieder innerhalb der Gruppe, abhängig von der Zielsetzung und je nach Prozessstand, folgende Elemente: Art und Weise der Zusammenarbeit; Rollenübernahme; Einhalten von Regeln; Kooperations- und Kommunikationsverhalten; Klärungen oder Fragen zum Lernstoff; Beurteilung des Endproduktes. Falls die Gruppe zusammenbleibt, erfolgt auch eine möglichst konkrete Planung der Weiterarbeit. Regelmässig, aber nicht immer wird in der Grossgruppe über Qualität und Vorgehensweise der Teamarbeit berichtet und reflektiert. Diese Reflexionen ergänzen das Überdenken in den einzelnen Lerngruppen.

Vier Leitfragen für die Reflexion

- Wie hat das Team die gemeinsame Aufgabe gelöst)? (Prozess)
- Wie gut ist die gemeinsam erarbeitete Lösung? (Produkt)
- Welchen individuellen Beitrag an das Resultat haben die einzelnen Gruppenmitglieder geleistet?
- Welche individuellen Lernfortschritte haben die Einzelnen erreicht?

Kompetenzen von Lehrenden und Lernenden

Kooperatives Lernen ist mehr als eine nützliche Methoden-Sammlung. Grundlegend für die Qualität ist das Bewusstsein vom Beziehungsgeflecht zwischen Status und Fähigkeiten der Schülerinnen und Schüler, dem Arbeitsauftrag, den Prozessen und der Dynamik der Lerngruppen sowie der Intervention der Lehrperson. Die Lehrperson teilt die Verantwortung für das Lernen mit den Schülern und Schülerinnen, was eine Spannung zwischen Kontrolle und Freiheit bewirkt. Bereits die Vorbereitung von kooperativen Lerneinheiten ist eine Herausforderung. Die Lehrperson muss eine komplexe Aufgabenstellung formulieren, die die Fähigkeiten und Fertigkeiten der Schüler und Schülerinnen berücksichtigt. Auch gilt es, eine optimale Zusammenstellung von möglichst heterogenen Lerngruppen inklusive Rollenzuteilung zu finden, was wiederum Kenntnisse zu individuellen Kompetenzen und Interessen der Schüler und Schülerinnen voraussetzt. Kooperatives Lernen verlangt Know-how, wie Gesprächsfertigkeiten, kooperatives Verhalten und soziale Kompetenzen eingeübt werden können. Dazu gehört auch die Kompetenz, die Interaktion zu regeln, indem z.B. durch gezielte Fragen und Feedbacks weitergeholfen wird. Die Fähigkeit zur Beobachtung von Interaktion ist wiederum Voraussetzung für eine lernförderliche Anleitung zur Prozessreflexion. Zudem braucht es Wissen und Erfahrung, wie Lernen gelernt wird. Getragen wird der Prozess des Kooperativen Lernens von einer Grundhaltung der Lehrperson, welche die Delegation von Führung und die Abgabe des Wissensmonopols an die Schüler und Schülerinnen zulässt. Wie der Projekt-Unterricht (vgl. Kap. 4.5.) bedarf auch Kooperatives Lernen in besonderem Masse einer kompetenten und detaillierten Planung anhand der Klärungs- und Entscheidungsfelder. (vgl. Zumsteg et al. 2009)

Wo beginnen, was tun?

Kooperatives Lernen ist zwar ein anspruchsvoller Ansatz, aber einer mit Perspektiven. Wichtig ist, dass kooperative Strategien und Taktiken in unterschiedlichen Fächern und Situationen zur Anwendung kommen. In der Anfangsphase legt die Lehrperson mehr Aufmerksamkeit auf die Entwicklung der Qualität der Zusammenarbeit als auf das Lernprodukt. Bedeutung, Funktion und Sinn von Kooperativem Lernen muss den Schülern und Schülerinnen einsichtig werden. Sie verstehen z.B. den Mehrwert im Vergleich zum selbstgesteuerten Lernen. Die Lehrperson beginnt bspw. damit, die Klasse erst einmal Vorteile von Teams und erfolgreicher Kooperation erarbeiten zu lassen. Die Lernenden erfahren und reflektieren, dass eine komplexe Aufgabe unterschiedliche Fähigkeiten erfordert, und erkennen, wie wertvoll das unterschiedliche Können und Wissen jedes Gruppenmitgliedes ist.

In einer nächsten Phase setzen sich die Lernenden mit Merkmalen, Elementen, Taktiken und Strategien auseinander. Die Schülerinnen und Schüler lernen Basiselemente des Kooperativen Lernens und Formen der Zusammenarbeit kennen. Erste Regeln werden gemeinsam diskutiert, festgehalten und reflektiert. Auf der Unterstufe beschäftigen sich Lehrpersonen sinnvollerweise vertiefter mit Rollen. Jede neu eingeführte Rolle wird in ihrer Bedeutung, Dimension und Funktion besprochen. Beobachtbarkeit ist für jüngere Lernende zentral. Durch zunehmend anspruchsvollere und länger dauernde kooperative Lerneinheiten kristallieren sich notwendige kooperative und kommunikative Fähigkeiten heraus, die während der Gruppenarbeit fokussiert und im Anschluss reflektiert werden. Die Lernenden beginnen ihr Lernergebnis immer häufiger selbst zu evaluieren, und die Lehrperson kann auch dazu übergehen, diese zu beurteilen. Bei jeder kooperativen Lerneinheit wird bei der Planung und Durchführung auf die beschriebenen acht zentralen Elemente für effektive Kooperation geachtet. Die Lehrperson befragt sich regelmässig selbst: «Wie gut sind meine Fragestellungen?», «Eignet sich dieses Thema für Kooperatives Lernen?», «Welche Art von Rückmeldung gebe ich?», «Wie überprüfe ich, ob meine Arbeitsanweisungen verstanden wurden?», «Wie stelle ich die Lerngruppen optimal zusammen?»

Der Aufwand lohnt sich, denn Kooperatives Lernen hat Effekte, die in heterogenen Klassen sonst nur schwer zu erreichen sind. Es involviert alle Schülerinnen und Schüler, ermöglicht aktive Beteiligung und schafft Lernsituationen zur Kommunikation und Interaktion. Kooperatives Lernen ermöglicht die Erfahrung, dass der Umgang mit Differenz durch Kommunikation konstruktiv wird. Ebenso berücksichtigt Kooperatives Lernen die unterschiedlichen Fähigkeiten, Kenntnisse und Erfahrungen der Kinder und Jugendlichen. Es lehrt den Einzelnen, sich selbst auf konstruktive Weise zu behaupten, und ermöglicht, sich ein breites Spektrum an schulischen Denk- und Lernwerkzeugen anzueignen.

Literatur

Batelaan, P. (1993): Interkulturelle Erziehung und Kooperatives Lernen. In: Huber, G. L. (Hrsg.) (1993): Neue Perspektiven der Kooperation. Bd. 6. Hohengehren: Schneider, S. 29–32.

Cohen, E. (1993): Bedingungen für produktive Kleingruppen. In: Huber, G. L. (Hrsg.) (1993): Neue Perspektiven der Kooperation. Bd. 6. Hohengehren: Schneider, S. 45–53.

Gibbs, J. (1995): Tribes – A New Way of Learning and Being Together. Sausalito, CA: CenterSource Systems, LLC.

Green, N. & Green, K. (2007): Kooperatives Lernen im Klassenraum und im Kollegium. Das Trainingsbuch. Seelze-Velber: Kallmeyer in Verbindung mit Klett (3. Auflage).

Huber, G. L. (Hrsg.) (1993): Neue Perspektiven der Kooperation. Band 6. Hohengehren: Schneider.

Hild, P. & Wülser Schoop, G. (2000): Kooperatives Lernen in der Schule. In: Mächler, S. u.a.: Schulerfolg – kein Zufall. Ein Ideenbuch zur Schulentwicklung im multikulturellen Umfeld. Zürich: Lehrmittelverlag des Kantons Zürich, S. 42–46.

Johnson, D. W. & Johnson, R. T. & Holubec Johnson, E. (2005): Kooperatives Lernen – Kooperative Schule. Mülheim an der Ruhr: Verlag an der Ruhr.

Konrad, K. & Traub, S. (2001): Kooperatives Lernen. Theorie und Praxis in Schule, Hochschule und Erwachsenenbildung. Hohengehren: Schneider.

Prengel, A. (2004): Spannungsfelder, nicht Wahrheiten. Heterogenität in pädagogisch-didaktischer Perspektive. In: Heterogenität. Unterschiede nutzen – Gemeinsamkeiten stärken. Friedrich Jahresheft XXII, 2004, S. 44–46.

Slavin, R. E. (1993): Kooperatives Lernen und Leistung: Eine empirisch fundierte Theorie. In: Huber, G. L. (Hrsg.) (1993): Neue Perspektiven der Kooperation. Bd. 6. Hohengehren: Schneider, S. 151–170.

Bei diesem Text handelt es sich um eine überarbeitete und leicht gekürzte Fassung von Hild, P. (2009): Kooperatives Lernen. In: Fürstenau, S. & Gomolla, M. (Hrsg.): Migration und schulischer Wandel: Unterricht. Wiesbaden: VS Verlag, 2009, S. 85–102.

1 Hinweise zur Planung einer Kooperativen Lerneinheit mit Rollenverteilung und Reflexion

Für Aufgabenstellungen des Kooperativen Lernens sind komplexe, herausfordernde Aufträge, die konzeptuelles Denken erfordern, besonders geeignet. Es kann darum gehen, die Funktionsweise einer Taschenlampe zu erkennen, einen Leserbrief zu verfassen oder eine historische Begebenheit szenisch darzustellen. Jede Einheit kreist um eine zentrale Idee (big idea), die sich in einer Frage spiegelt, wie z.B. «Warum wandern Menschen?» oder «Wie funktioniert Kommunikation?».

Hinweise zur Planung

A Einführung ins Thema

Es gibt eine Einführungsaktivität: z.B. eine Lektion, einen Film oder einen Museumsbesuch.

B Arbeitsauftrag 1

- ist für alle Gruppen gleich führt ins Thema ein
- legt Grundlagen, holt Vorwissen ab
- ermöglicht Austausch
- lässt alle zu Wort kommen

«Vergleicht eure persönlichen Gründe und Argumente für Kooperatives Lernen an eurer Schule mit denjenigen der anderen Gruppenmitglieder. Geht dabei nach der Methode Placemat vor.»

C Inhaltskarte

- dient der Wissenserweiterung
- stellt auf 1–2 Seiten das Wesentliche dar

«Lest die beiden Inhaltskarten. Ist etwas neu für euch/eure Gruppe? Welche Fragen werfen die Inhaltskarten auf? Diskutiert und erweitert euer Wissen.»

D Arbeitsauftrag 2

- ist für jede Gruppe anders

Mögliche Formen = Endprodukt (Ergebnissicherung) für die Präsentation: Interview, Eintrag ins Lernjournal, Urkunde, Informationstext, gut gestaltetes Plakat, Leserbrief, Zeitungsartikel, Geschichte, Video, Radiospot, Theater(-szene), Rollenspiel, Pro-und-Kontra-Diskussion, Song, Rap, Gedicht, Installation, Tanz, Gemeinschaftsbild, Skulptur, Comic, Bildergeschichte, Fotoromanze, Gegenstand, Transparent, Produkt ...

«Ihr seid als Team für einen Radiobeitrag verantwortlich, der im Vorfeld des Schulfestes auf einem wichtigen Lokalradiosender ausgestrahlt wird. Der Radiobeitrag soll auf einfache und kreative Art und Weise aufzeigen, warum ihr Kooperatives Lernen an eurer Schule unterstützt.»

Zusammenstellung: Petra Hild

2 Rollen einhalten und das Lernen lernen

Die Schülerinnen und Schüler erwerben in der Interaktion soziale und kommunikative Fähigkeiten. Zur Unterstützung erhalten sie explizite Rollen. Die hier aufgeführten Rollen bedienen die Grundfunktionen Kooperativen Lernens. Es sind durchaus auch andere Rollen denkbar, wie z.B. Motivator, Kundschafterin oder Journalistin. Wichtig ist, dass die Beteiligten ihre Rolle konsequent einhalten. Dadurch verstärkt sich ihr individuelles Verantwortungsgefühl für die ganze Gruppenarbeit. Da sie je nach Rolle spezifische Handlungen durchführen, wie planen, organisieren und kontrollieren, erweitern sie ihr Repertoire an Lern- und Arbeitstechniken ständig. So erarbeiten sie sich nicht nur neues Wissen, sondern auch neue Lernstrategien.

Rollen für die Aufrechterhaltung von Kooperation

Moderator-Rolle

Sorgt dafür, dass alle alles verstanden haben, achtet darauf, dass alle mitarbeiten; schaut, dass alle die Hilfe erhalten, die sie brauchen. Ist auch Sprecher oder Sprecherin der Gruppe (z.B. die Lehrperson etwas fragen).

Schreiber-Rolle

Erledigt alle Schreibarbeiten während der Gruppenarbeit. Ist für die Gestaltung des Endprodukts, falls es sich um ein schriftliches Endprodukt handelt, verantwortlich.

Berichterstatter-Rolle

Organisiert die Präsentation der Gruppenarbeit. Bespricht mit der Gruppe, was wie präsentiert werden soll.

Zeitplaner-Rolle

Schaut, dass die Zeit gut eingeteilt wird. Ist dafür verantwortlich, dass die Gruppe zu Beginn einen guten Zeitplan aufstellt und ihn – wenn nötig – anpasst.

Prozessbeobachter-Rolle

Bei Fortgeschrittenen sichert die Prozessbeobachtung quasi die Spuren der Gruppenarbeit, indem sie den Gruppenprozess im Auge behält. Am Schluss der Lerneinheit in der Gruppe wird den anderen berichtet, wie die Zusammenarbeit wahrgenommen und erlebt wurde.

Ressourcenverwalter-Rolle

Hat als Einzige, als Einziger die nötigen Informationen und sucht vielleicht nach weiteren wichtigen Texten, Bildern, Materialien. Diese Rolle wird je nach Bedarf eingesetzt.

Zusammenstellung: Petra Hild

3 Lern-Evaluation für Gruppenmitglieder

Die Aufmerksamkeit nicht nur auf fachliche Ziele, sondern auch auf den Erwerb von kooperativen und sozialen Kompetenzen zu richten, ist für Lehrpersonen herausfordernd. Ab Mittelstufe, mit fortschreitender Erfahrung im Kooperativen Lernen, kann auch die Evaluation und Beurteilung dieser überfachlichen Kompetenzen an die Schüler und Schülerinnen selbst delegiert werden.

Lern-Evaluation für Gruppenmitglieder

Namen der Gruppenmitglieder					
kooperative und soziale Fähigkeiten und Fertigkeiten					
gab der Gruppe Informationen und Wissen weiter					
hörte aktiv zu					
war offen und brachte ihre/seine Meinung und Gefühle ein					
half anderen Gruppenmitgliedern bei Schwierigkeiten und Problemen					
verstand es, immer wieder in Richtung der Ziele zu arbeiten					
stellte Fragen und warf Probleme auf					
beurteilte Aussagen der anderen Gruppenmitglieder sachlich und konstruktiv					
verstand es, immer wieder das Wesentliche aufzuzeigen und Struktur zu geben					
anerkannte die Leistungen der anderen Gruppenmitglieder					
arbeitete mit allen Gruppenmitgliedern zusammen					
beschaffte Material, das den anderen Gruppenmitgliedern zur Verfügung gestellt wurde					
trug zu einem guten Gruppenklima bei					

Zusammenstellung: Petra Hild; in Anlehnung an Dubs R. (1995): Lehrerverhalten. Ein Beitrag zur Interaktion von Lehrenden und Lernenden. Zürich: Verlag SKV.

4   Placemat – eine Taktik Kooperativen Lernens

Im angloamerikanischen Sprachraum wird zwischen Strategien und Taktiken Kooperativen Lernens unterschieden. Unterrichtsstrategien können verschiedene Taktiken umfassen.

Die Taktik «Placemat» ist ein einleuchtendes Beispiel dafür, Interaktion beim Lernen zu unterstützen. Durch die vorgegebene Einteilung eines möglichst grossen Papierbogens und Phasen der Bearbeitung wird die Interaktion strukturiert. Die Taktik ist einfach und schnell einsetzbar. Das Placemat eignet sich besonders gut für die Sammlung von Ideen und das Zusammentragen von Vorschlägen, Leitgedanken oder Argumentationen. Ertragreich ist es auch innerhalb des ersten Schrittes einer Lerneinheit, um Vorwissen zu einem bestimmten Thema festzuhalten. Die Taktik Placemat kann in verschiedenen Fächern zum Einsatz kommen. In der Mathematik steht z.B. in der Mitte eine 4. Die Aufgabe für die Lernenden ist es dann, so viele Rechnungen wie möglich zu finden, die als Resultat 4 ergeben.

Abbildung 50: Placemat

Phasen der Taktik
«Placemat»

A   Einzelarbeit: Schreiben, Zeichnen, Sammeln
In einer vereinbarten Zeit durchdenken die Lernenden zuerst einmal die Aufgabenstellung und schreiben ihre Ideen und Vorschläge ins dafür vorgesehene Aussenfeld. In dieser Phase wird nicht interagiert und kommuniziert. Ein Placemat hat so viele Aussenfelder wie Gruppenmitglieder und muss jeweils entsprechend eingeteilt werden. Beispiel: Nennt fünf gute Argumente, welche für eine Reise nach Brasilien sprechen!

B   Einzelarbeit: Lesen und Verstehen
Im nächsten Schritt wird das Placemat gedreht, sodass alle die Vorschläge von anderen Gruppenmitgliedern nachlesen können. Klärungsfragen sind erwünscht.

C Interaktion: Diskutieren, Aushandeln, Entscheiden

Nach der Klärung von sachlichen Fragen werden die einzelnen Ergebnisse diskutiert. Es wird z.B. ausgehandelt, welches die wichtigsten Argumente für eine Brasilienreise sind. Diese werden in der gemeinsamen Mitte festgehalten. Rollenerweiterung: Ein Schüler, eine Schülerin übernimmt die Kundschafter-Rolle, bewegt sich ungehindert und lautlos durchs Zimmer und erkundet, ob eine andere Gruppe über neue Argumente für die eigene Gruppe verfügt. Lernende lieben diese Rolle, die klarmacht, dass Wissen nicht geheim ist, sondern besser allen zur Verfügung gestellt wird.

D Alle: Präsentation

Während der Präsentation der Ergebnisse können diese dann z.B. an der Tafel gesammelt werden. Variante: Die einzelnen Placemats wandern von Gruppe zu Gruppe und werden gegengelesen. Mit einem Haken versehen, zeigt die Gruppe ihr Einverständnis. Ein Minuszeichen bedeutet Ablehnung. Mit einem Fragezeichen werden Unklarheiten gekennzeichnet.

Zusammenstellung: Petra Hild

5 Denken-Austauschen-Vorstellen – eine weitere Taktik Kooperativen Lernens

Eine der einfachsten Taktiken mit der Bezeichnung Denken-Austauschen-Vorstellen strukturiert auf simple Art und Weise die Vernetzung von Wissen und fördert die Interaktion und Kommunikation. Wenn die Lerngruppe ihre Perspektiven austauscht, kann jedes Mitglied ein Problem unter mehreren Aspekten kennenlernen. Vergleichen, Erklären und Nachfragen sind Voraussetzungen für Verstehensprozesse, welche durch die Interaktion ermöglicht werden. Dadurch, dass sich mehr Betrachtungsweisen und Lösungswege ergeben, kann Wissen langfristiger erhalten bleiben. In ihrer Einfachheit kann diese Taktik als eine Art universelles Muster für kooperative Lernprozesse gelten. Dieses überaus einfache Prinzip ist wirksam, weil es die Lehrperson davor schützt, diejenigen aufzurufen, die die Antwort bereit haben, bevor die Lehrerfrage ausformuliert ist. So hat zum Beispiel eine Schülerin, welche die Unterrichtssprache Deutsch noch erlernt, die Gelegenheit, Begriffe, die ihr fehlen, in Erfahrung zu bringen und gleichzeitig in Phase C durch mehrmaliges Hören zu festigen. Darüber hinaus werden alle Lernenden aktiviert, nicht nur diejenigen, die aufgerufen werden. Die Beteiligung aller am Unterrichtsgeschehen steigt.

Denken-Austauschen-
Vorstellen

A Denken

In einer individuellen Phase machen sich die einzelnen Lernenden allein Gedanken zur gestellten Lernaufgabe, wie z.B. «Welche sieben Sehenswürdigkeiten zeigt ihr Touristen und Touristinnen in Zürich?», und aktivieren somit ihre Vorerfahrungen und ihr Vorwissen. Die Lehrperson gibt dafür genügend Zeit.

B Austauschen

In einer anschliessenden kooperativen Phase (zu zweit oder in Kleingruppen) werden die Einzelbeiträge ausgetauscht. Alle kommen zu Wort. Der Vergleich von Ergebnissen und die Diskussion abweichender Resultate fördert die Vernetzung von Wissen. Gleichzeitig findet in einfacher Form «Lernen durch Lehren» statt. Die notwendige Diskussion einzelner Zwischenschritte kann zur Erfüllung einer komplexeren Aufgabenstellung beitragen.

C Vorstellen

In der letzten Phase werden die Erkenntnisse und Lösungen im Plenum präsentiert. Die erneute Aktivierung des Wissens festigt damit das Gelernte.

Zusammenstellung: Petra Hild

6 Reziprokes Lehren – eine Strategie Kooperativen Lernens

Das Reziproke Lehren ist eine Unterrichtsstrategie zur Verbesserung des Textverstehens. Die Schülerinnen und Schüler übernehmen dabei abwechselnd die Lehrerrolle, um in der Gruppe dialogartig Taktiken des Textverstehens durchzuspielen. Modellartig macht die Lehrperson den Lernenden vor, mit welchen Schritten am Textverstehen gearbeitet werden kann und wie man ein Gespräch über einen Textabschnitt führt. Sie wechselt sich dabei in der Anfangsphase jeweils mit einem Schüler oder einer Schülerin ab. Ziel ist es, dass die Lehrperson überflüssig wird und lediglich noch als Beobachtende fungiert. Pro Gruppe wird eine Moderatorin bzw. ein Moderator bestimmt. Die folgende Anleitung fasst die didaktischen Schritte zusammen und kann als Vorlage für die Schülerinnen und Schüler hergestellt werden. Solch eine einfache Strukturierungshilfe unterstützt die Interaktion in den einzelnen Gruppen beim selbstständigen Tun vor allem in der Anfangsphase.

Reziprokes Lehren

A Ein Gruppenmitglied liest einen Abschnitt laut vor.

Das laute Vorlesen im Rahmen einer kleinen Gruppe fördert das Hörverstehen. Dieser Effekt verstärkt sich, wenn das Material nur ein Mal zur Verfügung steht.

B Der Moderator/die Moderatorin stellt Fragen zum gelesenen Text.

Diese Rolle sollte vor allem in der Einführungsphase von einem sicheren Schüler oder einer sicheren Schülerin eingenommen werden.

C Eine Schülerin bzw. ein Schüler umschreibt den Inhalt des gelesenen Textabschnittes mit eigenen Worten.

Einen Begriff oder einen Text mit eigenen Worten umschreiben zu können, ist eine wichtige Strategie zur Förderung des Verstehens. Die Schülerinnen und Schüler müssen sich in dieser Phase Fragen stellen und Hypothesen bilden zum Gelesenen bzw. Gehörten.

D Unklare Textstellen werden besprochen und Begriffe erklärt.

Erst jetzt werden unklare oder unbekannte Stellen geklärt. Mit diesem Schritt wird das detaillierte Leseverstehen unterstützt.

E Eine Schülerin bzw. ein Schüler fasst nun den Inhalt des gelesenen Textabschnittes zusammen.

Jetzt wird der Text mit einer Auswahl von W-Fragen (Wer, Was, Warum, Wozu, Wie etc.) zusammengefasst. Sichere Lernende können auf eine Strukturierung durch W-Fragen verzichten.

F Wie könnte der Text weitergehen?

Durch das Hypothesen-Bilden zum kommenden Textabschnitt wird das soeben erarbeitete Vorverständnis genutzt. Das Kommende wird vorentlastet und die Motivation fürs Weiterlesen gesteigert. Denn die Frage, ob meine Vorhersage zutrifft, schafft eine innere Spannung.

Zusammenstellung: Petra Hild

7 Gruppenrallye – eine weitere Strategie Kooperativen Lernens

Mit der Strategie Gruppenrallye kann die gegenseitige positive Abhängigkeit in der Gruppe unterstützt werden. Die Ablaufstruktur wird im Folgenden in einer praxisorientierten Beschreibung dargestellt, die in Zusammenarbeit mit Gabriela Bai, einer Primarlehrerin, entstand.

Gruppenrallye zum Thema «Kirchliche Feiertage»

Im Rahmen des Unterrichtsthemas «Religionen kennenlernen» besprach eine 6. Klasse die vier Weltreligionen. Anhand von Texten und mittels direkter Instruktion der Lehrperson erfolgte die Einführung ins Thema. Dann hatten die Schülerinnen und Schüler eine Woche Zeit, um sich mithilfe ihres Religionsheftes auf eine Lernkontrolle vorzubereiten. Der erste Test fand statt, die Lehrerin vergab Punkte für richtige Antworten. Dann erklärte sie die Vorgehensweise des Gruppenrallyes:

1. Es gibt nächste Woche eine zweite Lernkontrolle.
2. Ziel ist: Alle verbessern sich von Test 1 zu Test 2.
3. Das Üben und Besprechen der 2. Lernkontrolle findet nur in der Gruppe statt.
4. Für die Bewertung beim Gruppenrallye zählt der gesamte Lernfortschritt der Gruppe, nicht die einzeln erreichte Punktzahl. X hat beim ersten Test 9 Punkte erreicht und macht in der zweiten Lernkontrolle 12 Punkte. Damit hat er oder sie 3 Punkte für die Gruppe gewonnen. Mit diesem Vorgehen bewerten wir den Lernfortschritt.
5. Es steht euch frei, wie ihr euch beim Lernen gegenseitig unterstützt, welche Methoden ihr anwendet und wie ihr euch organisiert.

Lern- und Memorierungstechniken müssen für den hier beschriebenen Freiheitsgrad bereits zur Verfügung stehen. Eine Lerngruppe, die wenig mit selbstgesteuertem Lernen vertraut ist, braucht für den dritten und fünften Schritt unterstützende Massnahmen.

Die folgenden protokollierten Aussagen geben Einblicke in den beobachtbaren Teil des Lernverhaltens dieser Kinder:

- Eselsbrücke (Alliteration) entwickeln:
  «Denk daran, der Karfreitag beginnt mit K, das Symbol Kreuz ebenfalls.»
- Aufmuntern und bestärken:
  «Denk an Iwan, der kann das jetzt auch!»
- Einschätzen können, was verlangt wird:
  «Wenn dir das Wort ‹orthodox› nicht mehr in den Sinn kommt, schreibst du einfach die ‹Religion von Mirko›, das akzeptiert Frau Bai sicher.»

Gabriela Bai, die Lehrerin, erzählt von ihren Beobachtungen	«Niemand fragte nach einer Belohnung für die bessere Gruppe. Allein der Wettbewerbsgedanke spornte die Kinder an. Sie warfen sich mit unglaublich viel Elan in die Arbeit, waren konzentriert, opferten teilweise ihre Pause. Alle verbesserten ihre Leistung enorm. Sie gingen sehr ‹pädagogisch› miteinander um. Sie müssen für die Gruppenleistung ja aus jedem etwas herausholen, da wäre ein ‹Heruntermachen› oder ‹Ungeduldigsein› fehl am Platz.»
Aussagen von Schülerinnen und Schülern aus der Reflexionsrunde	«Es hat grossen Spass gemacht, in der Gruppe zu lernen. Das wäre nie so gut gegangen, wenn wir einfach noch mal einige Tage Zeit bekommen hätten, allein zu Hause zu lernen.» Ein Oberschlaumeier bemerkt: «Beim nächsten Gruppenrallye mach ich beim ersten Mal ganz wenig Punkte, damit mein Lernfortschritt beim zweiten Mal ganz gross ist.» Worauf die anderen Kinder folgenden Vorschlag machen: «Frau Bai darf einfach nicht im Voraus sagen, dass es eine zweite Lernkontrolle in Gruppenrallye-Form gibt.»

Zusammenstellung: Petra Hild

Kommentierte Literaturhinweise

Green, Norm & Green, Kathy	**Kooperatives Lernen im Klassenraum und im Kollegium. Das Trainingsbuch.** Seelze-Velber: Kallmeyer in Verbindung mit Klett. (2007) Das Konzept für Schulerfolg und Schulentwicklung brachte Norm Green und die Schulen des Durham board of education von einem schlechten Platz im Ranking der kanadischen Schulbezirke in eine Spitzenposition. 1996 wurde dem Bezirk für diese Leistung der Carl-Bertelsmann-Preis für innovative Schulsysteme im internationalen Vergleich verliehen. Praxisnah und mit vielen methodischen und praktischen Hinweisen führt das Buch in den kanadischen Ansatz des Kooperativen Lernens ein. Publikationen aus dem deutschsprachigen Raum beziehen sich in vielen Fällen auf diese Wurzeln, da das Ehepaar Green in mehreren Bundesländern

Deutschlands Lehrerweiterbildung und Schulentwicklung durchführte. Auch die Homepage ist übersichtlich gestaltet und bietet vielseitige Praxisunterstützung für Schulen und Lehrpersonen: http://www.learn-line.nrw.de/angebote/greenline/

Johnson, David W. & Johnson, Roger T. & Holubec Johnson, Edythe

Kooperatives Lernen – Kooperative Schule. Mülheim an der Ruhr: Verlag an der Ruhr. (2005)
Hinter dieser Veröffentlichung steht amerikanische Forschung und Theoriebildung. Die Gebrüder Johnson befassen sich vornehmlich mit Kooperativem Lernen unter dem Aspekt der Effizienz- und Effektivitätssteigerung von Lernprozessen und damit auch der Leistungssteigerung bei Lernenden. Es werden leicht umzusetzende Methoden und Strategien vorgestellt, welche die Studierenden zum Zusammenarbeiten anleiten. Interessant ist, dass es dabei auch um längerfristige Zusammenarbeit in sogenannten Langzeitteams geht, die über den Unterricht hinaus zusammen arbeiten und lernen. All die vorgestellten Formen können sowohl für Studierende als auch für Lehrpersonen oder andere Teams wirksam werden. Vor dem Hintergrund der Vermittlung sozialer Kompetenzen wird das methodische Vorgehen überzeugend dargelegt. Die vorgestellten Bewertungs- und Evaluationsmöglichkeiten können Lernenden dabei helfen, ihre Formen der Zusammenarbeit zunehmend selbstständiger zu überprüfen. Der theoretische Teil des Buches unterstreicht die Notwendigkeit des Kooperativen Lernens durch Ergebnisse der Sozialpsychologischen Forschung – auch dies macht den eigentlichen Neuwert dieses Literaturtipps aus.

Brüning, Ludger & Saum, Tobias

Erfolgreich unterrichten durch Kooperatives Lernen. Strategien zur Schüleraktivierung. Band 1 und Band 2. Essen: Neue Deutsche Schule Verlagsgesellschaft. (2009)
Die beiden Bücher zum Kooperativen Lernen aus dem deutschsprachigen Raum sind ausgesprochen praxisnah. Die beiden Autoren konnten die kanadischen Ansätze in die Praxis integrieren, adaptieren und vor allem weiterentwickeln. Das Buch demonstriert eindrucksvoll, dass die schrittweise Veränderung des Unterrichts in Richtung schüleraktivierender Formen möglich ist. Durch die anregende und lebendige Sprache macht dieses Praxisbuch Mut zum Ausprobieren. Oft stehen in Veröffentlichungen zum Kooperativen Lernen die attraktiven methodischen Anregungen im Vordergrund, sodass die theoretische Fundierung des Konzeptes zu kurz kommt. Brüning & Saum gleichen in ihrer lesenswerten Veröffentlichung dieses Missverhältnis aus. Die beiden vorliegenden Bände sind ein Beleg dafür, wie sich Theorie, Empirie und Praxis angemessen und fruchtbar verbinden lassen.

Weidner, Margrit

Kooperatives Lernen im Unterricht. Das Arbeitsbuch. Seelze-Velber: Kallmeyer. (2003)
Das Arbeitsbuch führt zunächst in wesentliche konzeptionelle Bestimmungen des Kooperativen Lernens ein. Indem die Autorin aufzeigt, wie soziale, kooperative Lernziele verfolgt und entsprechende Fertigkeiten und Fähigkeiten sorgfältig und systematisch aufgebaut werden können, schliesst sie eine Lücke der meisten Veröffentlichungen zum Thema. In den weiteren Kapiteln wird eine konkrete Handreichung zur Implementierung des Modells an der eigenen Schule sowie die Planung und Durchführung einer kooperativen Lerneinheit dargelegt. Wichtige Methoden des Kooperativen Lernens sind im vorletzten Kapitel beschrieben, und die Stellung des Kooperativen Lernens im Gesamtrahmen von Schulentwicklung wird am Ende des Buches diskutiert.

Kapitel 5   Beurteilen

Beurteilen steht überwiegend im Dienste des Lernens; das heisst, die Beurteilung soll von allen Lernenden als Unterstützung erlebt werden können. In diesem Beitrag steht die Beurteilung im Hinblick auf das Zertifizieren des Lernstands im Zeugnis im Zentrum. Jeden Tag sind unzählige informelle und in jedem Semester auch formelle Beurteilungen vorzunehmen. Es versteht sich von selbst, dass die Lehrperson allen Lernenden unvoreingenommen, interessiert und vertrauensvoll begegnet, dass sie keine leichtfertigen Einschätzungen vornimmt und die Fähigkeiten der Lernenden für veränderbar hält, dass sie nicht stur an einmal vorgenommenen Einschätzungen festhält und darauf achtet, dass sich ihre Beurteilungen positiv auf alle Schülerinnen und Schüler auswirken.

Dies sind sehr hohe, nicht immer einlösbare Ansprüche. Zeugnisse und Noten sind in ihrem Motivierungs- und Deklassierungspotenzial kaum zu unterschätzen. Zu Recht werden sie sehr ernst genommen und immer wieder heftig debattiert. Leicht verliert man sich im Irrgarten der unterschiedlichen Ansprüche, setzt Akzente falsch und handelt pädagogisch unklug, weil man das Wünschbare mit dem Praktikablen verwechselt. Das Verfügen über eine professionelle pädagogische Perspektive für Beurteilungsaufgaben, die durch Erfahrungen fortlaufend intelligent angepasst wird, gehört zu den grundlegenden Kompetenzen einer Lehrperson.

| Basics | Seite 237 | Texte | Seite 249 | Materialien | Seite 255 |

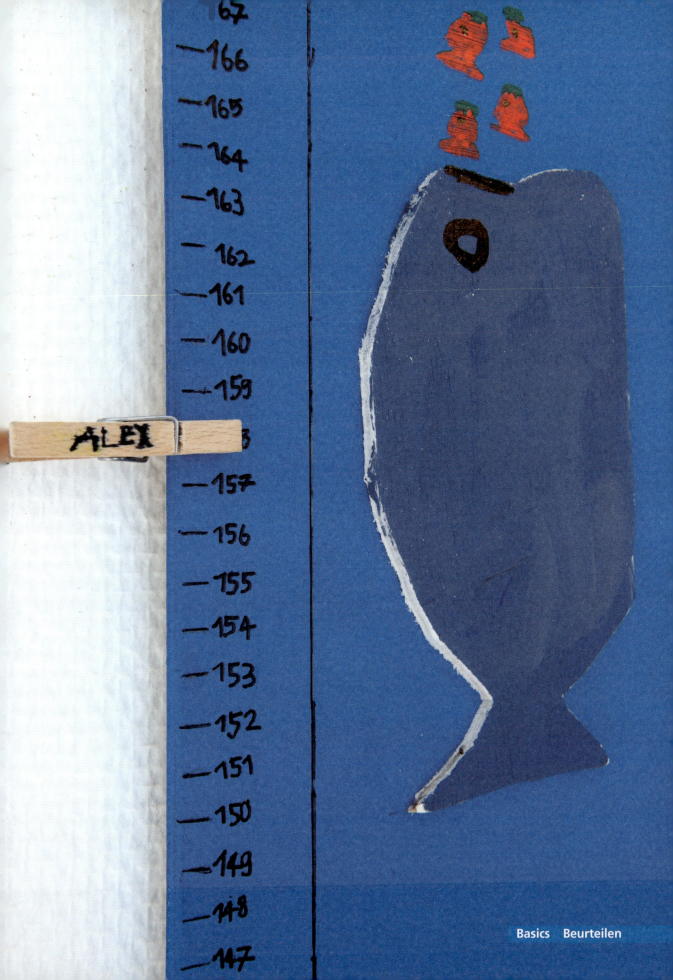

CHRISTOPH SCHMID

Beurteilung des Gelernten und Beurteilen für das Lernen

Die Schülerinnen und Schüler nach ihren Leistungen zu rangieren und klassifizieren, ist seit vielen Jahren geübte Praxis, die bis in die Antike zurückreicht. Schulprüfungen sind im Spätmittelalter bekannt, und im 18./19. Jahrhundert schufen die Jesuiten ein Notensystem, das unserem nahekommt (vgl. z.B. Von Hohenzollern & Liedtke 1991). Ab Mitte des vorletzten Jahrhunderts gewannen Noten an Bedeutung für den individuellen Bildungsweg und für den sozialen Aufstieg der Einzelnen. Im letzten Jahrhundert ist Ingenkamps (1971) Kritik an der Notengebung in weiten Kreisen bekannt geworden. 2006 stellen Birenbaum et al. den gängigen Praktiken der Beurteilung eine schlechte Diagnose aus: «The need for fundamental change in current assessment practices» (S. 63).

Beurteilungen erzeugen Emotionen

Die in Bewertungskulturen realisierten Werte, Einstellungen und Haltungen haben eine lange Konstanz und verändern sich nicht von heute auf morgen. Angemessenes Beurteilen ist keine rein wissenschaftlich zu beantwortende Frage. Beurteilen ist eine Form des Umgangs miteinander. Lehrpersonen erziehen und fördern damit. Sie sind nicht nur Trainerinnen, sondern auch Schiedsrichterinnen. Sie sind verpflichtet, gegenüber dem Individuum und gegenüber dem Gemeinwesen Verantwortung zu übernehmen. Unmut ist bei den Betroffenen keine Seltenheit. Mit ihren Bewertungen sind Schülerinnen und Schüler nicht immer zufrieden: «Warum habe ich für diese Lösung nur einen halben Punkt erhalten?» «Warum habe ich die gleiche Note wie er erhalten, obwohl ich doch viel besser bin?» «Der Lehrer mag mich nicht leiden, deshalb hat er mir eine schlechte Note gegeben.» «In dieser Prüfung habe ich schlecht abgeschnitten, weil wir einige Aufgaben in der Schule gar nie richtig besprochen haben.» Manche Eltern ziehen die Beurteilungen stark in Zweifel: «Bei Herrn X hätte meine Tochter auch eine Fünf oder Sechs in Mathematik.» «Frau Y setzt meinen Sohn mit Überraschungsprüfungen ständig unter Stress, und deshalb schreibt er in letzter Zeit so schlechte Prüfungen.» «Herr Y kann nicht zugeben, dass er meinem Kind eine zu tiefe Note gegeben hat.» «Dieses Zeugnis akzeptiere ich nicht. Ich muss mich für mein Kind dringend bei der Schulleiterin oder Schulpflege wehren.» «Diese Noten versteht ja kein Mensch!» Auch Lehrpersonen klagen und kämpfen mit Unzulänglichkeiten: «Soll ich ihm oder nur ihr eine Vier geben?» «Bei den meisten meiner Schülerinnen und Schüler kann ich das Hörverstehen gar nicht richtig beurteilen.» «Mir fehlt die Zeit, alle Kinder gerecht und objektiv zu beurteilen.» Schliesslich stehen die Zeugnisse bei Behörden in der Kritik: «Es wird viel zu uneinheitlich beurteilt.» «Die Noten sind zu wenig aussagekräftig.»

Grenzen der Messbarkeit

Kann man die Erwartungen in diesem sehr wichtigen Aufgabenbereich als Lehrer oder Lehrerin überhaupt erfüllen? Nein – sie sind eindeutig zu hoch gesteckt, und ihnen liegen falsche Annahmen zur Messbarkeit und Vergleichbarkeit von Lernentwicklungen zugrunde. Genaue Messungen für alle im Zeugnis aufgeführten Rubriken überschreiten die Grenzen des Möglichen und Vernünftigen. Längst nicht alles Wichtige ist messbar, und das Gemessene ist nach relativ kurzer Zeit nicht mehr interessant, wenn neue Kompetenzen erworben worden sind. Man sollte sich vor Vermessenheit hüten. Wer meint, genau zu messen, kann sich leicht vermessen. Klug zu handeln, heisst, nicht zu versuchen, das Unmögliche zu messen. Beim Beurteilen in der Volksschule geht es nicht um Messungen, wie wir sie in den Naturwissenschaften kennen, sondern um mehr oder weniger grobe Einschätzungen – dies immer im Hinblick auf genau definierte Zwecke. Viele Lehrpersonen setzen zu viel Arbeitszeit ein, um die Leistungen möglichst objektiv im Zeugnis zu benoten. Diese Zeit fehlt ihnen für die Vorbereitung des Unterrichts und für Elterngespräche. Auch wird mancherorts zu viel Unterrichtszeit für das «Messen» der Lernleistungen aufgewendet, die auf Kosten der Lernzeit geht. Um sich nicht in einem Irrgarten des Beurteilens zu verlieren, werden im Folgenden einige grundlegende Sachverhalte und pädagogische Grundsätze im Sinne von Reflexionshilfen für die Schulpraxis kurz dargestellt.

Beurteilungsfunktionen und Beurteilungsformen

Multifunktionale Noten

«Die letzten vier Sätze hast du sehr deutlich, fehlerfrei und fliessend vorgelesen», lobt die Lehrerin. Wer lobt, der beurteilt. Hoffentlich kommt das Lob in der Schule nicht zu kurz und wird so erteilt, dass es allen die nötige Lernmotivation dauerhaft sichern hilft. Das Beurteilen in der Schule erschöpft sich allerdings nicht darin. Das Motivieren ist nur eine Funktion. Daneben erfüllen Beurteilungen und Noten seit Längerem diverse Zwecke, die nicht alle unter einen Hut zu bringen sind (Schmid 2000):

- **Feedback für die Lernenden:** Den Lernenden Auskunft über das Erreichen wichtiger Lernziele geben.
- **Lernsteuerung:** Schwerpunkte für künftiges Lernen festlegen.
- **Bericht für Erziehungsberechtigte:** Eltern über den Leistungsstand ihres Kindes orientieren.
- **Rückmeldung für die Lehrperson:** Unterrichtserfolge bestimmen.
- **Anerkennung:** Lernende auszeichnen.
- **Bestrafung und Disziplinierung:** Mangelhafte Leistungsanstrengungen ahnden. Schulische Leistungsanforderungen durchsetzen.
- **Sozialisation:** Leistungsnormen der Gesellschaft anerkennen.
- **Zertifizierung:** Lernenden die Qualität des Erreichens wichtiger Lernziele bestätigen und bestimmte Kompetenzen bescheinigen.
- **Selektion und Rangierung:** Lernende rangieren. Schülerinnen und Schüler für bestimmte Schullaufbahnen und Berufsausbildungen auswählen.
- **Klassifikation:** Lernende in Gruppen einteilen.
- **Berechtigung und Chancenzuteilung:** Lernchancen zuteilen. Lernende berechtigen, weiterführende Lernangebote wahrzunehmen.
- **Prognose:** Prognosen für künftige Lernerfolge und Lernfähigkeiten stellen.
- **Mitteilung für die Behörden:** Der Schulpflege einen Überblick über die Leistungen der einzelnen Schulklassen geben.

3 wichtige Zwecke

Argumentationen und Beurteilungen gewinnen an Rationalität, wenn die Funktionen entflochten werden. Nicht auf jeder Schulstufe haben Beurteilungen und Noten alle diese Funktionen. Zudem haben die Funktionen nicht alle dasselbe Gewicht. Vor allem drei Zwecke sind deutlich auseinanderzuhalten:

1. Lernprozesslenkung (formative Beurteilung): Bei einzelnen Lernenden, einer Lerngruppe oder Klasse die Voraussetzungen und Bedingungen für weiterführende Lernprozesse erfassen und analysieren. Dies dient ausschliesslich dem Lernen («Lernprozesssteuerung») und orientiert sich an den Lernzielen, Bildungs- und Qualifizierungsbedürfnissen der Lernenden (vgl. Didaktisch handeln und denken 1, Kapitel 6).

2. Leistungsbescheinigung (summative Beurteilung): Die Lernergebnisse der Lernenden zuverlässig und fair erfassen und definierten Standards (Kompetenzstufen, Noten) zuordnen. Gegen Ende des Semesters steht diese Funktion im Zentrum, wenn der Lernstand der Einzelnen benotet und im Zeugnis dokumentiert wird. Damit werden zuhanden Dritter erreichte Lernziele und verfügbare Kompetenzen schriftlich bestätigt und zertifiziert. Am Ende der Primarschule und in der Oberstufe gewinnt diese Funktion an Bedeutung, wenn die Schülerinnen und Schüler in verschiedene Niveaus der Oberstufe eingeteilt werden oder sich für bestimmte Berufslehren bewerben.

3. Unterrichtsführung: Den Zusammenhang zwischen Aspekten des Unterrichts (Unterrichtsgestaltung) und dem Fortschritt der Lernenden einschätzen und erhellen. Dabei geht es ausschliesslich um die Veränderung und Verbesserung des Unterrichts, um günstige Unterrichtsbedingungen für alle Schülerinnen und Schüler.

Fördern oder bewerten

Bezogen auf die einzelnen Lernenden kann man grundsätzlich zwischen dem Beurteilen für das Optimieren des Lernens («assessment for learning») und dem Beurteilen des Gelernten («assessment of learning») unterscheiden (Birenbaum et al. 2006; Gardner 2010). Je nach Beurteilungszweck müssen die Beurteilungen anders gestaltet und andere Massstäbe verwendet werden. Im Schulbereich haben sich in den letzten Jahren die Unterscheidungen formative, summative und prognostische Beurteilung etabliert.

- Formativ: Optimierung des Lernens, Förderorientierung, didaktisch-pädagogische Massnahmen, individuelle Entwicklung und Lernfortschritte; Beurteilungen während eines Lernprozesses
- Summativ: Feststellung des Leistungsstandes, Summe des Gelernten (erworbene und verbesserte Kenntnisse, Fertigkeiten und Fähigkeiten), Standortbestimmung; Beurteilungen am Ende einer Lernperiode oder eines Schuljahres
- Prognostisch: Zukunftsorientierung, Prognosen für Schullaufbahnen

Die ersten beiden Unterscheidungen sind im Gegensatz zur Unterscheidung des «assessment of/for learning» irreführend, da auch summative Beurteilungen das Lernen fördern und so eine formative Funktion haben können.

Beurteilungsmassstäbe

Verschiedene Bezugs-
normen

Menschen vergleichen sich im Alltag mit anderen, mit ihren gesetzten Zielen und mit ihren früheren Verhaltensweisen. Diese Bezüge spielen auch in der Pädagogischen Diagnostik (Ingenkamp & Lissmann 2008) eine wichtige Rolle. Die Beurteilung und Benotung der Leistungen kann grundsätzlich nach drei verschiedenen Bezugsnormen erfolgen: der individuellen, sachlichen (kriterienorientierten, kriterialen, lernzielbezogenen, lehrzielorientierten, curricularen, institutionellen) und sozialen Bezugsnorm. Bei der Beurteilung nach der *individuellen* Bezugsnorm werden die aktuellen Leistungen eines Lernenden mit seinen früheren Leistungen verglichen. Das, was für eine wenig fortgeschrittene Schülerin eine gute Leistung ist, kann für eine fortgeschrittenere eine schwache Leistung sein. Bei dieser Bezugsnorm wird der Lernzuwachs offensichtlich. Man erfährt, dass man dazulernen kann, wenn man sich anstrengt. Man wird aber nicht gewahr, in welchen Fähigkeitsbereichen man andere übertrifft oder in welchen Gebieten andere mehr leisten. Bei der Verwendung einer sachlichen Bezugsnorm werden die Leistungen eines Lernenden mit einem vorgegebenen Lernziel in Beziehung gesetzt. Diese Beurteilungsnorm liegt der *kriterienorientierten* Beurteilung zugrunde. Wer bestimmte Aufgaben oder Anforderungen bewältigt und über bestimmte Kompetenzen verfügt, erhält die entsprechende Note. Die Beurteilung ist unabhängig davon, welche Leistungen andere erbringen. Für die sachliche Bezugsnorm ist der Lehrplan massgebend. Die Beurteilung gibt darüber Aufschluss, welche Lernziele jemand erreicht bzw. welche Kompetenzen er oder sie erworben hat. Will man mehr als erreichte Lernziele und Mindestkompetenzen bescheinigen, müssen Niveaus definiert werden. Wenn die Leistungen eines Lernenden mit den Leistungen anderer verglichen werden, wird eine *soziale* Bezugsnorm genutzt. Hier wird ein Bezug zu einer Durchschnittsleistung einer bestimmten Gruppe, Klasse oder Altersstufe hergestellt. Dabei wird deutlich, wer in einem bestimmten Fachgebiet zu den besseren und wer zu den schlechteren Schülerinnen und Schülern gehört. Allerdings kann je nach verwendeter Bezugsgruppe dieselbe Leistung als mangelhaft oder gut erscheinen. Der Lernzuwachs wird ausgeblendet. Lernende können fortwährend schlechte Beurteilungen erhalten, obwohl sie Lernfortschritte machen.

Vor- und Nachteile der
Bezugsnormen

Jede Bezugsnorm hat ihre Vor- und Nachteile. Deshalb muss stets sorgfältig überlegt werden, in welcher Situation welche Vergleichsgrössen herangezogen werden sollen. Die Schülerinnen und Schüler müssen im Unterricht lernen, sich mithilfe verschiedener Bezugsnormen zu bewerten. Die negativen Auswirkungen der sozialen Bezugsnorm auf Selbstwertgefühl und Selbstkonzept bei schwächeren Schülerinnen und Schülern sind empirisch gut belegt (Rheinberg 2008). Die Einordnung der individuellen Leistung eines Kindes aufgrund der Leistungen, die von den anderen Kindern in der Klasse erbracht worden sind, erfreut sich im Schulalltag trotzdem grosser Beliebtheit. Die häufige Wahl dieser sozialen Bezugsnorm liegt darin begründet, dass klar operationalisierte fachliche Kriterien für die einzelnen Notenwerte fehlen und die individuellen Unterschiede zwischen den Lernenden auf einfache Art erfasst werden wollen. Viele Lehrpersonen sind immer wieder darauf aus, die Lernenden ihrer Klasse in eine Rangreihe einzuordnen. Diese Vergleiche sind auf den klasseninternen Bezugsrahmen beschränkt, und wenn die Noten darauf basieren, so sind sie nicht klassenübergreifend interpretierbar.

Kriterienorientierte Beurteilung und Noten

Wenn Lernleistungen am Ende eines Schuljahres oder für ein Zeugnis beurteilt werden müssen, so ist die kriterienorientierte Beurteilung die angemessene Beurteilungsform. «When feedback about academic achievement is the primary goal, comparison with established standards is the method of choice» (Borich & Kubiszyn 1995, S. 301). Die Anforderungen für die einzelnen Notenwerte sind möglichst schon bei der Semesterplanung festzulegen und an den definierten Lernzielen bzw. Zwischenzielen auszurichten, die durch den Lehrplan abgestützt sind.

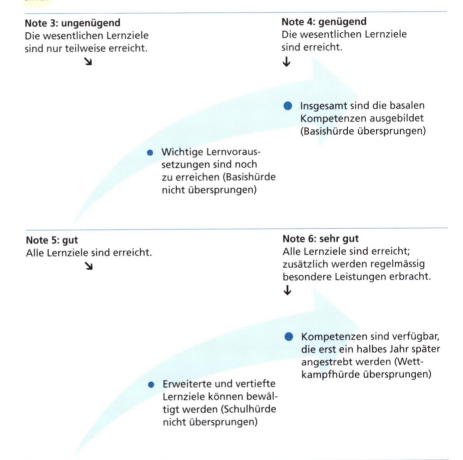

Note 3: ungenügend
Die wesentlichen Lernziele sind nur teilweise erreicht.

Note 4: genügend
Die wesentlichen Lernziele sind erreicht.

● Insgesamt sind die basalen Kompetenzen ausgebildet (Basishürde übersprungen)

● Wichtige Lernvoraussetzungen sind noch zu erreichen (Basishürde nicht übersprungen)

Note 5: gut
Alle Lernziele sind erreicht.

Note 6: sehr gut
Alle Lernziele sind erreicht; zusätzlich werden regelmässig besondere Leistungen erbracht.

● Kompetenzen sind verfügbar, die erst ein halbes Jahr später angestrebt werden (Wettkampfhürde übersprungen)

● Erweiterte und vertiefte Lernziele können bewältigt werden (Schulhürde nicht übersprungen)

Konkret heisst dies, dass zu Beginn einer längeren Lernsequenz, bei der Hinwendung zu einem neuen Thema, die Anforderungen für die verschiedenen Notenwerte formuliert und mit möglichen Aufgabenbeispielen operationalisiert werden. Diese Standards sind mit den Schülerinnen und Schülern zu besprechen, und die Bedeutung der Zeugnisnoten ist verständlich zu machen. Manchmal empfiehlt es sich, die Lernenden beim Zusammenstellen des Aufgabenpools zu beteiligen. Die Note ergibt sich aus dem Erreichen eines mehr oder weniger anspruchsvollen Lernziels in einer leicht überschaubaren Zahl grösserer Lerneinheiten. Für die Festsetzung einer Zeugnisnote ist das erreichte Leistungsniveau am Ende des Schul(halb-)jahres massgebend. Eine künstliche Vergrösserung des Notenspektrums einer Schulklasse muss vermieden werden.

	Erworbene Fachkompetenzen			
	Note 3	Note 4	Note 5	Note 6
Lernsequenz 1 bzw. Thema 1		x		
Lernsequenz 2 bzw. Thema 2			x	
Lernsequenz 3 bzw. Thema 3			x	
Lernsequenz 4 bzw. Thema 4		x		
Zeugnisnote	**4–5**			

Die von Lehrkräften beurteilten Leistungen (mündliche und schriftliche Arbeiten, Prüfungen) werden in der Umgangssprache als Lernleistungen der Schülerinnen und Schüler bezeichnet. Dies ist aber nicht korrekt, denn auch Lehrpersonen (ihr pädagogisch-didaktisches Geschick) und verschiedene Grössen des Lernumfeldes tragen Wesentliches zur Leistung der Kinder und Jugendlichen bei. Die den Lernenden zugeschriebenen Leistungen sind also nicht ausschliesslich ihre Leistungen.

Systematische Beobachtung und verbale Beurteilung

Beobachten statt interpretieren

Im Alltag sind wir uns gewohnt, Personen mit Eigenschaften zu charakterisieren. Eine Reihe von Beobachtungen fassen wir dabei in wenigen Merkmalen zusammen. Gerade weil Interpretationen rasch zur Hand sind, müssen sich Lehrpersonen davor hüten, voreilig Schlussfolgerungen zu ziehen. Vorher sind systematische Beobachtungen vonnöten, und Beobachtungen sind in einer adäquaten Sprache festzuhalten und zu vermitteln. Dies ist längst nicht immer zu leisten, aber bei Kindern und Jugendlichen, deren Entwicklung gefährdet ist, notwendig.

Bei der Beschreibung ist darauf zu achten, dass Wertungen nicht unbemerkt Eingang finden. Bewusst müssen verschiedene Beschreibungsarten (vgl. Graumann 1960) unterschieden werden. Der verbale Stil kommt einer «reinen» Beschreibung am nächsten. Er nennt beobachtbares Verhalten und verzichtet auf Wertungen (z.B.: Der Schüler bewegt den Oberkörper dreimal vor- und rückwärts, während er an einem Bleistift kaut.). Interpretationen finden sich schon bei der Verwendung von Adverbien (z.B.: Er greift ängstlich nach der Hand der Kindergärtnerin.). Um die Eigenart eines Verhaltens erkennen und einschätzen zu können, muss man andere Verhaltensweisen und das Verhalten anderer als Vergleichsgrössen kennen. Beim adjektivischen Stil stehen nicht mehr Beschreibungen, sondern Interpretationen im Vordergrund (z.B.: Sie ist sehr schüchtern und am Thema interessiert.). Aus dem Verhalten X einer Person in der Situation Y wird auf ein oder gleich mehrere Personenmerkmale geschlossen. Vollends im Medium der Interpretation bewegt man sich bei der Verwendung von Substantivierungen. Konstrukte werden Personen zugeschrieben oder als Ursachen für bestimmte Verhaltensweisen interpretiert (z.B.: Seine Intelligenz ist sehr hoch, doch seine Unbeherrschtheit macht seinen Mitschülern stark zu schaffen.). In ihrer substantivischen Form werden die Eigenschaften (Dispositionen, Fähigkeiten, Vermögen) zu «Subjekten». Wird wenig interpretiert, so spricht man von niedrig inferenten und wenn viel interpretiert wird, von hoch inferenten Aussagen. (vgl. Material 1)

Systematisch beobachten

In Einzelfällen (bei Kindern mit spezieller Förderung) sind sorgfältig geplante Beobachtungen notwendig. Will man sich orientieren, welche Phänomene auftreten, so kann die unsystematische Beobachtung das Mittel der Wahl sein (unstandardisierte, unkontrollierte oder unstrukturierte Beobachtung), zum Beispiel wenn im Kindergarten ein Kind ohne spezielle Fragestellung beobachtet wird. Systematisch wird die Beobachtung dann, wenn man beispielsweise speziell darauf achtet, wie häufig ein Kind mit anderen Kindern in freien Spielphasen Kontakt aufnimmt (gezielte Beobachtung, spezifische Vorgehensweise). Im Voraus ist zu überlegen, ob man mehr durch eine teilnehmende oder nicht-teilnehmende Beobachtung erfährt. Bei der teilnehmenden Beobachtung beteiligt sich die Lehrperson an den Handlungsabläufen, die sie beim Kind beobachtet, sie spielt zum Beispiel mit oder hilft bei einer Werkarbeit. Im Schulalltag steuert die Lehrperson oft das Verhalten der Schülerinnen und Schüler, und diese Dominanz kann leicht dazu führen, dass sie nur beobachten kann, was sie provoziert. Zudem wird hierbei ihre Wahrnehmungskapazität durch das Unterrichten eingeschränkt, und detaillierte Beobachtungen sind kaum mehr möglich. Deshalb empfiehlt es sich, von der nicht-teilnehmenden Beobachtung Gebrauch zu machen. Zufälligkeiten können minimiert werden, wenn im Voraus bestimmt wird, ob ein Verhalten eher in seiner Gesamtheit oder ob Verhaltensaspekte nur zu bestimmten Zeitpunkten beobachtet werden. Im ersten Fall spricht man von einer Ereignisstichprobe, z.B. wenn auf die Reaktion eines bestimmten Schülers auf eine schlechte Note geachtet wird. Im zweiten Fall spricht man von einer Zeitstichprobe, z.B. wenn in bestimmten Intervallen oder zu bestimmten Zeitpunkten das Verhalten registriert wird. Je nach interessierendem Verhalten kann auch eine Situationsstichprobe Sinn machen. Dann wird das Verhalten in genau umschriebenen Situationen beobachtet. Die Aufzeichnungen gewinnen an Präzision, wenn Kategoriensysteme, Schätzskalen und Beobachtungsbögen verwendet und wenn freie Beschreibungen möglichst unmittelbar festgehalten werden. Stets sollte man sich wahrnehmungsverzerrender Tendenzen und Beurteilungsfehler bewusst sein. (siehe Didaktisch handeln und denken 1; Kapitel 2)

Selbstbestimmung und Lerndokumentationen

Selbstbeurteilung

Die Selbstbeurteilung ist für die Entwicklung zur Autonomie und zum mündigen Gesellschaftsmitglied ebenso wenig wegzudenken wie für die Entwicklung des selbstständigen Lernens und Denkens. Schülerinnen und Schüler müssen lernen, ihre Lernleistungen und Lernfortschritte, ihre Lern- und Denkstrategien zu beurteilen (Metakognition). Der Selbstbeurteilung wohnt ein grosses Potenzial für die Persönlichkeitsentwicklung inne. Sie ist in der Schule sehr ernst zu nehmen und stellt mehr dar als eine Ergänzung und Korrektur der Fremdbeurteilung.

Portfolio

Mithilfe sogenannter Portfolios können Lernende Selbsteinschätzungen einüben und bei der Beurteilung systematisch einbezogen werden (Mitbeurteilung), auch wenn die Verantwortung für die Zeugnisnoten ganz bei der Lehrperson bleibt. Im Wesentlichen sind Portfolios «a systematic way of collecting and reviewing samples of work that illustrate personal accomplishments, processes, and styles» (Paris & Ayres 1994, S. 167). In Portfolios werden im Sinne eines externen Gedächtnisses Spuren des eigenen Lernens und Kompetenzerwerbs periodisch (z.B. wöchentlich) dokumentiert; dies ganz, um längerfristige Lernerfolge wahrscheinlicher zu machen. Der Vielfalt und Individualität im praktischen Vorgehen sind keine Grenzen gesetzt. Die lernende Person kann beispielsweise Lernanstrengungen, Lernfortschritte, Erkenntnisse, Erfahrungen, Reaktionen, Ziele, Pläne, Selbst- und Fremdbeurteilungen festhalten. Damit Portfolios die Selbstständigkeit, die Lernmotivation, ein positives Fähigkeitsselbstkonzept, die Lernprozessreflexion und das gezielte Lernen stützen, sind Portfolioaktivitäten gut in den Unterricht zu integrieren. Alle Lernenden müssen individuelle Hilfen und Anregungen für die Dokumentationstätigkeit erhalten, und zwar zum einen von den Mitlernenden und zum anderen von ihren Lehrpersonen. Hilfreiche Anregungen betreffen Fragen oder Rubriken wie: «Das kann ich jetzt.» – «Das kann ich immer noch.» – «Da habe ich gut überlegt.» – «Da habe ich gut gelernt.» – «Ich habe eine neue Lernstrategie entdeckt.» – «Ich habe X beim Lernen helfen können.» – «Ich habe einen Fehler entdeckt, und das hat mir beim Lernen weitergeholfen.» – «Das lerne ich bis (Datum).» – «Das wiederhole ich (Datum).» – «Daran arbeite ich weiter (Datum).» – «Das macht mir Schwierigkeiten.» Nützlich können auch einfache Reflexionsschemen sein: 1) «Was habe ich gelernt?» 2) «Wie habe ich das gelernt?» «Was genau habe ich dabei getan?» 3) «Hatte ich Probleme beim Lernen?» 4) «Wie habe ich versucht, diese zu lösen?»

Für den Fremdsprachenunterricht gibt es eine praktische Vorlage, das Europäische Fremdsprachenportfolio (ESP). Darin werden individuelle Sprachkenntnisse sowie Erfahrungen mit anderen Kulturen und Sprachen kontinuierlich aufgezeichnet und mit ausgewählten Arbeiten belegt, um das eigene Sprachenlernen bewusst wahrzunehmen, einzuschätzen und zu überdenken, sich Ziele zu setzen, zu planen und Lernstrategien zu optimieren – aber auch um das eigene Sprachniveau Dritten zu präsentieren. Damit ist dieses Portfolio nahe beim Vorzeigeportfolio (Beurteilungsportfolio, Bewerbungsportfolio). Diese Variante konzentriert sich darauf, die besten Arbeiten vorzustellen, während für das oben dargestellte Entwicklungsportfolio (Prozessportfolio, Arbeitsportfolio) Arbeiten ausgewählt werden, die Lernschwierigkeiten überwinden helfen und Lernfortschritte zeigen. (vgl. Material 6)

Lerndokumentation

Lehrpersonen können vorbildlich wirken, indem sie selbst eine Kurz-Lerndokumentation für die einzelnen Lernenden anlegen. Dort finden sich Noten, Lerntests, Kompetenznachweise, spontane und systematische Beobachtungen, Fragen, Interpretationen, Abmachungen mit den Eltern und dem Kind, Kopien einiger aussagekräftiger Arbeiten aus den Portfolios der Lernenden, Belege über Lernfortschritte und Lernstand in den zentralen Bildungsbereichen, Förderhypothesen und Angaben über die spezielle Förderung. Mithilfe eines solchen Überblicks lassen sich Förderfragen besser beantworten, z.B.: Liegen die Anforderungen in der Zone der nächsten Entwicklung? (Vygotsky 1930/1978) Lässt die Lernorganisation erwarten, dass die Anforderungen bewältigt werden?

Sieben pädagogische Grundsätze zum Schluss

Ohne reflektierte pädagogische Perspektive, die sich permanent durch praktische Erfahrungen, Diskurse mit anderen und die Auseinandersetzung mit der Fachliteratur nährt, kann verantwortungsvolles, kluges pädagogisches Beurteilungshandeln nicht entstehen. Wo Gelassenheit fehlt, trübt sich der Blick für das Wesentliche schnell, und es werden Prüfungen ohne Notwendigkeit veranstaltet. Abschliessend sind weitere pädagogische Grundsätze zur Diskussion gestellt, die die obigen Hinweise ergänzen.

1. In erster Linie sollte das Beurteilungssystem helfen, die Schülerinnen und Schüler zu fördern und ihre Leistungen zu verbessern. Lehren, Lernen und Beurteilen sind deshalb so zu integrieren, dass sie sich gegenseitig befruchten. Das «assessment of learning» soll das «assessment for learning» stützen. Diese Empfehlungen beruhen auf weit anerkannten Prinzipien: «Assessment of any kind should ultimately improve learning» (Gardner 2010, S. 2). – «Assessment should be part of a process of teaching that enables students to understand the aims of their learning and how the quality of their achievements will be judged» (Harlen 2010, S. 39). – «Students are provided with feedback in a form that helps them engage with further learning» (Harlen & Gardner 2010, S. 20).

2. Mit transparent kriterienorientierter Beurteilung und Benotung sind Eltern und anderen Personen, die erzieherische Verantwortung übernehmen, wichtige Informationen über erreichte Lernziele und verfügbare Kompetenzen bereitzustellen. Diese Informationen sind im Hinblick auf Selektionsentscheide für weiterführende Schulen und für anschliessende Ausbildungswege mit normorientierten Beurteilungen zu ergänzen, die sich auf eine repräsentative Auswahl Lernender abstützen.

3. Zwischen dem Lernen und Prüfen ist klar zu trennen. Gesamtbeurteilungen sind mit Bedacht vorzunehmen: Mündliche Noten und die Beurteilung der Mitarbeit im Unterricht führen leicht dazu, dass ständig geprüft wird. Intensive Lernsituationen sollen die Schulzeit prägen und nicht Prüfungssituationen. Überraschungsprüfungen sind unfair.

4. Prüfungssituationen müssen entspannt werden. Dem Leistungsstand angepasste Prüfungen sowie individuelle Prüfungstermine und Prüfungswiederholungen helfen, Hilflosigkeitsorientierung und Misserfolgsängstlichkeit zu vermeiden. Dazu können auch unbenotete Lernkontrollen zur Verbesserung der Lehr-Lern-Prozesse beitragen, ebenso das positiv erfahrene Lernen aus Fehlern. Emotional stark belastende Wettbewerbssituationen sind zu vermeiden. Wenn bei einer Leistung die Zeit eine Rolle spielt, muss der Zeitdruck gut dosiert werden. Der Zone der nächsten Entwicklung (Vygotsky 1930/1978) ist Rechnung zu tragen. Vorwiegend mittelschwere Aufgaben bzw. anspruchsvolle, herausfordernde, mit dem verfügbaren Wissen und Können noch lösbare Aufgaben stimulieren die Leistungsentwicklung positiv.

5. Die gegenseitige Hilfe und Unterstützung darf durch individuelle Benotung nicht weniger attraktiv werden. Die Anforderungen für die Noten müssen mit den Schülerinnen und Schülern möglichst schon zu Beginn einer Lernsequenz besprochen werden. In einem Klima, in dem alle ihre Lernziele erreichen können, entstehen Lerngemeinschaften leichter. Anstrengungen sind positiv zu bewerten und nicht als Zeichen mangelnder Intelligenz oder Begabung zu interpretieren.

6. Die Beurteilungen sind gut zu legitimieren: Wer soll was, wann, wie und wozu oder weshalb beurteilen? Schülerinnen und Schüler müssen eine aktive Rolle beim Beurteilen einnehmen können und verschiedene Formen der Lernerfolgskontrollen nutzen lernen.

7. Die Beurteilungen müssen angemessen beurteilt werden (Metabeurteilung): Die im Zeugnis fixierten Beurteilungen beruhen auf sorgfältigen, reflektierten, aber immer groben Einschätzungen. Die vielfältigen Leistungen, die ihnen zugrunde liegen, entziehen sich objektiven, zuverlässigen und gültigen Messungen. Sie bleiben nicht fix, sondern werden Tag für Tag und Woche für Woche gesteigert und erweitert. Darüber hinaus lassen sich die Leistungen der Schülerinnen und Schüler nicht unabhängig von den Leistungen der Schule, der Lehrperson, der Eltern, der Mitschülerinnen und Mitschüler und anderer Akteure definieren.

Bildung und Selektion

Nicht immer lassen sich für alle Lernenden gleichermassen befriedigende Lösungen finden. Auch sorgfältiges Abwägen der verschiedenen Ansprüche beim Beurteilungshandeln kann strukturelle Widersprüche nicht auflösen. Schule als öffentlich-staatliche Institution ist dem Individuum und der Gesellschaft verpflichtet. Bestmögliche individuelle Entwicklung, Bildung, Qualifizierung, gesellschaftliche Integration und Transfer soziokultureller Werte, Platzierung, Selektion und Allokation sind legitime Anliegen und gehen nicht einfach Hand in Hand. Das im Zuge der Demokratisierung entwickelte gesellschaftliche Leistungsprinzip widerspiegelt sich in den Zeugnissen, die der Selektion dienen, für weiterführende Bildungsgänge berechtigen und Lebenschancen beeinflussen. Spannungen liegen in der Natur der Sache und verlangen ein kluges Dilemmamanagement.

Literatur

Birenbaum, M., Breuer, K., Cascallar, E., Dochy, F., Dori, Y., Ridgway, J., Wiesemes, R. & Nickmans, G. (2006): A learning integrated assessment system. Educational Research Review, 1, 61–67.

Borich, G. & Kubiszyn, T. (1995): Grading and evaluating students. In: L. W. Anderson (Ed.), International encyclopedia of teaching and teacher education (2nd ed., pp. 299–303). Oxford: Elsevier Science.

Gardner, J. (2010): Developing teacher assessment: an introduction. In: J. Gardner, W. Harlen, L. Hayward & G. Stobart (Hrsg.), Developing teacher assessment (pp. 1–11). Berkshire: Open University Press.

Graumann, C. F. (1960): Eigenschaften als Problem der Persönlichkeits-Forschung. In: P. Lersch & H. Thomae (Hrsg.), Persönlichkeitsforschung und Persönlichkeitstheorie (2. Auflage, S. 87–154). Göttingen: Hogrefe.

Harlen, W. (2010): What is quality teacher assessment? In: J. Gardner, W. Harlen, L. Hayward & G. Stobart (Hrsg.), Developing teacher assessment (pp. 29–52). Berkshire: Open University Press.

Harlen, W. & Gardner, J. (2010): Assessment to support learning. In: J. Gardner, W. Harlen, L. Hayward & G. Stobart (Hrsg.), Developing teacher assessment (pp. 15–28). Berkshire: Open University Press.

Hesse, I. & Latzko, B. (2009): Diagnostik für Lehrkräfte. Opladen: Budrich.

Ingenkamp, K. (Hrsg.) (1971): Die Fragwürdigkeit der Zensurengebung. Texte und Untersuchungsberichte. Weinheim: Beltz.

Ingenkamp, K.-H. & Lissmann, U. (2008): Lehrbuch der Pädagogischen Diagnostik (6. Auflage). Weinheim: Beltz.

Langfeldt, H.-P. (2006): Psychologie für die Schule. Weinheim: Beltz.

Paris, S. G. & Ayres, L. R. (1994): Becoming reflective students and teachers with portfolios and authentic assessment. Washington, DC: American Psychological Association.

Rheinberg, F. (2008): Bezugsnormen und die Beurteilung von Lernleistung. In: W. Schneider & M. Hasselhorn (Hrsg.), Handbuch Pädagogische Psychologie (S. 178–186). Göttingen: Hogrefe.

Schmid, C. (2000): Beurteilen und Benoten. Zürich: Primarlehrer/innenseminar des Kantons Zürich.

Schmid, C., Wiher, P. & Egloff, B. (1997): Zielorientierte Unterrichtsplanung ZUP 7. Lernerfolge. Zürich: Primarlehrer/innenseminar des Kantons Zürich.

Von Hohenzollern, J. G. P. & Liedtke, M. (Hrsg.) (1991): Schülerbeurteilungen und Schulzeugnisse. Historische und systematische Aspekte. Bad Heilbrunn: Julius Klinkhardt.

Vygotsky, L. S. (1978): Mind in society. The development of higher psychological processes. Cambridge, MA: Harvard University Press. (Original erschienen 1930)

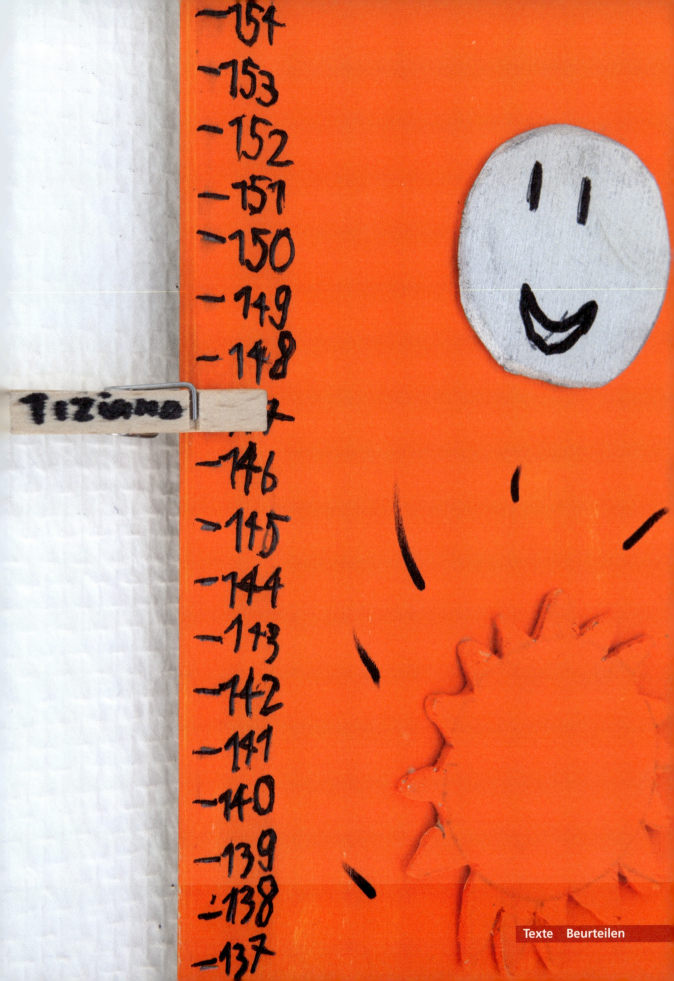

1 Prüfungssituationen

❬ Manche Menschen werden ihr Leben lang von Albträumen über schulische Grenzerfahrungen gequält. Nicht selten sind es Prüfungen, bei denen sie entweder splitternackt vor einem strengen Tribunal stehen und vor Scham im Boden versinken oder mit unerwarteten Fragen als ahnungslose Hochstapler blamiert und in Verzweiflung gestürzt werden. Kaum jemand, der nicht auch von erschreckenden, grotesken oder witzigen Prüfungssituationen zu erzählen weiss, die sich tatsächlich zugetragen haben. Aus ihnen ergeben sich oft tiefe Einsichten über das Wesen von Prüfungen, aber auch über mehr oder weniger utopische Alternativen. Hier sind einige prominente Beispiele.

Der Kybernetiker Heinz von Foerster erwähnt in einem seiner Bücher ein Erlebnis beim Besuch einer befreundeten Familie:

Der kleine Bub kommt und kommt nicht von der Schule nach Hause. Schliesslich erschien er doch: «Ich musste nachsitzen! Die Lehrerin hat mich in der Ecke stehen lassen!» Er erzählte, dass die Lehrerin gesagt habe, er habe freche Antworten gegeben. «Sie hat mich gefragt, wie viel ist 2 x 3? Und ich habe ihr gesagt: Das ist 3 x 2! Alles hat gelacht, und die Lehrerin hat mich in der Ecke stehen lassen.»

Ich habe diesen kleinen Buben gefragt: «Kannst du deine Antwort beweisen?» Da nimmt er Papier und Bleistift, zeichnet drei Punkte und darüber nochmals drei Punkte. Er sagt: «Das ist 3 x 2!» Und dann dreht er das Papier um 90 Grad und meint: «Siehst du, Heinz, das ist 2 x 3!»

Dieser kleine Bub, der sieben Jahre alt war, hat auf die ihm eigene Weise das kommutative Gesetz der Multiplikation bewiesen: A x B ist B x A. Dass die Lehrerin diese Einsicht nicht als grossartig erkannte, ist sehr traurig. Sie hat von ihm erwartet, dass er auf die Frage, was ist 2 x 3 «sechs» antwortet. Da er dies nicht tat, erschien seine Antwort als falsch, frech und aufsässig. Das nenne ich die Trivialisierung junger Menschen. (Foerster & Pörksen 1998, S. 66f)

Ein Witz kursiert seit einigen Jalven unter Physikern. «Die Prüfungsfrage lautet: Nehmen Sie an, Sie haben ein Barometer und sollen damit die Höhe eines Hochhauses bestimmen. Wie würden Sie vorgehen?» Der Student antwortet ohne zu zögern: «Ganz einfach. Ich klettere auf das Dach, werfe das Barometer hinunter und messe die Zeit bis zum Aufprall. Die Fallstrecke ist dann das Quadrat der Fallzeit mal der halben Erdbeschleunigung. Das ist die Gebäudehöhe.» «Naja, aber kennen Sie auch eine Methode, bei der das Barometer ganz bleibt?» «Aber sicher. Ich messe den Durchmesser des Barometers. Dann stelle ich es auf den Boden des Gebäudes im Erdgeschoss und markiere das obere Ende mit einem Stift. Dort lege ich das untere Ende an und mache oben wieder einen Strich. Ich gehe über die Stiegen bis zum Dach und lege immer wieder das Barometer an und markiere mit einem Strich. Wenn ich die Zahl meiner Striche mit dem Durchmesser des Barometers multipliziere, erhalte ich die Höhe des Hochhauses.»

«Ginge das nicht vielleicht auf eine intelligentere und weniger zeitraubende Weise?» «Selbstverständlich. Ich stelle das Barometer senkrecht in die Sonne und messe die Höhe und die Schattenlänge. Dann messe ich die Schattenlänge des Hochhauses. Da das Verhältnis von Höhe und Schattenlänge für das Haus und das Barometer gleich ist, kann ich daraus die Höhe des Hauses sofort ausrechnen.» «Können Sie mir noch eine Methode nennen?» «Ja, warum nicht? Ich könnte zum Portier gehen und ihm das Barometer als Geschenk anbieten, wenn er dafür im

Grundbuch für mich nachschaut, wie hoch dieses Haus ist.» «Und wie wäre es mit einer Methode, aus der man erkennen kann, dass Sie etwas von Physik verstehen?» «Kein Problem. Ich könnte das Barometer an eine ein Meter lange Schnur binden und am oberen Ende befestigen. Dann lasse ich es pendeln und messe die Schwingungsdauer. Dasselbe mache ich auf dem Dach. Wegen der grösseren Entfernung zum Erdmittelpunkt schwingt das Pendel oben etwas langsamer. Daraus kann ich mit der Pendelgleichung errechnen, um wie viel kleiner die Erdbeschleunigung oben ist als unten. Daraus ergibt sich dann die Gebäudehöhe.» Jetzt platzt dem Professor endgültig der Kragen und er bricht die Prüfung ab. Als er verärgert einem Kollegen von der Prüfung erzählt, meint dieser, dass alle Antworten richtig seien und ihm nichts anderes übrig bleibe, als die Prüfung positiv zu bewerten. Am nächsten Tag knurrt der Professor den Studenten an und sagt, dass seine Antworten zwar nicht falsch, aber läppisch seien und er mit Nachsicht aller Taxen die Prüfung bestanden habe. Jetzt war die Reihe am Studenten, verärgert zu sein und er meint: «War nicht in Wirklichkeit die Frage läppisch? Um von mir etwas über Boltzmanns barometrische Höhenformel zu hören, gibt es doch einfachere Wege!»

Diese beiden Anekdoten zeigen, dass es ein Fehler ist, Prüflinge zu unterschätzen und nur genau eine Antwort auf eine Frage zuzulassen. Gerade unkonventionelle, überraschende, originelle Antworten können viel über ihre Fähigkeiten verraten.

Frank McCourt, Bestsellerautor der irischen Kindheitsbiografie «My Mother's Ashes» schreibt in seinem Buch «Teacher Man» (2005) über seine Jahre als Lehrer in New York, wie schwer es ihm gefallen ist, Schülerinnen und Schülern in einem Slumbezirk Freude an sprachlichen Feinheiten zu vermitteln. Voll Ärger über fadenscheinig gefälschte elterliche Entschuldigungen bei Absenzen forderte er seine Schülerinnen und Schüler auf, einmal zu zeigen, was sie können und glaubhafte und überzeugende schriftliche Ausreden zu formulieren. Die Ergebnisse waren überwältigend. Die meisten Schülerinnen und Schüler, die sonst kaum einen geraden Satz schrieben und denen er schon lange nichts mehr zugetraut hatte, erfanden nun im Namen ihrer Eltern herzzerreissende und grossartig poetische Geschichten, warum ein Schulbesuch ihrer Kinder absolut nicht möglich gewesen sei.

Wenn Schüler/innen motiviert sind, wenn ihnen die Aufgabe Spass macht und mit ihrem Leben zu tun hat, sind sie zu Leistungen fähig, die sie in einem normalen Test niemals zustande bringen. ❯

Auszug aus: Stern, T. (2010): Förderliche Leistungsbewertung. Wien: Österreichisches Zentrum für Persönlichkeitsbildung und soziales Lernen ÖZEPS.

2 Kompetenzorientierung statt Mängeldiagnosen

❰ Schülerinnen und Schüler, die dem Unterricht der Regelschule ohne spezifische Unterstützung nicht folgen können, werden heute vermehrt in Regelklassen integriert und durch schulische Heilpädagoginnen und Heilpädagogen unterstützt. Zur konkreten Umsetzung von integrativer Schulung wurde in letzter Zeit viel Unmut gerade auch von Lehrpersonen geäussert. Dieser betrifft in den wenigsten Fällen die Grundidee der Integration an sich, sondern deren Umsetzung bzw. Aspekte wie ungenügende Ressourcen, mangelnde Unterstützung oder ungünstige Rahmenbedingungen wie etwa fehlende Gruppenräume.

Lernberichte statt Noten

Erfahrungen mit Integration gibt es in der Schweiz schon seit den 1980er-Jahren, und in vielen Kantonen wurden seither Konzepte für eine verbreitete Umsetzung von Integration erarbeitet. Dennoch stellen sich in der Praxis immer noch und immer wieder Probleme und Herausforderungen, die nicht leichtfertig übergangen werden dürfen. Dazu gehört auch die Frage nach der Beurteilung und Leistungsbewertung. Wie sollen Schüler, die mit individuellen Lernzielen arbeiten, beurteilt werden? In welchem Verhältnis steht diese Bewertung zur gängigen Beurteilungs- und Selektionspraxis? Und welche Aufgaben stellen sich hier für die Lehrpersonen?

In integrativen Schulmodellen gibt es meistens zwei verschiedene Beurteilungssysteme: eines für Schülerinnen und Schüler mit besonderem Bildungsbedarf und eines für Lernende, die nach dem Regel-Curriculum unterrichtet werden. Letztere werden in der Regel mit Noten beurteilt und unterstehen der aktuellen Promotionsordnung. Lernende, die an Lernzielen arbeiten, die von der Klassennorm abweichen, unterstehen explizit nicht diesen Promotionsregeln. Im Zeugnis steht anstelle einer Note oft ein entsprechender Vermerk (z.B. «individuelle Lernziele», «individuelle Förderung», «reduzierte individuelle Lernziele»), und dem Zeugnis wird ein Lernbericht beigelegt, in dem der Lernstand und die Fortschritte des Schülers beschrieben werden.

Gefahr der Beliebigkeit

Solche Lernberichte haben gegenüber Noten Vorteile: Die Eltern und die Lernenden erhalten Informationen, die ausführlicher und differenzierter sind als nackte Zahlen. Zudem weisen Forschungsergebnisse darauf hin, dass sich solche Rückmeldungen im Vergleich zu Noten positiv auf das schulische Selbstkonzept, d.h. auf das Vertrauen in die eigenen Leistungen von leistungsschwächeren Lernenden, auswirken. Es muss jedoch auch bedacht werden, dass verbale Lernberichte nicht an sich eine fördernde Funktion haben. Sie können auch allgemeine «Mängeldiagnosen» («Das Rechnen im Zahlenraum bis 100 gelingt Max erst in Ansätzen») oder stigmatisierende Sätze («Laura gehört immer noch zu den leistungsschwächsten Schülern») enthalten. Zudem stellt sich oft das Problem, dass nicht transparent wird, nach welchen Kriterien die Leistungsbewertung erfolgt bzw. dass diese stark von der subjektiven Einschätzung der Lehrperson abhängt. Wann kann beispielsweise bei einem Kind, das mit individuellen Lernzielen unterrichtet wird, von Fortschritten gesprochen werden? Wann sind Fortschritte als klein und wann als gross einzustufen? Verbale Leistungsbeurteilungen unterliegen noch stärker als Noten der Gefahr der Beliebigkeit.

Integration contra Selektion

Es gibt einige Kantone, in denen auch Lernende, die an individuellen bzw. reduzierten Lernzielen arbeiten, benotet werden, zusätzlich zur verbalen Beurteilung. Die Noten beziehen sich dann nicht auf das Regel-Curriculum, sondern allein auf die individuellen Lernfortschritte. Sie sollen die Schülerinnen und Schüler motivieren und ihnen helfen, die eigenen Leistungen einzuschätzen. Solche Benotungen sind kritisch zu betrachten. Noten geben nachweislich ganz allgemein nur unzuverlässig Auskunft über die tatsächlichen Leistungen, und wenn sie sich an der Individualnorm orientieren, verlieren sie jegliche Aussagekraft.

Was bedeutet dies nun für die Leistungsbeurteilung von Schülerinnen und Schülern mit besonderem Bildungsbedarf? Eine Beurteilung mit Noten ist aus den genannten Gründen in diesen Fällen nicht sinnvoll, wichtig sind differenzierte verbale Leistungsbeurteilungen in Form von Lernberichten. Diese sollen Aussagen darüber enthalten, was Schülerinnen und Schüler können und was nächste Lernziele und Entwicklungsschritte sind. Solche Einschätzungen können jedoch nur sinnvoll vorgenommen werden, wenn den Lehrpersonen Beurteilungskriterien zur Verfügung gestellt werden, die sich am Aufbau der Lerninhalte und an den damit verbundenen Lernprozessen orientieren. Dazu braucht es differenzierte inhaltliche Beschreibungen verschiedener Kompetenzbereiche sowie geeignete Diagnoseaufgaben. Kompetenzmodelle, wie sie im Rahmen von Harmos erarbeitet worden sind, könnten dazu einen Beitrag leisten.

Die Thematik der Leistungsbeurteilung zeigt auf, mit welchen sich widersprechenden Zielsetzungen Lehrpersonen umgehen müssen, wenn Integration in einem gegliederten und selektiven Schulsystem umgesetzt wird: Eine «Schule für alle» hat den Anspruch, dass Schüler unabhängig von ihren Leistungen gemeinsam den Unterricht besuchen und dass die individuellen Lernfortschritte kompetenzorientiert betrachtet und bewertet werden. Die gängigen Beurteilungssysteme mit Noten stellen dagegen ein Mittel zur Selektion und zur Einteilung von Lernenden in verschiedene Leistungsgruppen dar und laufen den integrativen Bestrebungen zuwider. Diese Situation und die genannten Widersprüche gilt es im Schulalltag auszuhalten.

Ressourcen und Kriterien

Umso wichtiger ist deshalb, dass die Lehrkräfte im Umgang mit qualifizierter, kompetenzorientierter Leistungsbeurteilung unterstützt werden. Beispielsweise muss die Thematik in der Aus- und Fortbildung intensiv behandelt werden. Weiter sollten geeignete und praxisnahe Diagnoseinstrumente und Beurteilungskriterien zur Verfügung gestellt werden. Und selbstverständlich sind auch die zeitlichen Ressourcen für diese Aufgabe zu gewähren. Das Verfassen von Lernberichten und verbalen Leistungsbewertungen ist nicht nur äusserst anspruchsvoll, sondern auch sehr zeitaufwendig. Lehrpersonen dürfen mit diesen komplexen Aufgaben und dem Umgang mit den genannten Widersprüchen nicht allein gelassen werden. ❯

Auszug aus: Moser Opitz, E. (2010): Kompetenzorientierung statt Mängeldiagnosen. Leistungsbewertung und schulische Integration. Erschienen in der Neuen Zürcher Zeitung am 30. Juni 2010, S. 66.

Kommentierte Literaturhinweise

Bohl, Thorsten

Prüfen und Bewerten im Offenen Unterricht (4. Auflage). Weinheim: Beltz. (2009)
Stellt kenntnisreich und praxisbezogen das leistungsdiagnostische Handeln der Lehrpersonen im Offenen Unterricht dar. Viele Beispiele illustrieren die gut begründete Bewertungspraxis für die gängigen offenen Unterrichtsformen wie Freiwahlarbeit und Projektunterricht auf der Mittelstufe und Sekundarstufe I.

Easley, Shirley-Dale &
Mitchell, Kay

Arbeiten mit Portfolios. Schüler fordern, fördern und fair beurteilen. Mülheim: Verlag an der Ruhr. (2004)
Ein praktischer Ratgeber für alle Schulstufen, der Schritt für Schritt in die Arbeit mit Portfolios im Unterricht einführt. Viele Beispiele, Checklisten und Kopiervorlagen illustrieren, wie Schülerinnen und Schüler in den Prozess der Bewertung einbezogen werden können, und erleichtern die Umsetzung in die Praxis.

Ingenkamp, Karlheinz &
Lissmann, Urban

Lehrbuch der Pädagogischen Diagnostik (6. Auflage). Weinheim: Beltz. (2008)
Ein Klassiker, der kompetent über zentrale diagnostische Konzepte in der Schule informiert. Lehrpersonen erhalten fundierte Antworten auf viele Fragen des Beurteilens. Ingenkamp hat sich im deutschen Sprachraum pionierhaft mit Fragen der Notengebung auseinandergesetzt.

Jäger, Reinhold S.

Beobachten, beurteilen und fördern! Lehrbuch für die Aus-, Fort- und Weiterbildung. Landau: Verlag Empirische Pädagogik. (2007)
Vermittelt ein grosses Spektrum relevanten Wissens für die Diagnostik und das Benoten in der Schule. Im Lehrbuch finden sich theoretisch gehaltvolle ebenso wie praktisch nützliche Informationen zum Beobachten, Beschreiben und Interpretieren. Mündliche und schriftliche Prüfungen, Testverfahren, Portfolio und Lerntagebuch werden diskutiert und kritisch durchleuchtet. Wiederholungen, Übungen und Beispiele zur Veranschaulichung verbessern Lernerfolge und erleichtern den Transfer in die Praxis.

Lueger, Dagmar

Beobachtung leicht gemacht. Beobachtungsbögen zur Erfassung kindlichen Verhaltens und kindlicher Entwicklungen. Berlin: Cornelsen. (2007)
Gibt praktische Hinweise zur Beobachtung und Einschätzung des kindlichen Entwicklungsstandes in Kindergarten und Grundstufe. Das Buch geht auf die Bereiche Motorik, Wahrnehmung, Sprache, Denken sowie soziales und emotionales Verhalten ein. Thema ist auch die Dokumentation von Förderaktivitäten.

Von Hohenzollern,
Johann Georg & Liedtke,
Max (Hrsg.)

Schülerbeurteilungen und Schulzeugnisse. Historische und systematische Aspekte. Bad Heilbrunn: Julius Klinkhardt. (1991)
Ein Sammelband, der grundsätzliche Fragen erörtert und historisch aufschlussreiche Arbeiten versammelt, die Beurteilungspraktiken in verschiedenen Epochen thematisieren.

Woolfolk, Anita

Pädagogische Psychologie (10. Auflage). München: Pearson. (Original erschienen 2007: Educational psychology, 10th ed.) (2008)
Ein modernes Lehrbuch, das in zwei Kapiteln leicht verständlich testpsychologische Grundlagen, standardisierte Tests, neue Ansätze in der Leistungserfassung, die Thematik Noten und Zeugnisse, motivationale Aspekte sowie die formative Beurteilung darstellt. Das Lehrbuch behandelt auch Alternativen zur traditionellen Leistungserfassung (Aufführungen, Portfolios) und gibt wertvolle Internet-Links für Theorie und Praxis. Im Lehrbuch finden sich viele Ideen für eine moderne Beurteilungskultur.

156
155
154
153
152
151
150
149
148
147
146

giulian

145
144
143
142
141
140

1 Personen beschreiben und beurteilen

Für individuelle Fördergespräche sind Beschreibungen hilfreich, die wenig Interpretationen enthalten, sogenannte niedrig inferente Beurteilungen.

❮ Persönlichkeitsbeschreibungen auf der Basis von Unterrichtsbeobachtungen

Niedrig inferente Repräsentationsebene

Lehrerin: Frau A
Schülerin: Nicole, 8 Jahre
und 9 Monate alt

Nicole ist während der Erarbeitungsphase über lange Zeiträume mit sich beschäftigt und beteiligt sich nur wenig am Unterricht und dann mit Antworten, die nicht zutreffend sind und die sie eigentlich beherrschen müsste.

Sie kramt in ihrer Tasche, kaut an ihren Haaren herum und liegt auf dem Tisch und schaut anscheinend träumend aus dem Fenster. Ihre Beiträge während der ersten Unterrichtsstunde beschränken sich auf Hinweise, dass sie ja gefehlt habe, und deshalb den Stoff nicht beherrschen könne. Es fehle ihr ein Bleistift, deswegen könne sie nicht arbeiten, dieser Bleistift findet sich dann doch noch.

Nicole macht diese Einwürfe in die Klasse zumeist, ohne sich zu melden. Nicole beginnt nur sehr zögerlich mit der Bearbeitung einer schriftlichen Aufgabe und steht plötzlich auf, um auf die Toilette zu gehen. Als sie zurückkommt, klopft sie mehrmals an die Klassentür und öffnet diese erst, als auch dann noch keiner reagiert, weil dieses Verhalten bekannt ist. Auf dem Rückweg von der Toilette hat sie in ihren Becher die Milch gezapft, obwohl dies nur vom Lehrer gemacht wird. Auf eine Ermahnung in diesem Sinne reagiert Nicole achselzuckend.

Hoch inferente Repräsentationsebene

Lehrerin: Frau B
Schüler: Kevin, 8 Jahre
und 7 Monate alt

Insgesamt kann beobachtet werden, dass Kevin sehr viel Zuwendung benötigt. Er zeigt sich ausgesprochen anhänglich und liebesbedürftig gegenüber Erwachsenen und sucht immer wieder deren körperliche Nähe. Kevin wirkt häufig orientierungslos und stark verunsichert. Sein mangelndes Selbstvertrauen und eine erhöhte Angst vor Misserfolgserlebnissen lässt ihn dann in kleinkindhafte Verhaltensweisen zurückfallen. Eigenständige Entscheidungen zu treffen fällt ihm auch in Bezug auf Kleinigkeiten sehr schwer. Er sucht vielmehr nach einem Halt in Form von anderen «Führungspersönlichkeiten». Entsprechend lässt sich Kevin sehr leicht von Mitschülern beeinflussen bzw. manipulieren und nicht zuletzt zu Fehlverhaltensweisen anregen. Oft kommt ihm dabei die Rolle des «Täters» als auch des «Opfers» zu. Vorgebene Reglementierungen stellen für ihn nur dann eine angemessene Orientierungshilfe dar, wenn sie sehr konkret und überschaubar formuliert sind und deren Einhaltung auch (permanent) kontrolliert wird.

Auffallend sind Kevins z.T. erheblichen Stimmungsschwankungen, die er i.d.R. sehr laut und offen zeigt. Dabei kann vereinzelt ein abrupter Wechsel, beispielsweise zwischen hysterischem Weinen und euphorischer Freude, beobachtet werden. Insofern scheint Kevin in bestimmten Situationen von seinen Gemütslagen förmlich überwältigt zu werden, wobei ihm eine adäquate Affektsteuerung dann kaum noch gelingt. ❯

Auszug aus: Langfeldt, H.-P. (2006): Psychologie für die Schule. Weinheim: Beltz. S. 213.

2 Mehr als Faktenwissen prüfen

Wissen ist wichtig, aber nicht alles. Nachdenken, Analysieren, Beurteilen und Transfer des Gelernten dürfen nicht zu kurz kommen. Wird an Prüfungen ausschliesslich Auswendiggelerntes abgefragt, dann können wir nicht erwarten, dass sich die Schülerinnen und Schüler im Analysieren oder kritischen Denken üben. Valide Prüfungen erfassen auch höhere Niveaus des Denkens – nebst Erinnern und Verstehen auch Anwenden, Analysieren, Bewerten und Kreieren.

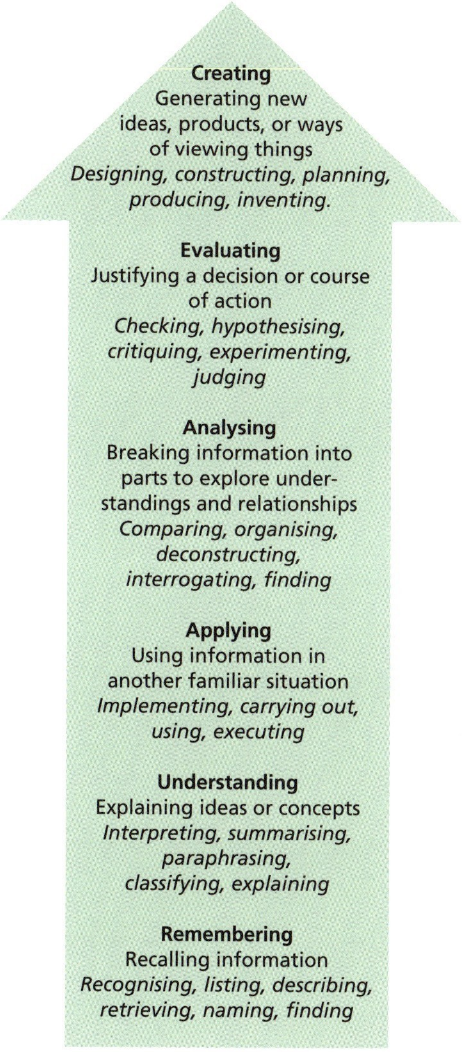

Creating
Generating new
ideas, products, or ways
of viewing things
*Designing, constructing, planning,
producing, inventing.*

Evaluating
Justifying a decision or course
of action
*Checking, hypothesising,
critiquing, experimenting,
judging*

Analysing
Breaking information into
parts to explore under-
standings and relationships
*Comparing, organising,
deconstructing,
interrogating, finding*

Applying
Using information in
another familiar situation
*Implementing, carrying out,
using, executing*

Understanding
Explaining ideas or concepts
*Interpreting, summarising,
paraphrasing,
classifying, explaining*

Remembering
Recalling information
*Recognising, listing, describing,
retrieving, naming, finding*

Exploring Batteries with Bloom's Revised Taxonomy

Creating
Invent a new toy that operates on batteries.
Draw your design and indicate how and where the batteries are to be installed.

Evaluating
What criteria would you set up to evaluate a particular brand of battery? How would you use these criteria to select your next battery?

Analysing
Determine ways the battery has changed the following markets: toys, small appliances, and health aids.

Applying
Demonstrate or draw a series of diagrams illustrating how to properly insert a battery into a torch, a tape recorder or alarm clock.

Understanding
Describe the composition of a battery.
Draw and label the parts of a battery.
Describe how a battery works.

Remembering
List as many uses for household batteries as you can think of.
Name as many different sized batteries as you can.
Write down all the places where you can buy batteries.
List the prices of different batteries by looking through store catalogues.

Abbildung 51: Bloom's Revised Taxonomy

3 Kriterienorientierte Beurteilung

Ein Gespräch zu zweit vorlesen

Bereitet euch zu zweit auf das Vorlesen des Gesprächs zwischen Hund und Fisch vor. Nehmt das Gespräch aus Aufgabe 1.

- Gestaltet den Dialog mit der Stimme spannend und passend zum Inhalt.
- Nehmt dann das Gespräch auf Tonband auf.

Lernziel: Einen Dialog sinngestaltend lesen

Achte darauf:

1. Die Stimmführung passt zur Sprechsituation: Der Hund tönt abwehrend; der Fisch überzeugend.
2. Der Dialog wird genau und deutlich gelesen.

Kriterium 1: Die Stimmführung passt zur Sprechsituation: Der Hund tönt abwehrend; der Fisch überzeugend.

nicht erreicht	*erreicht*	*übertroffen*
Die Stimmführung ist beim Hund wenig charakteristisch.	Der Hund tönt auch von der Stimme her abwehrend.	Die Spannung wird auch von der Stimmführung her unterstrichen.
Die Stimmführung ist beim Fisch wenig überzeugend.	Der Fisch klingt von der Stimme her überzeugend.	Mit der Stimmführung wird die Spannung verstärkt.
Der Dialog ist wenig lebhaft gestaltet.	Die Stimmführung in Bezug auf Intonation, Lautstärke und Pausen überzeugt grösstenteils.	Die Stimmführung überzeugt während des ganzen Dialogs, bis zum Schluss.

Kriterium 2: Der Dialog wird genau und deutlich gelesen.

nicht erreicht	*erreicht*	*übertroffen*
Der Dialog ist schwer verständlich gelesen.	Der Dialog ist grösstenteils so gelesen, dass er mühelos verstanden wird.	Der Dialog ist durchwegs so gelesen, dass er mühelos verstanden wird.
Endungen werden zum Teil weggelassen oder verschluckt.	Es werden keine Endungen weggelassen oder verschluckt.	Die Aussprache der einzelnen Wörter ist durchwegs korrekt.
Wichtigste Ausspracheregeln wenig beachtet (z.B. k;ch; chs).	Die wichtigsten Ausspracheregeln meist beachtet (z.B. k; eh; chs).	Wichtige Ausspracheregeln durchwegs beachtet (z.B. k; ch; chs; Vokale etc.).

Kriterium 3: ....

nicht erreicht	*erreicht*	*übertroffen*

Weitere Kriterien:

- Die sprachlichen Mittel wie Klangfarbe, Sprechtempo, Lautstärke, Pausen unterstützen die inhaltliche Aussage.
- Die beiden Tiere werden mit sprachlichen Mitteln (Klangfarbe, Lautstärke) charakteristisch dargestellt.

Auszug aus: Horat, M. & Wey, J. (2001): Orientierungsarbeiten Deutsch, 5. Klasse. Schwerpunkt Texte schaffen. Luzern: Bildungsplanung Zentralschweiz. S. 11f.
www.bildung-z.ch/volksschule/website_volksschule.php?hlD=140

4 Schülerinnen und Schüler beim Beurteilen beteiligen

Schülerinnen und Schüler kennen sich selbst am besten. Sie lernen schon früh, sich selbst zu beurteilen. In der Schule können sie in vielfältiger Weise in das Beurteilen einbezogen werden. Nebst der Fremdbeurteilung spielen so die Mit- und Selbstbeurteilung eine wichtige Rolle und fördern die Persönlichkeitsentwicklung.

❰ *Hier sind ein Dutzend Möglichkeiten für den Einsatz von Leistungserfassung im Unterricht zur Förderung des Lernens.*
1. Schüler sollten gute und schlechte Stichproben ihrer Leistungen heraussuchen, um zu erkennen, was ein gutes Werk oder eine gute Darbietung ist.
2. Vor einer Besprechung mit dem Lehrer oder einem Mitschüler sollten sich Schüler über ihre eigenen Stärken und Schwächen bei Einzelheiten ihres Werkes oder ihrer Darbietung im Klaren sein.
3. Schüler sollten die Kriterien kennenlernen durch Beurteilung schlechter oder guter anonymer Werke oder Darbietungen.
4. Schüler bilden Dyaden, um eine gerade als schlecht beurteilte Arbeit zu verbessern.
5. Schüler schreiben einen Arbeitsbericht über eine Aufführung, die sie vorbereitet haben. Darin sollten Überlegungen enthalten sein über Probleme, die zwischendurch auftauchten und wie sie gelöst werden.
6. Die Schüler üben, Tests zu entwerfen mit den beabsichtigten Lernzielen und den Schlüsselbegriffen des Lernstoffs im Hinterkopf.
7. Schüler stellen und beantworten Fragen, von denen sie erwarten, dass sie im Test vorkommen; sie gehen dabei von ihrem Verständnis der Inhalte/Prozesse/Fertigkeiten aus, die sie lernen sollten.
8. Einige Tage vor dem Test diskutieren oder schreiben die Schüler die Antworten zu folgenden Fragen: «Warum schreibe ich diesen Test?» «Wer wird die Ergebnisse erfahren?» «Wie werden die Ergebnisse genutzt werden?» «Was ist Testen?» «Wie werde ich abschneiden?» «Was benötige ich, um mich darauf vorzubereiten?» «Mit wem könnte ich zusammenarbeiten?»
9. Der Lehrer gruppiert die Testaufgaben nach bestimmten Bereichen des Lernstoffes, dann bereitet er ein «Testanalyse-Diagramm» mit drei Kategorien vor: «Meine starken Seiten» «Einfache Fehler/Schnell Wiederholen» «Noch zu lernen». Nach Rückgabe des korrigierten Tests können Schüler anhand der richtigen Antworten ihre Stärken erkennen und sie in die entsprechende Kategorie einordnen. Die falschen Antworten können entweder in die «Einfache Fehler»- oder in die «Noch zu lernen»-Kategorie eingeordnet.
10. Schüler überprüfen ihre Sammlung von Werken über eine bestimmte Zeit hinweg und überlegen sich, was sie dazu gelernt haben. « Ich bin im Lesen besser geworden; ich habe immer ..., aber jetzt ...»
11. Schüler nehmen eine Sammlung von Selbstbeurteilungen vor, um ihre Lernergebnisse zusammenzufassen und Lernziele für die Zukunft festzulegen.
12. Schüler wählen aus und vermerken an ihren Werken, ob sie der Sammelmappe hinzugefügt werden sollten. ❱

Auszug aus: Woolfolk, A. (2008): Pädagogische Psychologie (10. Auflage). München: Pearson. (Original erschienen 2007: Educational psychology, 10th ed.) S. 697.

5 Portfolios anlegen lassen   *siehe Portfolio im Wiga*

Portfolios (Arbeits-, Sammelmappen) bieten vielfältige Möglichkeiten, Lernprozesse und Lernprodukte differenzierter zu erfassen und zu beurteilen sowie die Lernentwicklung positiv zu stimulieren. Anita Woolfolk (2008) gibt einige prüfenswerte Ideen für den Unterricht:

❮ Die Schüler sollten ihre Arbeiten für die Sammelmappe selbst aussuchen können.

Beispiele
1. Während einer Unterrichtseinheit sollten Sie die Schüler bitten, eigene Arbeiten nach bestimmten Kriterien auszuwählen, wie etwa «meine schwierigste Aufgabe», «meine beste Arbeit», «meine Arbeit mit dem grössten Lernfortschritt» oder «drei Ansätze zu».
2. Für die endgültige Ablieferung von Arbeiten sollten Schüler solche heraussuchen, die am besten ihre Lernfortschritte zeigen.

Eine Sammelmappe sollte zeigen, dass Schüler über sich selbst nachdenken und Selbstkritik üben.

Beispiele
1. Schüler sollten ihre Auswahl rechtfertigen.
2. Jeder Schüler sollte eine Leseranweisung für seine Sammelmappe schreiben, in der erklärt wird, welche Arbeiten Stärken oder Schwächen des Schülers widerspiegeln.
3. Schliessen Sie Selbst- oder Peerkritiken mit ein, die besonders angeben, was gut und was verbessert werden sollte.
4. Kritisieren Sie sich auch selbst, damit Schüler von Ihnen lernen können.

Die Sammelmappe sollte die Lernbemühungen des Schülers beinhalten.

Beispiele
1. Legen Sie eine repräsentative Auswahl an Projekten, schriftlichen Arbeiten, Zeichnungen usw. dazu.
2. Schüler sollten die ihnen bekannten Lernziele mit dem Inhalt ihrer Mappe in Beziehung setzen.

Die Sammelmappe kann unterschiedliche Funktionen zu verschiedenen Zeiten im Jahr erfüllen.

Beispiele
1. Früh im Schuljahr sind eher nur unfertige oder problematische Arbeiten in der Sammelmappe zu finden.
2. Am Ende vom Jahr enthält sie eher fertige Bestleistungen, die der Schüler vorzeigen möchte.

Sammelmappen sollten eine Entwicklung zeigen.

Beispiele
1. Schüler können eine Geschichte ihrer Fortschritte herstellen und auf entsprechende Fortschritte in bestimmte Richtungen hinweisen.
2. Fragen Sie Schüler auch nach Beschreibungen von ihren Aktivitäten ausserhalb der Schule, die Fortschritte anzeigen.

Vermitteln Sie Schülern, wie sie Sammelmappen anlegen und benutzen können.

Beispiele
1. Behalten Sie vorbildliche Arbeiten zurück als Beispiele, aber betonen Sie, dass jede Sammelmappe eine individuelle Darbietung darstellt.
2. Schauen Sie die Sammelmappen ihrer Schüler häufig durch, besonders zu Beginn des Schuljahres, wenn sich Schüler noch daran gewöhnen müssen. Geben Sie konstruktive Rückmeldungen. ❯

Wenn Sie mehr Ideen kennenlernen wollen, schauen Sie nach unter
http://www.elon.edu/students/portfolio/

Auszug aus: Woolfolk, A. (2008): Pädagogische Psychologie (10. Auflage). München: Pearson. (Original erschienen 2007: Educational psychology, 10th ed.). S. 691.

6 Grundlegendes Verständnis einschätzen

Beispiele für den Mathematikunterricht (6. Primarklasse)

1. Zahl und Variable

Schreibe die entsprechenden Zahlen in die Kästchen

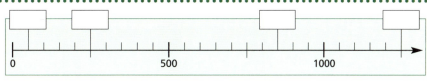

Lösung: 50, 250, 850, 1250

Charakteristik der Aufgabe
Der Zahlenstrahl dient in allen Klassen der Volksschule zur geordneten Darstellung von Zahlen und zur Illustration von Grössenordnungen. Im vorliegenden Zahlenstrahl muss zuerst die Schrittgrösse 50 bestimmt werden. Die gesuchten Zahlen werden gefunden, indem in 50er-Schritten gezählt und die entsprechenden Zahlen in die Kästchen notiert werden.

2. Grösse und Masse

Welche beiden Längen können etwa 1 Meter betragen?

A ☐ Länge eines Kugelschreibers	D ☐ Höhe eines Tisches
B ☐ Länge eines Autos	E ☐ Breite eines Zimmers
C ☐ Höhe einer A4-Seite	F ☐ Breite einer Matratze

Lösung: D und F

Charakteristik der Aufgabe
Tragfähige Vorstellungen zu den gebräuchlichen Masseinheiten sind wichtig für ein Verständnis zahlenhaltiger Texte oder für eine Diskussion über Gegenstände. Sie können getestet werden, indem zu einfachen Masszahlen Beispiele gesucht werden. Die Länge «1 m» kann etwa in Beziehung zur eigenen Körpergrösse oder zu einem grossen Schritt gebracht werden – und mit den einzelnen Items verglichen werden.

Auszug aus: Schweizerische Konferenz der kantonalen Erziehungsdirektoren EDK (2010). Basisstandards für die Mathematik. Unterlagen für den Anhörungsprozess. Bern: EDK.

7 Komplexe kognitive Leistungen erfassen

Wissen und Verständnis der Schülerinnen und Schüler über das naturwissenschaftliche Experimentieren lässt sich mit geeigneten Aufgabenstellungen erfassen. Multiple-Choice-Tests sind in Verruf geraten, nur einfaches Wissen zu testen. Prüfungsaufgaben für die im Unterricht geförderten höheren kognitiven Fähigkeiten zu entwerfen, ist eine zeitraubende und meist nur mit anderen lösbare Aufgabe. Ein Beispiel aus dem Biologieunterricht gibt Maike Ehmer:

Samenkeimung

Aufgabe 1

Jan macht ein Experiment zur Samenkeimung. Er verwendet dafür drei Töpfe mit Erde. Er sät in die Töpfe Bohnensamen aus und stellt sie ins Licht. Topf 1 und 3 werden gewässert, Topf 2 jedoch nicht. Ausserdem sorgt Jan bei Topf 1 und 2 für eine Temperatur von 22° C, bei Topf 3 sind es 10° C.

Topf 1	Topf 2	Topf 3
Erde/Wasser/ Licht/22°C	Erde/kein Wasser/ Licht/22°C	Erde/Wasser/ Licht/10°C

Warum macht Jan dieses Experiment?
A Weil er vermutet, dass Wärme und Licht für die Samenkeimung notwendig sind.
B Weil er vermutet, dass Wärme und Wasser für die Samenkeimung notwendig sind.
C Weil er die Samen dazu bringen will, schneller auszukeimen.
D Weil er vermutet, dass Wasser und Licht für die Samenkeimung notwendig sind.

Aufgabe 2

Laura möchte untersuchen, wie wichtig *Erde* und *Wärme* für die Samenkeimung sind. Sie vermutet, dass Samen Erde brauchen um zu keimen und dass sie Wärme brauchen um zu keimen.

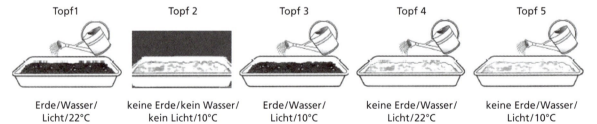

Topf1	Topf 2	Topf 3	Topf 4	Topf 5
Erde/Wasser/ Licht/22°C	keine Erde/kein Wasser/ kein Licht/10°C	Erde/Wasser/ Licht/10°C	keine Erde/Wasser/ Licht/22°C	keine Erde/Wasser/ Licht/10°C

Welche Töpfe muss Laura vergleichen, um ihre Vermutungen zu überprüfen?
A Topf 1, Topf 3, Topf 4 und Topf 5
B Topf 1, Topf 3 und Topf 4
C Topf 1 und Topf 5
D Topf 1 und Topf 2

Auszug aus: Ehmer, M. (2008): Förderung von kognitiven Fähigkeiten beim Experimentieren im Biologieunterricht der 6. Klasse: Eine Untersuchung zur Wirksamkeit von methodischem, epistemologischem und negativem Wissen. Kiel: Mathematisch-Naturwissenschaftliche Fakultät der Christian-Albrechts-Universität, Kiel. S. 200.

8 Aufgabensets für das Einschätzen einer Kompetenz verwenden

Beispiel Mathematik Ende 6. Schuljahr: Funktionale Zusammenhänge

Das Einschätzen einer *stabilen* Kompetenz erfordert *mehrere* Aufgaben auf demselben Niveau. Für eine zuverlässige Aufgabe müssen mindestens vier gleiche Aufgaben vorgelegt werden. Sie dürfen sich nur oberflächlich unterscheiden. Können nur Teile eines solchen Aufgabensets gelöst werden, so ist das Lernziel noch nicht erreicht.

Aufgabe 1

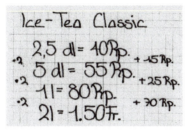

Madeleine hat sich die Discount-Preise für Ice-Tea Classic notiert.
Was meint sie mit den Zahlen links und rechts der Tabelle?
(×2 sowie + 15 Rp., + 25 Rp. und + 70 Rp.)

Lösung:
- Links wird das Volumen (der Inhalt, die Menge, dl oder ähnliche Angaben) verdoppelt, rechts wird der Preis (in Rp.) dazugezählt
- oder links wird verdoppelt, rechts nicht
- oder grössere Mengen sind günstiger
- oder ähnliche Formulierungen

Charakteristik der Aufgabe
Bei der Aufgabe geht es um die Interpretation einer Darstellung und nicht um das Erstellen einer eigenen Darstellung. Die dargestellten Informationen sind einfach und lassen sich auch ohne die Operatoren in der Abbildung herleiten.

Aufgabe 2

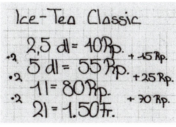

Du kaufst im Discount-Geschäft für die Geburtstagsparty 4l Ice-Tea ein.
Wie viel gibst du aufgrund der Notizen von Madeleine aus, wenn du möglichst günstig einkaufen willst?
Begründe!

Lösung: 3 Fr., mit Begründung zu Preis oder Packungsgrösse

Charakteristik der Aufgabe
Die Aufgabe fordert auf, eine Kaufentscheidung aufgrund von Preisvergleichen zu treffen und sie zu begründen. Die verschiedenen Packungsgrössen müssen dazu analysiert und verglichen werden.

Aufgabe 3

In einer Packung sind 500 g Hörnli. 6 Hörnli wiegen zusammen 1 g. Für eine Portion benötigt man 100 g trockene Hörnli. Eine gekochte Portion wiegt 300 g. Formuliere mit diesen Angaben eine «Hörnli-Aufgabe» und löse die Aufgabe.

Kriterium

Mindestens drei der folgenden vier Kriterien werden erfüllt:
– Eine Aufgabenstellung zu Hörnli wurde formuliert.
– Die Aufgabenstellung lässt sich mit den Angaben im Text lösen.
– Die Aufgabenstellung enthält mindestens eine Angabe aus dem Text.
– Die Lösung ist korrekt.

Charakteristik der Aufgabe

Das explizite Formulieren einer Aufgabe setzt voraus, dass sich die Lernenden in den vorliegenden funktionalen Kontext hineindenken und durch Ausprobieren einen geeigneten Zusammenhang finden. Das macht den explorierenden Charakter dieser Aufgabe aus.

Aufgabe 4

	kg	Fr.
1 kg Aprikosen kostet Fr. 5.–	1	5.–
0,5 kg kosten Fr. 2.50	0,5	2.50
Ergänze die drei fehlenden Preise!		
	5	_____
	5,5	_____
	4,5	_____

Lösung: Fr. 25.–, Fr. 27.50, Fr. 22.50; es werden drei richtige Ergebnisse erwartet.

Charakteristik der Aufgabe

Die Aufgabe verlangt das Ergänzen von Werttabellen. Dieses setzt das Verständnis sowohl multiplikativer (×10) als auch additiver (+ den Preis eines halben Kilos) Strukturen bei proportionalen Zusammenhängen voraus.

Auszug aus: Schweizerische Konferenz der kantonalen Erziehungsdirektoren (EDK) (2010). *Basisstandards für die Mathematik.* Unterlagen für den Anhörungsprozess. Bern: EDK.

9 Prüfungsaufgaben reflektieren

- Wird mit dieser Aufgabe etwas erfasst, das im Unterricht eine wichtige Rolle spielte? Entspricht die Aufgabe einem relevanten Lernziel der Lernsequenz?
- Wird mehr als nur Faktenwissen geprüft?
- Ist die Aufgabe einfach und unmissverständlich formuliert? Verstehen alle Schülerinnen und Schüler die Anweisungen?
- Wird ein wichtiges Lernziel durch verschiedene Aufgaben geprüft?
- Werden für unterschiedliche Anspruchsniveaus verschiedene Aufgabengruppen vorgelegt?
- Lassen sich die Aufgaben unterschiedlichen Anforderungsniveaus zuweisen?
- Sind alle wichtigen Inhalte der Lernsequenz berücksichtigt? Ist die Aufgabenstichprobe für die Lerninhalte gross genug und repräsentativ?
- Werden Musterlösungen für richtig/falsch im Voraus formuliert?
- Sind Antworten, die als falsch gelten, auch wirklich falsch und Lösungen, die als richtig gelten, auch wirklich korrekt?
- Können zu einem späteren Zeitpunkt analoge Aufgaben mit gleichem Schwierigkeitsgrad vorgelegt werden?
- Lassen sich die Aspekte identifizieren, die zu einer richtigen oder falschen Lösung bzw. Antwort führen?
- Werden Vor- und Nachteile verschiedener Formen von Testaufgaben ausgeglichen?

Zusammenstellung: Christoph Schmid

Kapitel 6   Zusammenwirken von Fremd- und Selbststeuerung

Dieses Kapitel geht der Frage nach, wie Lehrpersonen in Kenntnis verschiedener Lernarrangements ihren Unterricht planen und gestalten können. Dabei sollen alle zentralen Bildungsziele wirkungsvoll verfolgt werden. Je nach Bildungsziel, das im Zentrum steht, muss eine entsprechende Lernumgebung gestaltet werden. Dabei spielen sowohl Formen des angeleiteten, instruktionalen Lehrens, welches auf die Lernenden abgestimmt ist, eine wichtige Rolle, als auch Lernumgebungen, die Selbstständigkeit und Kooperation unter den Lernenden fordern und fördern.

Fremd- und selbstgesteuerte Lernanlagen müssen sinn- und wirkungsvoll über längere Zeit ineinandergreifen, so dass für alle Lernenden eine klare Struktur entsteht. Diese Struktur soll auch leistungsschwächeren Kindern und Jugendlichen Sicherheit geben. Eine solche längerfristig angelegte und ausbaubare Unterrichtskonzeption ermöglicht auch den Lehrpersonen den Aufwand überschaubar zu halten und Ziele über einen längeren Zeitraum zu verfolgen.

Begriffe wie «offener Unterricht», «Freiarbeit» usw. sind unscharf definiert. Es lohnt sich daher, genauer darüber nachzudenken, welches die Spielräume der Lernenden wirklich sind und wo sie mitbestimmen können und sollen, damit das Ziel der Selbstständigkeit nachhaltig verfolgt werden kann.

Realisierungschancen und Schritte in Richtung Öffnung des Unterrichts und innere Differenzierung werden beschrieben und mit Anschauungsbeispielen, Umsetzungshilfen und Erfahrungsberichten illustriert.

| Basics | Seite 269 | Texte | Seite 277 | Materialien | Seite 285 |

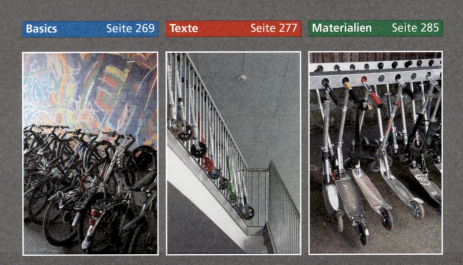

BARBARA ZUMSTEG

Verschiedene Bildungsziele erfordern unterschiedliche Unterrichtsmethoden

Anbindung an Ziele

In den beiden Bänden «Didaktisch handeln und denken» werden unterschiedliche Lernarrangements und Methoden beschrieben: Von Individualisierung zum kooperativen Lernen – und von stärker angeleitetem Lehren zu Formen des selbstständigen Lernens. Lehrpersonen, die ihren Unterricht längerfristig planen wollen, stehen immer wieder vor folgenden Fragen:

- Welche Lernarrangements eignen sich für welche Ziele?
- Wie kann eine Lehrperson ihren Unterricht über längere Zeit planen und die unterschiedlichen Ziele sowohl über längere Zeit verfolgen als auch miteinander in Verbindung bringen?
- Wie kann Unterricht schrittweise weiterentwickelt werden und eine zunehmende Öffnung in Richtung Selbststeuerung durch die Lernenden erreicht werden?

Schule und Unterricht verfolgen unterschiedliche Ziele: Inhaltliches Wissen, anwendungsfähiges Können, Lernkompetenzen, Sozialkompetenzen und Wertorientierungen.

Weinert (2000) hat mit Nachdruck darauf hingewiesen, dass unterschiedliche Bildungsziele ganz unterschiedliche Lehr- und Lernarrangements erfordern. Jegliche Monokultur, jegliche Verabsolutierung eines bestimmten Unterrichtsstils bezeichnet er deshalb als unangemessen. Er nennt fünf fundamentale Bildungsziele.

Erwerb intelligenten Wissens

1. Intelligentes Wissen zu erwerben ist gemäss Weinert die wichtigste Aufgabe des Bildungssystems. Es gibt keine herausragende Kompetenz auf anspruchsvollen Gebieten ohne ausreichendes inhaltliches Wissen. Mit intelligentem Wissen ist aber nicht nur reines Faktenwissen gemeint. Darunter wird auch ein wohlorganisiertes, disziplinär und interdisziplinär und lebenspraktisch vernetztes System von flexibel nutzbaren Fähigkeiten, Fertigkeiten, Kenntnissen und metakognitiven Fähigkeiten verstanden. Dieser Wissenserwerb muss in systematischer Weise erfolgen und verlangt die Verantwortlichkeit auf Seiten der Lehrperson. Er erfordert Unterrichtsmethoden, die zwar lehrergesteuert, aber schülerorientiert sind; d.h. die Lehrperson muss die Lernvoraussetzungen ihrer Schülerinnen und Schüler kennen und ihre Lernumgebung darauf aufbauen. Dabei hilft eine Kombination von instruktionalen und stärker selbstgesteuerten Trainings- und Vertiefungsphasen.

**Erwerb anwendungs-
fähigen Wissens**

2. Ein System von Wissen im Kopf zu haben, garantiert noch nicht dafür, dass dieses Wissen auch in unterschiedlichen Situationen angewendet werden kann. Schülerinnen und Schüler müssen gezielt lernen, ihr Wissen in unterschiedlichen Anwendungssituationen zu nutzen. Diese Anwendungssituationen haben ihre eigenen Regelhaftigkeiten, die in Verbindung gebracht werden müssen mit dem erworbenen Wissen. Dies wird erleichtert durch Projektunterricht, in dem sinnvolle, für die Kinder und Jugendlichen bedeutsame, komplexe und transdisziplinäre Probleme bearbeitet werden: vom Kindergarten bis zur letzten Klasse der Oberstufe.

**Erwerb von überfachlichen
Kompetenzen**

3. Wichtige Bildungsziele der Volksschule sind der Erwerb von methodischem Wissen und überfachlichen Kompetenzen, die in unterschiedlichen Fächern, Berufen und Tätigkeiten anwendbar sind und in verschiedenen Situationen zum Tragen kommen. Dazu gehören einerseits konkrete Kompetenzen wie beispielsweise der Erwerb von methodischem Wissen wie Informationen suchen und bewerten, der mündliche sprachliche Ausdruck, Fremdsprachenkompetenzen und Medienkompetenz. Andererseits gehören zu den überfachlichen Kompetenzen aber auch abstrakte Qualifikationen wie Selbstorganisation und Selbstregulierung. Diese Qualifikationen können nur aufgebaut werden, wenn Lernarrangements, angepasst an Alter und Vorwissen, diese Kompetenzen auch fordern. Es braucht also Formen, die Selbststeuerung bedingen wie z.B. Arbeit mit Lernplänen, Werkstätten, Dialogisches Lernen, Ateliers usw.

Erwerb des Lernens lernen

4. Schülerinnen und Schüler sollen im Verlauf ihrer Schulzeit lernen, wie sie selbstständig kompetent lernen können. Sie sollen Expertinnen und Experten ihres eigenen Lernens werden. Dieses Ziel bedingt Lernformen, bei denen die Schülerinnen und Schüler ihrem Entwicklungsstand und ihren Kenntnissen entsprechend über Inhalte, Ziele, Lernwege und Arbeitsformen mitbestimmen können. Weiter müssen die Lernprozesse selbst zum Gegenstand des Unterrichts werden durch Reflexionen über gemachte Lernschritte und durch den gezielten Einsatz von unterschiedlichen Lernstrategien. Dazu gehört Offenheit in mehreren Dimensionen. (vgl. S. 273 «Dimensionen offenen Unterrichts»)

**Erwerb sozialer Kompe-
tenzen**

5. Soziale Kompetenzen sind einerseits wichtig für die Teamarbeit, wie sie im heutigen Berufsleben gefordert wird. Andererseits ermöglicht Lernen in Gruppen auch eine vertiefte inhaltliche Auseinandersetzung, indem individuelle Konstruktionen ausgetauscht und verifiziert oder andere Perspektiven übernommen werden. Dies kann gestützt und gefördert werden durch Formen wie das Dialogische Lernen, kooperativen Lernformen, Klassenrat usw.

Es zeigt sich also, dass die Wahl von Lernarrangements von den angestrebten Zielen abhängig ist. Da alle oben aufgeführten Bildungsziele wichtige Ziele der Volksschule sind, ist Methodenpassung ein klarer Anspruch an guten Unterricht. Diese Vielfalt muss aber strukturiert und aufbauend im Rahmen einer Unterrichtskonzeption über längere Zeit erfolgen, wie dies im nächsten Abschnitt beschrieben wird.

Der Vielfalt Struktur geben

Struktur gibt Sicherheit

Die ganzheitlichen Bildungsziele müssen mit wirkungsvollen Lehr-Lernarrangements verbunden werden. Dabei stellt sich die Frage, wie die verschiedenen Unterrichtsformen über eine längere Zeiteinheit wirkungsvoll verbunden werden können.

In Anlehnung an Achermann (2009) kann eine solche Kombination beispielsweise mit vier Unterrichtsbausteinen gestaltet werden.

Unterrichtsbausteine

Thema

Lernen in der Klassengemeinschaft und in kleinen Gruppen an einem gemeinsamen Thema während mehrerer Wochen täglich oder mehrmals pro Woche. Hier arbeiten die Lehrpersonen im direkt geführten Unterricht mit allen Kindern an einem Thema aus der Lebenswelt der Kinder und ermöglichen anschliessend individuelle Vertiefung und Erweiterung. Überlegungen zu Findung von solchen Themen werden in Kapitel 2 ausführlich dargestellt.

Freie Tätigkeit

Lernen in kleinen Gruppen und allein durch selber gewählte Tätigkeiten. Hier forschen, lesen, gestalten, schreiben, bewegen und spielen, rechnen und musizieren Kinder nach ihren Interessen und Bedürfnissen. Je nach Kind täglich oder mehrmals pro Woche. Dies kann z.B. in Form von Ateliers, wie in Kapitel 4.3 beschrieben, gestaltet werden. Hier können aber auch Projekte (vgl. Kapitel 4.5) oder Werkstätten (vgl. Kapitel 4.1) ihren Platz finden.

Kurs

Bewusstes, systematisches Lernen und angeleitetes Üben und Reflektieren mit einer Lehrperson in einer lernstandsähnlichen Gruppe. Hier bauen Kinder systematisch Wissen und Können auf. Lehrpersonen setzen die Gruppen auf Zeit zielbezogen zusammen und leiten sie. Lehrpersonen lehren direkt, üben mit den Kindern und reflektieren mit ihnen Lernprozesse, Lernergebnisse und Arbeitsweisen. Während mehrerer Wochen ein- bis dreimal pro Woche. Hier können kooperative Lernformen, dialogisches Lernen (vgl. Kapitel 4.4) oder auch Werkstätten eingesetzt werden.

Training/Plan

Bewusstes individualisiertes Lernen und Üben allein, zu zweit oder in kleinen Gruppen an vorgegebenen Aufgaben. Jedes Kind bekommt spezifische Aufträge, die seinem Lern- und Entwicklungsstand entsprechen. Die Schülerinnen und Schüler arbeiten selbstständig, die Lehrperson berät und unterstützt individuell. Je nach Kind täglich oder mehrmals pro Woche. Dieser Unterrichtsbaustein hat eine enge Verwandtschaft mit verordneten Lernplänen wie in Kapitel 4.2 beschrieben.

Die folgende Wochenstrukturierung stellt eine mögliche Kombination von Unterrichtsbausteinen dar, die sich besonders gut in Grundstufe und Primarstufe umsetzen lässt.

Montag	Dienstag		Mitwoch	Donnerstag		Freitag	
Arbeit an einem Thema	Kurs	Training	Arbeit an einem Thema	Kurs	Training	Kurs	Training
Freie Tätigkeit	Arbeit an einem Thema		Freie Tätigkeit	Arbeit an einem Thema		Arbeit an einem Thema	
Kurs	Training	Sport	Sport				

Mittagspause

Montag		Dienstag	Mitwoch	Donnerstag	Freitag
Kurs	Training	Freie Tätigkeit		Freie Tätigkeit	Klassenrat

Abbildung 52: Mögliche Wochenstrukturierung für Kindergarten oder Primarstufe

Auf der Oberstufe kann eine Wochenstruktur beispielsweise so aussehen:

Montag	Dienstag	Mitwoch	Donnerstag	Freitag
Einstieg, Übersicht und Planung				
Kursorischer Fachunterricht				
Training				
	Individuelle Planarbeit			
				Präsentationen, Reflexion und Abschluss

Abbildung 53: Mögliche Wochenstrukturierung für Oberstufe

Individuelle Planarbeit

Individuelles Lernen allein oder in kleinen Gruppen. Auswahl aus vorgegebenen, eher offenen Lernangeboten oder Arbeit an selbst gewählten Zielen und Inhalten (auch freie Projekte möglich).

Kursorischer Fachunterricht

Lernen in der Klassengemeinschaft und in kleinen Gruppen an gemeinsamen Themen und Inhalten. Die Lehrpersonen strukturieren und leiten den Unterricht und ermöglichen anschliessend individuelle Vertiefung und Erweiterung.

Training

Gezieltes individualisiertes Lernen, Vertiefen und Üben allein oder zu zweit an vorgegebenen Inhalten (aus Fachunterricht) oder an selbst gesteckten Zielen (z.B. aufgrund des Stellwerktests und der Berufswahl).

Auf der Oberstufe ist die Zusammenarbeit der beteiligten Lehrpersonen unabdingbar, aber auch auf den anderen Stufen lässt sich der Aufwand durch gemeinsame Kooperation massiv reduzieren.

Neben der Anbindung an Ziele und der Unterrichtsstrukturierung spielt es auch eine Rolle, was die einzelnen Lernarrangements in der Umsetzung tatsächlich ermöglichen. Wie viel Offenheit besteht für die Lernenden in welchen Dimensionen? Im nächsten Abschnitt soll über den Grad der Offenheit nachgedacht werden.

Dimensionen offenen Unterrichts

Lehr-Lernarrangements wie Lernpläne, Ateliers, Werkstätten, Projektunterricht, die in diesem Band beschrieben sind, zählen in der gängigen Literatur zu Methoden des offenen Unterrichts. Der Begriff des offenen Unterrichts geht aber weit über die Frage nach der methodischen Gestaltung hinaus. Peschel (2009, S. 77) listet folgende grundlegende Dimensionen auf:

Organisatorische Öffnung	Bestimmung der Rahmenbedingungen: Raum / Zeit / Sozialformwahl usw.
Methodische Öffnung	Bestimmung des Lernweges auf Seiten der Lernenden
Inhaltliche Offenheit	Bestimmung des Lernweges innerhalb der offenen Lehrplanvorgaben
Auf Klassen- und Schulebene partizipative Offenheit	Bestimmung von Entscheidungen bzgl. der Klassenführung, der (langfristigen) Unterrichtsplanung, des konkreten Unterrichtsablaufes, gemeinsamer Vorgaben usw. Bestimmung des sozialen Miteinanders bzgl. der Rahmenbedingungen, dem Erstellen von Regeln und Regelstrukturen usw.
Persönliche Offenheit	Beziehung zwischen Lehrperson/Lernenden und den Lernenden untereinander

Auf der Grundlage dieser Dimensionen definiert Peschel offenen Unterricht folgendermassen: «Offener Unterricht gestattet es dem Schüler, sich unter Freigabe von Raum, Zeit und Sozialform Wissen und Können innerhalb eines ‹offenen Lehrplanes› an selbst gewählten Inhalten auf methodisch individuellem Weg anzueignen. Offener Unterricht zielt im sozialen Bereich auf eine möglichst hohe Mitbestimmung bzw. Mitverantwortung des Schülers bezüglich der Infrastruktur der Klasse, der Regelfindung innerhalb der Klassengemeinschaft sowie der gemeinsamen Gestaltung der Schulzeit ab.» (Peschel 2009, S. 78). Die Volksschule ist an die Lehrpläne gebunden. Diese sind oft offener als man denkt. Mitbestimmung und Mitverantwortung durch die Schülerinnen und Schüler lässt sich immer wieder realisieren, wie dies auch der Auftraggeber im Schulgesetz unter dem Begriff «Schülerpartizipation» einfordert.

Nach Peschel ist Unterricht dann offen, wenn Entscheidungen im methodisch-organisatorischen Bereich uneingeschränkt, im inhaltlichen Bereich lediglich begrenzt durch einen offenen Rahmenplan und im sozialen Bereich eingeschränkt freigegeben werden.

Die persönliche Offenheit im Sinne eines positiven Beziehungsklimas mit einem respektvollen Umgang zwischen allen Beteiligten ist grundlegend für jede Art von Unterricht, unabhängig vom jeweiligen Lehr-Lernarrangement.

Offenheit analysieren

Für die Analyse der Offenheit von Unterricht schlägt Peschel (2009) folgende Fragen vor:

- Inwieweit können die Lernenden Rahmenbedingungen ihrer Arbeit selber bestimmen? (organisatorische Dimension)
- Inwieweit können sie ihren eigenen Lernwegen folgen? (methodische Dimension)
- Inwieweit können sie über ihre Lerninhalte selber bestimmen? (inhaltliche Dimension)
- Inwieweit können sie in der Klasse über Regeln und Unterrichtsablauf mitbestimmen? (partizipative Dimension)
- Inwieweit besteht zwischen Lehrperson und Lernenden und unter den Lernenden ein positives Beziehungsklima? (persönliche Offenheit)

Mitbestimmung ist ausschlaggebend

Als «offener Unterricht» werden aktuell Konzepte bezeichnet, die eine Mitbestimmung der Schülerinnen und Schüler in inhaltlicher und partizipativer Hinsicht ermöglichen. Dieses Verständnis verweist auf den Begriff der Selbstbestimmung. Eine Beteiligung in organisatorischer und methodischer Hinsicht stellt eine Öffnung, jedoch keinen offenen Unterricht dar und verweist auf die Begriffe Selbstorganisation und Selbstregulierung.

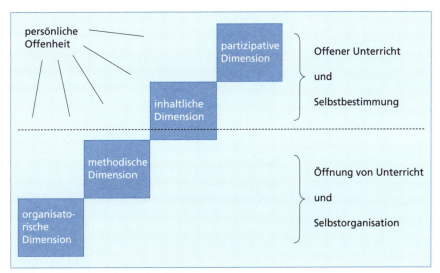

Abbildung 54: Dimensionen der Öffnung

Der ausschlaggebende Übergang von der Öffnung zur Offenheit ist in der inhaltlichen Dimension enthalten. Hier sind folgende Stufen denkbar:

1. Die Lehrperson gibt genau vor, welcher Schüler, welche Schülerin welches Thema, welche Aufgabe bearbeitet.
2. Die Schülerinnen und Schüler wählen ein Thema oder eine Aufgabe aus mehreren anspruchsvollen Angeboten aus.
3. Die Schülerinnen und Schüler bestimmen selbst ein Teilthema aus einem vorgegebenen Rahmenthema.
4. Die Schülerinnen und Schüler entscheiden frei, welches Thema sie bearbeiten.

Vor allem die Stufe 2 ist von grosser Bedeutung. Wenn das Angebot umfangreich und anspruchsvoll ist, geht es klar in Richtung Selbstbestimmung und damit zu offenem Unterricht. Im Materialienteil 1 finden sich verschiedene konkrete Unterrichtsszenarien, die sich mit obenstehendem Raster untersuchen lassen.

Auch die in diesem Band vorgestellten Lehr- Lernarrangements lassen sich mit Hilfe des Rasters analysieren, wobei aber immer die konkrete Umsetzung beachtet werden muss. So sind beispielsweise verordnete Lernpläne und Trainingswerkstätten oft nur in der organisatorischen Dimension offen, während das dialogische Lernen die methodische Dimension favorisiert. Hingegen können selbstbestimmte Lernpläne kombiniert mit Projekten und Klassenrat in allen Dimensionen eine grosse Offenheit erzeugen.

Es lohnt sich also, darüber nachzudenken, welche Unterrichtformen welche Dimensionen von Öffnung wirklich erreichen und wie Unterricht in Richtung Offenheit weiterentwickelt werden kann.

Offenheit bedeutet noch nicht Qualität

Dabei ist jedoch immer in Betracht zu ziehen, dass «Öffnung von Unterricht» allein noch kein Qualitätskriterium im Sinne eines guten und damit wirkungsvollen Unterrichts ist. Dazu müssen zusätzlich die Unterrichtsqualitätskriterien aus Kapitel 1 hinzugezogen werden.

Der Bildungsauftrag bedingt Offenheit

Unser Bildungsauftrag gemäss Schulgesetz und nach den Leitideen des Lehrplans lässt sich mit den Stichworten zusammenfassen:

- Kompetenz (Wissen, Fertigkeiten, Anwendung, Wissen zu lernen)
- Autonomiefähigkeit (Selbststeuerung und Selbstverantwortung)
- Kooperationsfähigkeit (Zusammenarbeit, Solidarität, Toleranz).

Autonomiefähigkeit und Kooperationsfähigkeit lassen sich nur erlernen, wenn Lernumgebungen Selbststeuerung und Kooperation verlangen. Das heisst, entsprechende Aufgabenstellungen müssen so gestaltet sein, dass sie ohne Selbststeuerung und ohne echte Kooperation nicht gelöst werden können – so gesehen ist Offenheit nicht nur wünschbar, sondern eine Voraussetzung.

Literatur

Achermann, E. (2009): Der Vielfalt Raum und Struktur geben. Unterricht mit Kindern von 4 bis 8. Bern: Schulverlag plus AG.

Bohl, Th. & Kucharz, D. (2010): Offener Unterricht heute. Konzeptionelle und didaktische Weiterentwicklung. Weinheim: Beltz.

Lipowsky, F. (2006): Auf den Lehrer kommt es an. Empirische Evidenzen für Zusammenhänge zwischen Lehrerkompetenzen, Lehrerhandeln und dem Lernen der Schüler. Zeitschrift für Pädagogik, 51, S. 47–65.

Peschel, F. (2009): Offener Unterricht. Idee – Realität – Perspektive und ein praxiserprobtes Konzept zur Diskussion. Teil 1: Allgemeindidaktische Überlegungen. Hohengehren: Schneider.

Weinert, F. E. (2000): Lehren und Lernen für die Zukunft – Ansprüche an das Lernen in der Schule. Vortragsveranstaltungen mit Prof. Dr. Franz E. Weinert, Max-Planck-Institut für psychologische Forschung, gehalten am 29. März 2000 im Pädagogischen Zentrum in Bad Kreuznach.

1 Binnendifferenzierung – eine Utopie?

Pädagogischer Anspruch, didaktisches Handwerk, Realisierungschancen

In seinem Text zu Binnendifferenzierung geht Hans Werner Heymann der Frage nach, wie Unterricht den sehr unterschiedlichen Begabungen, Lernbedürfnissen und Interessen auf Seiten der Lernenden gerecht werden kann, ohne die Lehrenden zu überfordern. Er klärt Binnendifferenzierung begrifflich und formuliert realistische Erwartungen.

❰ Warum ist Binnendifferenzierung für viele Lehrerinnen und Lehrer ein Reizwort? Handelt es sich dabei um einen in der Praxis kaum einlösbaren Anspruch? Wie kann Unterricht sehr unterschiedlichen Begabungen, Lernbedürfnissen und Interessen auf Seiten der Schüler gerecht werden, ohne die Lehrenden hoffnungslos zu überfordern? Ein Versuch, begrifflich zu klären und Erwartungen realistisch zurechtzurücken.

Ein Blick 15 Jahre zurück: Was hat sich geändert?

Im Jahre 1995 habe ich eine Stichprobe praktizierender Lehrerinnen und Lehrer befragt, wie sie es in ihrem eigenen Unterricht mit Binnendifferenzierung halten. Dabei handelte es sich durchweg um engagierte Vertreter ihres Berufs, die sich freiwillig zur Teilnahme an dieser Befragung bereit erklärt hatten. Die Ergebnisse – wenn sie auch nicht als statistisch repräsentativ gelten können – erhellten blitzlichtartig überwiegend skeptische, im Einzelfall allerdings stark voneinander abweichende Einstellungen zur inneren Differenzierung; zudem spiegelten sie sehr unterschiedliche Praxen wider, sowohl zwischen als auch innerhalb der gängigen Schultypen.

«Innere Differenzierung gibt es nicht, ausser in den Köpfen von Hochschullehrern» – so die Aussage eines Gesamtschullehrers, Inhaber einer Funktionsstelle als Didaktischer Leiter. Eine Klassenlehrerin von gymnasialen Fünftklässlern äusserte sich: «Für innere Differenzierung sehe ich keine Notwendigkeit. Ich will doch die Unterschiede zwischen den Kindern nicht noch vergrössern, die sollen am Gymnasium doch alle das Gleiche lernen!» Eine Realschullehrerin gab als Grund für ihre Ablehnung binnendifferenzierender Massnahmen an: «Ich hoffe, ich sag das für viele: Die Angst des Lehrers, den grossen Zügel zu verlieren, ist wahrscheinlich unendlich gross!»

Natürlich gab es auch andere Stimmen – vornehmlich von Grund- und Hauptschullehrpersonen, teilweise auch von Lehrern an Schulen mit besonderem pädagogischem Anspruch, wie etwa der Bielefelder Laborschule. Mit aller Vorsicht habe ich die damals erhaltenen Informationen zu folgendem Gesamtbild verdichtet:

- An vielen Grundschulen finden sich Unterrichtsphasen mit Binnendifferenzierung als gängige Praxis. Dabei wird häufig auf Formen «Freier Arbeit», u.a. auf Tagesplan- oder Wochenplanarbeit zurückgegriffen. Die Lehrerinnen, die dies praktizieren, kennen diese Verfahren nur selten aus ihrer akademischen Ausbildung, eher aus praxisorientiert gestalteten Lehrerfortbildungsveranstaltungen und durch den Erfahrungsaustausch mit Kolleginnen.
- An Realschulen und Gymnasien ist Binnendifferenzierung die grosse Ausnahme; gegenüber freien Arbeitsformen gar herrscht tiefe Skepsis.

- An Haupt- und Gesamtschulen ist das Bild uneinheitlich: Häufig wendet man sich erst unter äusserem Problemdruck, wenn alle herkömmlichen Mittel der Motivierung und Disziplinierung nicht mehr greifen, von einem durchgängig gleichschrittigen Unterricht ab und experimentiert mit binnendifferenzierenden Verfahren.
- Die Lehrerinnen und Lehrer, die Binnendifferenzierung praktizieren, berichten einerseits zwar über erhöhte Arbeitsbelastung, andererseits aber auch mehrheitlich über grössere Zufriedenheit – bei den Schülern und in der Folge bei sich selbst. Als hinderlich werden empfunden: zu grosse Klassen, Zeitnot, üblicher 45-Minuten-Takt, zu wenig Austausch und Unterstützung von aussen. Aussrdem werden fach- und themenspezifische Unterschiede gesehen.

Zweierlei hat sich seit 1995 allerdings geändert, weniger die Praxis als die Rahmenbedingungen betreffend:

1. Es gibt – ausgelöst durch PISA in unserer Gesellschaft eine neue bildungspolitische Debatte: einerseits generell über die Leistungen unserer Schulabgänger, andererseits speziell über soziale Benachteiligungen im deutschen Bildungssystem (mit besonderem Fokus auf Kinder und Jugendliche mit Migrationshintergrund). Eine Folge ist, dass der «individuellen Förderung» ein hoher Stellenwert beigemessen wird bis hin zur expliziten Verankerung in den Schulgesetzen der Länder und den Vereinbarungen der Kultusministerkonferenz.
2. Was die praktischen Möglichkeiten methodischer «Instrumentierung» von Binnendifferenzierung angeht, gibt es eine Reihe neuer Konzepte, die es erlauben, Einzelmethoden sinnvoll aufeinander zu beziehen und für Binnendifferenzierung und individuelle Förderung im Unterricht fruchtbar zu machen – ein Beispiel dafür ist etwa das Konzept des «Kooperativen Lernens».

Vor allem auf Punkt zwei werde ich noch genauer eingehen. Um für die nachfolgenden Überlegungen eine tragfähige Basis zu schaffen, nehme ich zunächst eine begriffliche Klärung des oft diffus verwendeten Begriffs der Binnendifferenzierung vor.

Der Begriff «Binnendifferenzierung» (synonym: «Innere Differenzierung») hat eine *deskriptive* und eine *normative* Komponente. Beide Bedeutungsebenen sind für die begriffliche Klärung zu berücksichtigen.

Deskriptiv fungiert «Binnendifferenzierung» als ein Sammelbegriff für alle didaktischen, methodischen und organisatorischen Massnahmen, die im Unterricht innerhalb einer Schulklasse (allgemeiner: einer Lerngemeinschaft) getroffen werden können, um der Unterschiedlichkeit der Schüler – vor allem im Blick auf ihre optimale individuelle Förderung – gerecht zu werden. Genauer noch müsste man sagen: um ihrer Unterschiedlichkeit besser gerecht zu werden als in einem vorwiegend gleichschrittigen, tendenziell «uniformierenden» Unterricht. Uniformierend in diesem Sinne können übrigens nicht nur die üblichen frontalunterrichtlichen Phasen sein, sondern auch Einzel- oder Gruppenarbeitsphasen mit undifferenzierten, für alle Schüler gleichen bzw. wenig individuelle Spielräume eröffnenden Aufgabenstellungen.

Binnendifferenzierung ist damit weder eine Unterrichtsmethode (bzw. Sozialform) – wie etwa «Lehrervortrag», «fragend-entwickelndes Unterrichtsgespräch» oder «Gruppenarbeit» – noch ein Unterrichtskonzept – wie etwa «handlungsorientierter Unterricht», «forschend-entdeckender Unterricht» oder «kooperatives Lernen».

Normativ ist Binnendifferenzierung als Unterrichts*prinzip* zu verstehen, das fall- und situationsbezogen didaktisch und methodisch zu instrumentieren ist. Als Appell für Lehrer könnte man dieses Prinzip etwa so formulieren: *Gestalte deinen Unterrrricht so, dass er möglichst vielen deiner unterschiedlichen Schüler für ihr Lernen geeignete Zugänge bietet!*

Im Blick auf die didaktisch-methodische Gestaltung des Unterrichts wird durch die vorgeschlagene Arbeitsdefinition noch nichts vorab festgelegt. Binnendifferenzierung ist nicht zwangsläufig an bestimmte Methoden, Sozialformen und Unterrichtskonzepte gebunden; sogar ein Lehrervortrag kann Differenzierungsqualitäten aufweisen, wenn nämlich die thematisierten Gegenstände so vielperspektivisch, facettenreich und bildhaft dargeboten werden, dass sich für unterschiedliche Schüler ganz unterschiedliche Zugänge anbieten. Umgekehrt tritt Binnendifferenzierung nicht automatisch ein, wenn Frontalunterricht durch Gruppen- oder Einzelarbeit ersetzt wird. Das in der obigen Arbeitsdefinition zum Ausdruck kommende Verständnis von Binnendifferenzierung öffnet den Weg dafür, die bei Lehrern so verbreiteten Überforderungskonnotationen durch eine realistischere Perspektive abzulösen: Wenn mir etwas an Binnendifferenzierung liegt, muss ich nicht von heute auf morgen alles anders machen, sondern ich kann mich ihr auch in kleinen Schritten nähern.

Das Spektrum der Unterschiede, die man als Lehrer mittels binnendifferenzierender Massnahmen bedienen könnte, ist enorm breit. Im schlichtesten Fall reagiert man zunächst auf unübersehbare Leistungsunterschiede – in einem Fach oder einem konkreten Stoffgebiet: Ayla fällt das Lösen von linearen Gleichungen anscheinend leichter als Tobias, Rebecca hat einen viel grösseren Englisch-Vokabelschatz als Maria ... Eine naheliegende Frage wäre dann: Wie kann ich meinen Unterricht so gestalten, dass Tobias bzw. Maria nicht überfordert sind, sondern ihre (vergleichsweise geringen) Kompetenzen ausbauen können – und so, dass zugleich Ayla bzw. Rebecca ihre (vergleichsweise gut entwickelten) Kompetenzen einbringen können und sich nicht gelangweilt fühlen? Ein weitergehendes Ziel wäre, genauer herausfinden, wo die Schwächen von Tobias, Maria und anderen liegen – hier ist also von mir als Lehrer gefordert, was man seit einigen Jahren «Diagnosekompetenz» nennt. Und im Idealfall würde ich dann Angebote machen, die auf ganz unterschiedliche Begabungen, Fähigkeiten und Intelligenzen zugeschnitten sind, ich würde unterschiedliche Interessen berücksichtigen und entsprechende Wahlmöglichkeiten einräumen, ich würde für unterschiedliche Kinder und Jugendliche unterschiedliche Förderschwerpunkte festlegen und ihnen unterschiedliche Ziele setzen, die sie ganz individuell erreichen können.

Spätestens an diesem Punkt gerate ich als Lehrer in eine Überforderungsfalle. Wenn ich mehrere Klassen mit 20 bis über 30 Schülern zu unterrichten habe, wird es mir nur in Ausnahmefällen gelingen, auf jeden Einzelnen derart intensiv individuell einzugehen und mit meinem Unterricht seinem ganz spezifischen Bedarf gerecht zu werden. Die skizzierte *Falle* ergibt sich u.a. aus einer verabsolutierten Übertragung des «Diagnose-Behandlungs-Modells», das in medizinischen und psychologischen Zusammenhängen durchaus sinnvoll ist, auf pädagogisches Handeln: Wenn sich jemand krank fühlt oder Symptome zeigt, die auf eine Krankheit hinweisen, sollte sehr sorgfältig nach den Ursachen geforscht werden (Diagnose), bevor mit einer Behandlung (Therapie) begonnen wird. Auch in pädagogischen Beratungssituationen ist ein solches Vorgehen im Prinzip sinnvoll. Doch das Diagnose-Behandlungs-Modell versagt (bzw. führt zur heillosen Überforderung der Lehrpersonen), wenn es als Standard-Modell für Binnendifferenzierung, d.h.

für individuelle Förderung im Unterricht zugrunde gelegt wird (vgl. Heymann 2009, S.6ff.).

Wie aber kann man dem aufgezeigten Dilemma entgehen, ohne den Anspruch auf individuelle Förderung durch Binnendifferenzierung preiszugeben?

Geschlossene und offene Formen von Binnendifferenzierung

Um den Möglichkeitsraum für binnendifferenzierendes Lehrerhandeln realistisch zu erweitern, ist es hilfreich, zwischen mehr «geschlossenen» und mehr «offenen» Formen der Binnendifferenzierung zu unterscheiden: Jede konkrete Massnahme, die der Binnendifferenzierung dient, lässt sich idealtypisch auf einer Skala mit den Polen *Geschlossenheit* und *Offenheit* einordnen.

Dass man individuellen Voraussetzungen, Begabungen, Kompetenzen, Eigenarten, Interessen, Stärken und Schwächen der Schüler gerecht zu werden versucht, ist beiden Formen gemeinsam.

Und was ist der Unterschied? Im Falle «geschlossener» Differenzierungsformen wird das angestrebte Ziel dadurch zu erreichen gesucht, dass man den Schülern, auf der Basis eines vorgegebenen («geschlossenen») Curriculums, individuelle Lernwege zuweist. Die Zuweisung erfolgt möglichst auf der Grundlage einer individuellen Diagnose; Kriterium ist hier zumeist die kognitive Leistung des Schülers auf dem vorangehenden Lernwegabschnitt – weitere Kriterien können zusätzlich mit einbezogen werden.

Im Falle «offener» Differenzierungsformen strebt man an, die Schüler in einer adaptiven, anregungsreichen Lernumgebung, aber innerhalb eines klaren Rahmens – der etwa durch verabredete Regeln, Arbeitsaufträge und Aufgabenstellungen abgesteckt wird – ihre individuellen Lernwege selbst finden zu lassen. Der Lernweg des Einzelnen ergibt sich, unter aktiver Mitbestimmung des Lernenden und im Austausch mit anderen, im Prozess selbst.

Selbstverständlich wird man in der Praxis häufig Mischformen finden, die sich zwischen den beiden Idealtypen ansiedeln lassen. Das oben kritisierte Diagnose-Behandlungs-Modell ist auf unserer hypothetischen Skala am Pol *Geschlossenheit* anzusiedeln. Es setzt streng genommen Curricula voraus, in denen die zu erreichenden Lernziele für jeden Schülertyp und jede Begabungsausprägung ausformuliert sind. Die Grundvorstellung dabei ist, etwas vereinfachend formuliert, jedem Schüler das für ihn optimale Curriculum, den auf ihn passenden Lernweg von aussen zuzuweisen. Die Verantwortung dafür, dass jeder Schüler seinen idealen Lernweg durchläuft, liegt beim Lehrer.

Im Falle offener Differenzierungsformen verzichtet der Lehrer ein Stück weit auf die Kontrolle der individuellen Lernwege. Stattdessen kümmert er sich um die Bereitstellung einer Lernumgebung, die so reichhaltig ist, dass jeder Schüler etwas in ihr findet, das zu ihm passt, an das er anknüpfen kann. Unter der Voraussetzung, dass der Schüler prinzipiell daran interessiert ist, etwas für ihn Wichtiges zu lernen (leider ist diese Voraussetzung keineswegs immer erfüllt – darauf gehe ich noch ein!), kann der Lehrer dann auch einen grossen Teil der Verantwortung für das Gelingen des Lernens an die Schüler delegieren. Hinter der Konzeption der offenen Binnendifferenzierung steht nicht zuletzt die Idee, in das schulische Lernen wieder etwas von dem «natürlichen», nichtinstitutionalisierten Lernen hineinzuholen, das von Kindern ausserhalb der Schule ganz selbstverständlich, ohne viel Reflexion und meist sehr erfolgreich praktiziert wird.

In zweierlei Hinsicht sind offene Differenzierungsformen anspruchsvoller als geschlossene:

1. Die geforderte Selbständigkeit des Arbeitens ist für die Schüler zunächst ungewohnt und steht zu ihren Erfahrungen mit herkömmlichen Unterrichtsformen im Widerspruch. Offene Differenzierungsformen bedürfen einer langfristig zu entwickelnden Lern- und Unterrichtskultur und einer Methodenkompetenz auf Schülerseite, die sich nicht von heute auf morgen einstellen kann.
2. Von den Lehrern verlangen offene Differenzierungsformen ein anderes Rollenverständnis; die Rolle des Wissensvermittlers und Belehrers tritt in den Hintergrund gegenüber der Rolle des Beraters und Ermutigers sowie des Organisators und Strukturierers von anregungsreichen Lernumgebungen. Diese Tätigkeiten verlangen ausser pädagogischem Einfühlungsvermögen, didaktischer Sensibilität und methodischem Geschick auch persönliche Merkmale wie Offenheit und Mut, und sie lassen sich zweifellos besser im Team als im Alleingang bewältigen.

Leitlinien und Umsetzungsmöglichkeiten

Generell kommt es bei innerer Differenzierung darauf an, die unterschiedlichen Ausgangskompetenzen, das Lernvermögen, die Lernbereitschaft (Motivation) und die Verstehensprozesse der Schüler realistisch einzuschätzen (diagnostische Kompetenz im weitesten Sinne) sowie Aufgabenstellungen, Fragen und Unterrichtsmassnahmen auf die unterschiedlichen Lernvoraussetzungen und -bedürfnisse der Schüler möglichst passend abzustimmen (didaktisch-methodische Kompetenzen). Diagnosen in diesem Sinne sind dabei weniger als *Feststellungen* zu betrachten denn als prozessbegleitende, im Prozessverlauf durchaus korrigierbare Einschätzungen. Je mehr die Binnendifferenzierung dem «offenen» Typus entspricht, desto weniger notwendig sind Diagnosen im klassischen Sinne, und desto bedeutsamer wird die vom Lehrer einfühlsam begleitete Selbstregulation der Schüler. Eine wichtige Leitlinie für einen eher offen gestalteten binnendifferenzierenden Unterricht ist es, unterschiedliche Lernwege zuzulassen bzw. anzuregen. Dazu gehört im Einzelnen:

• Aufgaben so gestalten, dass unterschiedliche Bearbeitungswege und Lösungsniveaus möglich sind;
• Aufgaben so stellen, dass die Potenziale von Lerngruppen genutzt werden können – im Sinne wechselseitiger Unterstützung und Ergänzung;
• Lernumgebungen durch eine Vielfalt (nicht: Überfülle) von Arbeitsmaterialien, Lernwerkzeugen und Hilfen anregend gestalten;
• durch Methodenwechsel unterschiedlichen Bedürfnissen und Ansprechbarkeiten gerecht werden; insbesondere Methoden aus dem Fundus des «Kooperativen Lernens» bieten Spielräume, die sich differenzierungsfreundlich nutzen lassen.

Weitere beachtenswerte Gesichtspunkte sind die folgenden:
• Der Orientierung an individuellen Bezugsnormen muss gegenüber der üblichen an sozialen und sachlichen Bezugsnormen besondere Aufmerksamkeit geschenkt werden; der Unterricht sollte möglichst so angelegt sein, dass jeder Schüler seine Lernfortschritte kontinuierlich erfahren kann. Vom Einzelnen wird dabei oft als sehr hilfreich erlebt, wenn die Mitschüler regelmässig faires Feedback geben (was natürlich geübt werden muss).
• Zusammen mit ihren Methodenkompetenzen sind die Selbsteinschätzungskompetenzen der Schüler zu entwickeln – eine Voraussetzung dafür, dass sie zumindest ansatzweise Verantwortung für den eigenen Lernprozess übernehmen können.

- Ein individuell fördernder Unterricht setzt einen Wechsel der Blickrichtung voraus. Im Vordergrund steht nicht mehr die Frage: «Welcher Stoff ist laut Lehrplan dran?», sondern in Anbetracht angestrebter und in den Lehrplänen ausgewiesener Kompetenzen: «Was braucht der/die Einzelne?». Besonderes Augenmerk ist darauf zu richten, beim Eindringen in neue Gebiete für jeden Einzelnen die Anfänge zu sichern und Lücken, wo sie erkennbar werden, rasch zu schliessen.

Zwei Anregungen, wo sich mit Binnendifferenzierung beginnen lässt:
- Alle projektartigen Aktivitäten bieten vorzügliche Möglichkeiten, in (vorwiegend offene) Binnendifferenzierung einzusteigen: von der Planung und Durchführung naturwissenschaftlicher Beobachtungsreihen über die Vorbereitung einer Theateraufführung im Deutschunterricht bis hin zu ökologischen oder kommunalpolitischen Initiativen.
- Wenn im fragend-entwickelnden Unterrichtsgespräch die Schüler nicht in erster Linie als zufällige Repräsentanten der gesamten Lerngruppe und als Informanten über einen unterstellten kollektiven Lernstand angesprochen werden, sondern als individuelle Schülerpersönlichkeiten mit Stärken und Schwächen, die dem Lehrer bewusst sind, kann auch einem solchen Unterrichtsgespräch Differenzierungsqualität zugesprochen werden.

Abschliessend noch der Hinweis auf ein Faktum, das man nicht aus dem Blick verlieren sollte – und sei es nur, um sich gegen unumgängliche Enttäuschungen zu wappnen:

Kein Schüler kann durch Binnendifferenzierung gefördert werden, der nicht von sich aus bereit ist, sich auf ein entsprechendes Angebot einzulassen und aktiv mitzuarbeiten. Gewiss lässt sich von Lehrerseite einiges dafür tun: Schüler werden sich eher auf individuelle Unterstützungsangebote einlassen, wenn sie eine persönliche Wertschätzung durch den Lehrer erkennen können, wenn die Beziehung zu ihm von wechselseitigem Vertrauen getragen ist, wenn es eine gute Passung zwischen Angebot, tatsächlichem Förderbedarf und den Möglichkeiten des Schülers gibt, und wenn der Schüler ehrlich daran interessiert ist, etwas zu lernen und Fortschritte zu machen. Doch eine Garantie bietet das alles nicht.

Was deutlich geworden sein sollte: Bei Binnendifferenzierung geht es nicht um «alles oder nichts». Jede Lehrerin und jeder Lehrer kann, wenn an der grundsätzlichen Notwendigkeit der Binnendifferenzierung kein Zweifel besteht, mit kleinen Schritten beginnen. ❭

Auszug aus: Heymann H.W. (2010): Binnendifferenzierung – eine Utopie? Pädagogischer Anspruch, didaktisches Handwerk, Realisierungschancen. In: Zeitschrift PÄDAGOGIK, Heft 11/2010 Weinheim: Beltz, S. 6–11.
Der Beitrag ist ein leicht gekürzter Nachdruck eines Textes, der zuerst in der Zeitschrift PÄDAGOGIK erschienen ist. Dabei handelt es sich um die Einführung in einen Schwerpunkt mit sieben Beiträgen zum Thema «Binnendifferenzierung konkret», in denen binnendifferenziertes Arbeiten mit Erfahrungsberichten ausdifferenziert wird.
Das Heft ist zum Preis von € 6.50,– zu beziehen bei: Pädagogische Beiträge Verlag. Rothenbaumchaussee 11. 20148 Hamburg oder per Mail bei paedagogik-einzelheft@web.de <http://web.de>
Wir danken dem Pädagogische Beiträge Verlag für die Nachdruckgenehmigung.

Kommentierte Literaturhinweise

Achermann, Edwin

Der Vielfalt Raum und Struktur geben. Unterricht mit Kindern von 4 bis 8. Bern: Schulverlag plus AG (2009)
Edwin Achermann zeigt in seinem Buch auf, wie Lehrpersonen der Heterogenität der Kinder Raum geben und sie für die Entwicklung und das Lernen der Kinder nutzbar machen können. Er beschreibt, wie Strukturen es den Lehrpersonen erleichtern, auf die Interessen, Lernweisen und Entwicklungsstände der Kinder einzugehen. Theoriegestützte Begründungen und erprobte Praxisumsetzungen geben Orientierungshilfen, wie der Unterricht in einer Grundstufe oder in Primarstufenklassen geplant und gestaltet werden kann. Eine integrierte DVD zeigt Einblicke in den konkreten Unterrichtsalltag von zwei Klassen. Speziell geeignet für Kindergarten- und Primarlehrpersonen.

Achermann, Edwin

Unterricht gemeinsam machen. Ein neues Modell für den Umgang mit Heterogenität Bern: Schulverlag plus AG (2007, 2. Auflage).
Im Modell für den erfolgreichen Umgang mit Heterogenität begegnen die Lehrpersonen den Schülerinnen und Schülern mit einer Pädagogik der Vielfalt, gestalten den Unterricht auf der Basis eines kognitiv-konstruktivistischen Lernverständnisses und arbeiten in Unterrichtsteams zusammen. Das fiktive Fallbeispiel Schulhaus Moos illustriert u.a. den Unterricht, die Unterrichtsorganisation und -planung im Team. Der Theorieteil beschreibt die lerntheoretischen und pädagogischen Grundlagen.

Bohl, Thorsten &
Kucharz, Diemut

Offener Unterricht heute. Konzeptionelle und didaktische Weiterentwicklung. Weinheim: Beltz (2010).
Die beiden Autoren zeigen, wie offener Unterricht heute aussehen kann: offen ergänzend als Alternative zum stärker angeleiteten Lehren. Sie tragen neueste empirische und theoretische Erkenntnisse aus verschiedenen Disziplinen zusammen und beschreiben deren Konsequenzen für eine Weiterentwicklung des offenen Unterrichts. Auf der Basis von Forschungsbefunden werden praxistaugliche Vorschläge für einen qualitativ hochwertigen Unterricht vorgestellt. Ein unabdingbares Grundlagenwerk für alle Stufen.

Bönsch, Manfred

Selbstgesteuertes Lernen in der Schule. Braunschweig: Westermann (2006).
In diesem Buch wird eine systematische Begründung für selbstgesteuertes Lernen gegeben. Praxisberichte aus verschiedenen Stufen und Fächern illustrieren die Vielfalt der Gestaltungsmöglichkeiten von Lernumgebungen, die Offenheit und Differenzierung beinhalten.

Berlinger, Donatus /
Birri, Thomas /
Zumsteg, Barbara

Vom Lernen zum Lehren. Ansätze für eine theoriegeleitete Praxis. Bern: hep (2006).
Die Publikation beschreibt die Zusammenhänge zwischen theoretischem Wissen und dem Handeln von Lehrpersonen. Bedingungen für die Professionalisierung im Lehrberuf sind die Explizierung der eigenen subjektiven Theorien und die Anreicherung mit handlungsrelevanten Theorien aus der Wissenschaft. Wichtige theoretische Erkenntnisse zu Lehren und Lernen werden in diesem Buch kompakt und verständlich dargestellt und mit Praxisumsetzungen illustriert. Mit diesem Hintergrund können Lehrpersonen ihr Praxishandeln in Bezug auf die Balance von Instruktion und Konstruktion begründet planen, erklären, reflektieren und weiterentwickeln.

1 Unterrichtssituationen in Bezug auf Offenheit einordnen

In diesem Materialienteil befinden sich Beschreibungen von unterschiedlichen Unterrichtsszenarien. Alle stammen aus beobachtetem Unterricht oder sind der Literatur entnommene Darstellungen.

Versuchen Sie diese Unterrichtsszenarien in Bezug auf die Dimensionen der Öffnung von Unterricht, wie im Basicteil beschrieben, zu analysieren. Beachten Sie dabei, dass diese Dimensionen alleine noch keine Qualität im Sinne eines guten oder wirksamen Unterrichts beinhalten. Diese Unterrichtsbeispiele dienen also nicht der qualitativen Bewertung eines Unterrichts, sondern der Veranschaulichung der Dimensionen der Öffnung und der Schärfung des Begriffs. Die Beurteilung der Qualität des Unterrichts müsste jeweils im Einzelfall anhand von Gütekriterien wie z.B. derjenigen in Kapitel 1 vorgestellten von Andreas Helmke erfolgen.

Falls Sie Ihre Analyse mit einer Experteneinschätzung vergleichen wollen, finden Sie eine solche in: Bohl Th. & Kucharz D. (2010): Offener Unterricht heute. Konzeptionelle und didaktische Weiterentwicklung. Weinheim: Beltz, S. 20–25.

Unterrichtsszenario 1

Mittwochvormittag, 9 Uhr: In der jahrgangsgemischten Regenbogenklasse herrscht geschäftiges Treiben. Die sechs-, sieben- und achtjährigen Kinder sind mit verschiedenen Aufgaben beschäftigt. An der Tafel steht ein Tagesplan mit Pflicht- und Wahlaufgaben zu den Lernbereichen Lesen, Schreiben und Rechnen. Auf den ersten Blick ist nur schwer zu erkennen, welche Kinder im regulären Jahrgangsunterricht der ersten oder aber der zweiten Klasse zugeordnet würden. Alle Kinder arbeiten an unterschiedlichen Aufgaben, und jedes Kind weiss, was zu tun ist. Die Lehrerin sitzt etwas abseits mit einem kleinen Notizblock auf den Knien, schaut den Kindern zu und schreibt von Zeit zu Zeit etwas auf. Auf Nachfrage erklärt sie, dass sie die Übungsphasen nutze, um einzelne Kinder zu beobachten. Sie berichtet weiter, dass die individuellen Lernpläne für die einzelnen Kinder ein Produkt ihrer Beobachtungen und Gespräche mit den verschiedenen Schülerinnen und Schülern der Klasse seien. Gerade der Blick auf das einzelne Kind, auf seinen individuellen Arbeitsprozess und sein Arbeits- und Sozialverhalten gebe ihr wichtige Hinweise für die Auswahl neuer Aufgaben und Materialien.

Unterrichtsszenario 2

In diesem Szenario werden in Stamm- und Expertengruppen zentrale Aspekte des Themas «Französische Revolution» vorbereitet. Zunächst werden fünf Gruppen gebildet, die sich arbeitsteilig mit einem der fünf Teilthemen befassen, die der Lehrer vorbereitet hat. Die verfügbare Zeit ist deutlich strukturiert. Jede Gruppe erhält einen Text. Anschliessend werden Expertengruppen gebildet, d.h. aus jeder Stammgruppe geht ein Schüler oder eine Schülerin in eine Expertengruppe. Alle Themen sind hier vertreten. Diese Experten stellen sich gegenseitig ihre Themen vor. Die Mitglieder der Expertengruppen bereiten einen Vortrag zu allen Teilthemen vor. Zwei Gruppen (Losverfahren) stellen den Vortrag vor.

Unterrichtsszenario 3

Realschule, Klasse 8, zwei Wochen Projektarbeit zum Thema «Amerika»; beteiligt sind die Fächer Geschichte, Gemeinschaftskunde und Englisch. Die Schülerinnen und Schüler machen Themenvorschläge im Rahmen der Vorgabe «Amerika» (z.B. New York, Nationalparks, Washington D.C., Präsidenten der USA, Basketball usw.) Sie finden sich nach thematischem Interesse (und wohl auch nach Freundschaften) selbst in Gruppen zusammen. Die Lehrerin vermittelt, bis die Gruppengrössen vergleichbar sind. An der Wand hängt ein Plakat mit Phasen des Projektunterrichts (Materialbeschaffung, Materialauswertung, Erarbeitung des Themas, Erstellung der Dokumentation, Vorbereitung der Präsentation, Präsentation, Rückblick). Für jede Phase sind in Stichworten einige Tipps formuliert. Offensichtlich ist der Klasse das Vorgehen vertraut. Die Schülerinnen und Schüler agieren nun weitgehend alleine, sie verlassen nach Belieben den Raum und gehen beispielsweise in die Bibliothek oder sitzen an Gruppentischen im Gang. Die Lehrerin hält sich zurück, beobachtet und interveniert nur nach Bedarf.

Unterrichtsszenario 4

Die Schülerinnen und Schüler der 6. Klasse arbeiten jeden Tag drei Stunden in freier Arbeit. Die Zeit ist in jeweils 90 Minuten Stillarbeit und 90 Minuten kommunikative Freiarbeit eingeteilt. Dazu geben verschiedene Fächer Stunden in einen Pool ein. Die gesamte Lernumgebung ist hochstrukturiert und überschaubar. Jedes Fach hat ein oder zwei Regale, in denen thematisch sortiert Materialien stehen. Über Farbensysteme ist der Schwierigkeitsgrad der Materialien organisiert. Zum Teil sind ganze Themenbereiche in Materialien didaktisiert, zum Teil handelt es sich um Übungsaufgaben zu Teilbereichen. Die meisten Schülerinnen und Schüler wählen ihre Aufgaben frei. Einzelne schwächere Schülerinnen und Schüler besprechen die Aufgabenauswahl mit der Lehrperson.

Unterrichtsszenario 5

Der Besucher betritt das Klassenzimmer. Auf den ersten Blick offenbart sich ein Durcheinander. 25 Schülerinnen und Schüler einer 4. Klasse sind im Raum verteilt und verfolgen sehr unterschiedliche Aktivitäten. Einzelne Schülerinnen und Schüler arbeiten an fünf Computern, sitzen am Tisch und schreiben in ihren Heften, liegen mit Büchern auf einem Teppich in der Ecke oder stehen vor dem umfangreich gefüllten Bücherregal. Andere wiederum scheinen nichts zu tun zu haben oder toben herum. Es fällt auf, dass der Raum sehr gut strukturiert ist und unterschiedliche Sitzgelegenheiten bietet. Die Lehrerin sitzt ruhig am Pult, arbeitet und wirkt relativ unbeteiligt. Es gibt keinen vorgegebenen Arbeitsplan. Alle Schülerinnen und Schüler können wählen, womit sie sich befassen. Nach wenigen Minuten läutet eine Schülerin eine Glocke. Alle finden sich mit einem Stuhl im Sitzkreis ein. Die Schülerin eröffnet den Klassenrat, indem sie Tagesordnungspunkte vorträgt, die offensichtlich zuvor von einzelnen Schülern auf einem Blatt eingetragen wurden. Mit dem ersten Punkt beginnt eine lebhafte Diskussion, die Schülerin moderiert das Geschehen. Die Lehrerin sitzt ebenfalls im Kreis und meldet sich wie die Kinder per Handzeichen zu Wort.

Unterrichtsszenario 6

Montag, 7.45 Uhr. Ein 14-Jähriger sitzt vor dem PC und druckt seinen Arbeitsplan für diese Woche aus, den er von seiner Betreuerin per E-Mail zugeschickt bekommen hat. Die Lösungen der letzten Woche hatte er am Freitag elektronisch an seine Betreuerin geschickt. Der Arbeitsplan gibt differenzierte Aufgaben für fünf Fächer vor inklusive Bezüge zu seinem individuellen Lernplan. Der Schüler arbeitet bis 10 Uhr alleine an seinem Arbeitsplan. Er geht dafür in die Bibliothek oder arbeitet am PC. Um 10 Uhr begibt er sich in den Kursraum und trifft dort seine Mitschülerinnen und Mitschüler an einem grossen runden Tisch. Heute stellen zwei Schülerinnen die Ergebnisse ihres mehrwöchigen Projektes vor. Sie moderieren gleichzeitig die Stunde bis 11 Uhr.

Auszug aus: Bohl Th. & Kucharz D. (2010): Offener Unterricht heute. Konzeptionelle und didaktische Weiterentwicklung. Weinheim: Beltz, S. 20–25.

2 Umsetzungen diskutieren

Damit es Schulen oder einzelnen Lehrpersonen gelingt, Umsetzungen in Richtung Öffnung des Unterrichts, eigenverantwortlichen Lernens und Verstärkung der Individualisierung zu initiieren, müssen einige Fragen geklärt sein.

Eine Form, solche Fragen zu klären und zu diskutieren, sind Schreibgespräche: Schreibgespräche eignen sich für Gruppen beliebiger Grösse zum Sammeln von Ideen, Meinungen, Fragen, Problemen und Vorschlägen. Dazu werden Flipchartbögen in möglichst grossen Abständen aufgehängt, eventuell auch in mehreren Räumen. Sie enthalten jeweils einen Satzanfang oder einen Satz mit Doppelpunkt. Jedes Gruppenmitglied kann nun in beliebiger Folge die Sätze auf den Flipchartbögen schriftlich ergänzen. Die Zeitdauer dafür wird vorher festgelegt. Während des Eintragens darf nicht gesprochen werden, um Beeinflussungen zu minimieren. Die Eintragungen können anschliessend ausgewertet und diskutiert werden. Im Folgenden eine Liste mit möglichen Fragestellungen.

Schreibgespräch zur Klärung der Notwendigkeit

Individuelles Lernen ist notwendig, weil …	Mit dem Leistungsgefälle haben wir folgende Probleme:	Leistungsstarke Schülerinnen und Schüler brauchen …	Leistungsschwache Schülerinnen und Schüler brauchen …
Schülerinnen und Schüler meiner Klasse könnten mehr lernen, wenn …	Bereits eingesetzte Differenzierungsmassnahmen sind …	Dazu möchte ich mehr wissen:	Ich will noch sagen/ fragen:

Schreibgespräch zur Bestandesaufnahme

- Eine Schülerin, ein Schüler, der unsere Schule verlässt, sollte ...
- Schülerinnen und Schüler lernen am besten, wenn ...
- Das behindert Schülerinnen und Schüler beim Lernen: ...
- Schülerinnen und Schüler können auch ohne Lehrpersonen ...
- Wenn nicht alle Schülerinnen und Schüler das Gleiche arbeiten und lernen, ...
- Das fehlt uns noch: ...
- Dazu möchte ich mehr wissen: ...

Schreibgespräch zu Visionen und Zielvorstellungen

- Schülerinnen und Schüler sollten Verantwortung übernehmen für ...
- So sieht meine neue Lehrerrolle aus: ...
- Mein Unterricht soll folgende Elemente individuellen Lernens enthalten: ...
- Unter individuellem Lernen verstehe ich ...
- Ich habe folgende Ideen, wie wir individuelles Lernen besser ermöglichen können: ...
- Anders werden muss ...

Schreibgespräch zu Erfahrungsaustausch und gegenseitigen Hilfen

- Das gelingt mir gut: ...
- Es treten noch folgende Probleme auf: ...
- Hier brauche ich noch Unterstützung: ...
- Ich hatte folgende gute Idee: ...
- Bei den Mitschülerinnen und Mitschülern hatte ich folgende Resonanz: ...
- Bei den Eltern hatte ich folgende Resonanz: ...
- Ich gebe den Mitschülerinnen und Mitschülern folgende Orientierungshilfen für das eigenverantwortliche Lernen: ...
- Ich gebe den Mitschülerinnen und Mitschülern auf folgende Weise Rückmeldungen: ...
- Für die Leistungsbewertung ziehe ich heran: ...
- Mein Unterricht zeigt folgende Elemente des individuellen Lernens: ...
- Als Nächstes möchte ich ...
- Ich arbeite mit anderen Kolleginnen und Kollegen zusammen bei ...
- Ich will noch sagen/fragen ...
- Dazu möchte ich mehr wissen ...

Auszug aus: Eller U. & Grimm W. (2008): Individuelle Lernpläne für Kinder. Weinheim: Beltz, S. 77, 78.

3 Ein Erfahrungsbericht einer angehenden Lehrerin

Während ihres Lehrerstudiums hat Evelyne Emler in ihrem dritten Praktikum auf der Sekundarstufe versucht, das Vorwissen der Schülerinnen und Schüler unter dem Begriff «Präkonzepte» gezielt zu aktivieren und den Unterricht auf das bestehende Wissen aufzubauen und dabei auch die falschen bzw. naiven Vorstellungen der Lernenden zu korrigieren. Dass dies nicht immer so einfach gelingt, zeigt ihr Erfahrungsbericht, den sie als Teil eines Portfoliobeitrags verfasst hat.

❰ In meinem letzten Praktikum gestaltete ich eine Lektionsreihe in der Geografie zum Thema Vulkanismus. Ich habe mir dabei bereits im Vorfeld überlegt, wie ich die Präkonzepte der Schülerinnen und Schüler aktiv in den Unterricht einbauen könnte. Schliesslich beschloss ich, beim Einstieg ins Thema die Schülerinnen und Schüler zunächst mit einer Powerpoint-Präsentation auf das Thema einzustimmen. Ich zeigte viele Bilder von verschiedensten Vulkanen und von Vulkanausbrüchen. Im Anschluss an die Bilderreihe stellte ich einige Fragen. Die Fragen zielten darauf, das Vorwissen der Schülerinnen und Schüler aufzuzeigen. Die Lernenden sollten sich zunächst alleine die Antworten überlegen und auf ein Blatt notieren. Dann sollten sie in kleinen Gruppen ihre Resultate besprechen. Sie sollten sich auf eine Antwort für jede Frage einigen und diese dann auf Zettel schreiben und an die Wandtafel hängen. Schliesslich wurden die Resultate in der Klasse besprochen. Ich unterliess es, der Klasse mitzuteilen, welche Antworten korrekt und welche falsch waren. Ich informierte sie aber über das weitere Vorgehen. Die Zettel würden hängen bleiben, und die Schülerinnen und Schüler würden im Laufe der Lektionsreihe selber merken, welche Annahmen stimmten und was falsch war.

Es war geplant, dass ich mir am Ende jeder Lektion noch etwas Zeit nehmen würde, um den Schülerinnen und Schülern die Gelegenheit zu geben, auf neue Karten zu schreiben, was sie dazugelernt hatten. Die neuen Zettel sollten jeweils zu den alten gehängt werden. Danach sollte die Klasse ihre alten Zettel betrachten und selber jene Zettel aussortieren, welche sich für sie als falsch erwiesen hatten. Leider kam ich nicht nach jeder Lektion dazu, dies wirklich durchzuführen, weil manchmal einfach die Zeit dazu fehlte. Die Lernenden hatten aber sichtlich grosse Freude an dieser Methode. Sie waren stolz, wenn sich eine der anfänglichen Vermutungen als richtig herausstellte, und sie amüsierten sich über zum Teil recht abstruse Präkonzepte, welche sie zu Beginn gehabt hatten. Während der ganzen Lektionsreihe arbeiteten sie hochmotiviert mit. Am Ende des Praktikums wiesen die meisten Schülerinnen und Schüler beim Feedback nochmals darauf hin, wieviel Spass ihnen die Unterrichtsreihe gemacht hatte.

In der Prüfung über das Thema baute ich die Präkonzepte der Klasse ein. Die Schülerinnen und Schüler sollten zum Beispiel bei einer Frage jeweils ankreuzen, welche Aussagen korrekt waren. Dort streute ich von den Schülerinnen und Schülern selbst geäusserte, falsche Aussagen zwischen die richtigen Antworten. Ich erwartete, dass diese Aufgaben für sie leicht zu lösen seien. Bei der Korrektur der Prüfung musste ich aber feststellen, dass es ungefähr der Hälfte der Klasse schwer fiel, die Aufgaben zu lösen. Als ich darüber nachdachte, woran das liegen könnte, kam ich zum Schluss, dass die Lernenden daran gewöhnt sind, dass falsche Antworten von der Lehrperson normalerweise gleich als solche entlarvt werden. Während der Unterrichtsreihe hatten sich aber gewisse falsche Antworten recht lange an der Tafel halten können. Die Antworten wurden des Öfteren betrachtet und nicht als falsche Aussagen gekennzeichnet bzw. erst recht spät als solche entlarvt. So konnten sie sich als möglicherweise richtige Antworten in den Köpfen der Schülerinnen und Schüler einnisten. Mein Hinweis, dass sie tatsächlich falsch waren, hatte weniger Wirkung. Als die Schülerinnen und Schüler sich an der Prüfung bei einer Frage nicht sicher waren, kam ihnen die falsche Lösung schneller in den Sinn als die Tatsache, dass die Antwort eben falsch war.

Ich hatte mit dieser Methode des Einbeziehens der Präkonzepte mehrere Dinge bezweckt. Einerseits wollte ich die Präkonzepte kennen, um darauf einzugehen, darauf aufzubauen und so die Schülerinnen und Schüler unbewusst an der Unterrichtsgestaltung teilhaben zu lassen, um so auch ihre Motivation zu steigern. Ich wollte möglichst nachhaltiges Lernen ermöglichen, den Schülerinnen und Schülern ihren Lernweg aufzeigen und damit Erfolgserlebnisse ermöglichen. Aufgrund meiner Beobachtungen während des Unterrichts, der Rückmeldungen der Schülerinnen und Schüler und der Prüfungsergebnisse komme ich zum Schluss, dass ich alle Ziele, bis auf jenes des nachhaltigen Lernens, erreicht hatte. ❯

Haben Sie ähnliche Erfahrungen gemacht? Tauschen Sie erfolgreiche Vorgehensweisen aus und diskutieren Sie diese.

Abbildungsverzeichnis

Trotz intensiver schriftlicher und mündlicher Recherchen konnten einige wenige Bild- und Text-Quellen nicht eindeutig geklärt werden. Sollte jemand eine Urheberschaft mit Rechtsanspruch nachweisen können, so ist der Verlag Pestalozzianum an der Pädagogischen Hochschule Zürich bereit, eine angemessene Vereinbarung zu treffen.

Autorinnen und Autoren

Hans Berner
Dozent für Bildung und Erziehung an der Pädagogischen Hochschule Zürich, Abteilung Sekundarstufe I.
hans.berner@phzh.ch

Thomas Birri
Bildungs- und Organisationsberater. Dozent in der Weiterbildung von Schulleitungspersonen an der aeB Schweiz und der Pädagogischen Hochschule Zentralschweiz. Schulleiter.
t.birri@bluewin.ch

Petra Hild
Dozentin für Bildung und Erziehung an der Pädagogischen Hochschule Zürich, Weiterbildung und Nachdiplomstudien.
petra.hild@phzh.ch

Rudolf Isler
Dozent für Bildung und Erziehung an der Pädagogischen Hochschule Zürich, Abteilung Sekundarstufe I.
rudolf.isler@phzh.ch

Christoph Schmid
Dozent für Bildung und Erziehung an der Pädagogischen Hochschule Zürich, Abteilung Primarstufe.
christoph.schmid@phzh.ch

Barbara Zumsteg
Dozentin für Bildung und Erziehung an der Pädagogischen Hochschule Zürich, Abteilung Eingangsstufe und Bereichsleiterin Berufspraktische Ausbildung.
barbara.zumsteg@phzh.ch